हिन्दी साहित्येतिहास
परम्परागत दृष्टिकोण एवं नये सिद्धान्त

हिन्दी साहित्येतिहास

परम्परागत दृष्टिकोण एवं नये सिद्धान्त

डॉ० गणपति चन्द्र गुप्त
डी० लिट्०
भू० पू० कुलपति, हिमाचल प्रदेश विश्वविद्यालय एवं कुरुक्षेत्र विश्वविद्यालय,
आचार्य एवं निदेशक, क० मुं० हिन्दी तथा भाषा विज्ञान संस्थान,
आगरा विश्वविद्यालय, आगरा

एटलांटिक पब्लिशर्स एण्ड डिस्ट्रीब्यूटर्स
4215/1, अंसारी रोड़, दरियागंज,
नई दिल्ली-110002

प्रकाशक :
एटलांटिक पब्लिशर्स एण्ड डिस्टीब्यूटर्स
4215/1, अन्सारी रोड़,
दरियागंज,
नई दिल्ली-110002.

मुख्य कार्यालय :
बी-2, विशाल इन्क्लेव,
नई दिल्ली-110027.

द्वितीय संस्करण : 1989

मुद्रक :
नितिन प्रिंटिंग प्रेस
A-12/32C, मैन गली, जमालू का बाग, विजय मोहल्ला
नहर बाजार, मौजपुर, शाहदरा-दिल्ली-53.

HINDI SAHITYETIHAS : Parmparagat Drishtikon evam Naye Siddhant By Dr. Ganpati Chandra Gupta

प्राक्कथन

प्रस्तुत पुस्तक में मेरे इतिहास-लेखन सम्बन्धी पन्द्रह लेख संकलित हैं, जिनकी रचना विभिन्न अवसरों पर स्वतन्त्र रूप में हुई है किन्तु इन सभी का मूल विषय साहित्येतिहास-लेखन से सम्बन्धित है। अतः इन्हें यहाँ एकत्रित रूप में प्रस्तुत कर दिया गया है।

हिन्दी साहित्य के इतिहास-लेखन की परम्परा लगभग डेढ़ सौ वर्ष पुरानी है। इसका सूत्रपात फ्रेंच विद्वान् गार्सा-द-तॉसी ने किया, तदनन्तर यह बराबर विकासोन्मुख रही, डॉ० ग्रियर्सन ने हिन्दी साहित्य से सम्बन्धित सामग्री को सुनियोजित करके काल-क्रमानुसार प्रस्तुत करने की चेष्टा की। मिश्रबन्धुओं ने उसे सामग्री की दृष्टि से समृद्ध किया। आचार्य रामचन्द्र शुक्ल ने उसे सुव्यवस्थित रूप प्रदान किया। इसी प्रकार परवर्ती इतिहासकारों ने भी इसके विकास में महत्त्वपूर्ण योग दिया। प्रस्तुत पुस्तक के प्रारम्भिक लेखों में इसी परम्परा का ही अवगाहन विभिन्न दृष्टियों से किया गया है।

यद्यपि हिन्दी साहित्य की इतिहास-परम्परा बहुत प्राचीन नहीं है, किन्तु फिर भी उसकी उपलब्धियाँ अत्यन्त गौरवपूर्ण हैं। उसकी सर्वाधिक महत्त्वपूर्ण उपलब्धि तो यह है कि उसमें साहित्येतिहास-लेखन के कतिपय सर्वथा मौलिक एवं नूतन सिद्धान्त स्थापित हुए हैं, जोकि आधुनिक युग के विकासवाद की वैज्ञानिक अवधारणा पर आधारित हैं। जहाँ हिन्दी समीक्षा के अन्य क्षेत्रों में प्रायः पाश्चात्य समीक्षा से आयातित सिद्धांतों का उपयोग हो रहा है, वहाँ साहित्येतिहास के क्षेत्र में हिन्दी के अपने मौलिक सिद्धान्तों का प्रयोग एवं विकास हो रहा है। इनके इस महत्त्व को ध्यान में रखते हुए ही पुस्तक के अन्तिम छः-सात अध्यायों में इन सिद्धान्तों का निरूपण किया गया है।

साहित्य के विकासवादी सिद्धान्तों की स्थापना सर्वप्रथम मैंने 'हिन्दी साहित्य का वैज्ञानिक इतिहास' (1965) में की थी। उस समय हिन्दी का पाठक इन सिद्धांतों को सम्यक् रूप में समझने की स्थिति में नहीं था। विशेषतः उन पाठको के लिए जो कि अंग्रेजी साहित्य के इतिहास को ही आदर्श मानकर हिन्दी साहित्य के इतिहास को देखने-परखने के अभ्यस्त थे, मेरा यह प्रयास बड़ा अरुचिकर प्रतीत हुआ। अंग्रेजी साहित्य के इतिहास प्रायः बिना सिद्धान्त-प्रतिपादन के ही लिखे जाते रहे हैं, इसलिए हिन्दी के कुछ पाठकों को भी इतिहास के प्रारम्भ में सिद्धान्तों का प्रतिपादन अस्वाभाविक लगा तो यह स्वाभाविक था। इस संदर्भ में एक पाठक ने तो यहाँ तक लिख

दिया कि 'आपके वैज्ञानिक इतिहास के प्रारम्भिक सौ पृष्ठ तो अजागल स्तनवत् ही प्रतीत होते हैं।' इससे मुझे थोड़ी निराशा हुई किन्तु फिर भी मुझे विश्वास था कि भविष्य में कभी-न-कभी लोग इनका महत्त्व अवश्य समझेंगे।

सन् 1970-71 में जब डॉ॰ नगेन्द्र जी ने हिन्दी साहित्य के इतिहास का सम्पादन करते हुए मुझे इतिहास सम्बन्धी सिद्धान्तों के लेखन का कार्य सौंपा तो मुझे सबसे अधिक प्रसन्नता इस बात की हुई कि अन्ततः हमारे शीर्षस्थ आचार्यों ने इन सिद्धान्तों के महत्त्व और उनकी उपयोगिता को स्वीकार करना आरम्भ कर दिया है। इसके पश्चात् कुछ वर्षों में ही साहित्येतिहास-लेखन के सिद्धान्तों की हिन्दी में बड़ी धूम रही। डॉ॰ सुमन राजे ने तो अपना डी॰ लिट्॰ का शोध-प्रबन्ध ही इसी विषय पर लिख दिया। अत: इसमें कोई सन्देह नहीं है कि पिछली कुछ दशाब्दियों में हिन्दी में साहित्येतिहास के सिद्धान्तों की जैसी गम्भीर विवेचना हुई, वह अपने आप में एक उपलब्धि है।

उपर्युक्त विवेचन का अर्थ यह भी नहीं है कि साहित्येतिहास सम्बन्धी सिद्धांतों से सम्बन्धित कार्य अपनी चरमसीमा तक पहुँच गया है। वस्तुत: अभी इन्हें विकसित करने एवं साहित्येतिहास की विभिन्न धाराओं, परम्पराओं एवं प्रवृत्तियों पर लागू करने का कार्य शेष है। हिन्दी की प्रत्येक काव्यधारा, काव्य-परम्परा, प्रवृत्ति एवं उसके रूपों के विकास की व्याख्या विकासवादी दृष्टि से अलग-अलग शोध-प्रबन्धों में की जा सकती है, इस प्रकार इसी क्षेत्र से सम्बद्ध शताधिक शोध-प्रबन्ध लिखे जा सकते हैं।

अस्तु, प्रस्तुत पुस्तक के माध्यम से साहित्येतिहास सम्बन्धी मेरा चिन्तन-मनन एकत्रित रूप में प्रस्तुत हो गया है। साथ ही उन दिशाओं का भी संकेत हो गया है जिनकी ओर मेरे विचार से हिन्दी साहित्य का भावी इतिहासकार एवं शोधकर्त्ता आगे बढ़ सकता है। आशा है कि इससे साहित्येतिहास सम्बन्धी चिन्तन एवं हिन्दी साहित्य के इतिहास-लेखन की परम्परा को एक नयी दृष्टि एवं नयी दिशा प्राप्त होगी, इसी विश्वास के साथ यह पुस्तक हिन्दी के प्रबुद्ध पाठकों को अर्पित की जा रही है।

क॰ मु॰ हिन्दी तथा भाषा विज्ञान विद्यापीठ
आगरा विश्वविद्यालय, आगरा-282004

— गणपति चन्द्र गुप्त

विषय-सूची

1

हिन्दी साहित्य के इतिहास-लेखन की परम्परा

हिन्दी में साहित्य के इतिहास-लेखन की परम्परा का प्रवर्त्तन उन्नीसवीं शती में ही हुआ। इससे पूर्व विभिन्न कवियों एवं लेखकों द्वारा ऐसी पुस्तकें अवश्य लिखी गयीं जिनमें विभिन्न कवियों के व्यक्तित्व एवं कृतित्व पर आंशिक रूप में प्रकाश डाला गया है (यथा—चौरासी वैष्णवन की वार्ता, दो सौ बावन वैष्णन की वार्ता, भक्त-माल, कालिदास, हजारा आदि), किन्तु उनमें काल-क्रम, सन् संवत तथा विषय-वस्तु आदि का ऐसा व्यवस्थित विवेचन नहीं मिलता जिससे कि उन्हें 'इतिहास' की संज्ञा दी जा सके। वस्तुतः हिन्दी में साहित्येतिहास-लेखन की परम्परा के प्रवर्त्तन का श्रेय फ्रेंच विद्वान् गार्सा द तॉसी को ही प्राप्त है, जिन्होंने फ्रेंच भाषा में 'इस्त्वार द ला लितरेत्युतर ऐन्दुई ऐन्दुस्तानी' नामक ग्रंथ की रचना की, जिसमें हिन्दी और उर्दू के ज्ञाता कवियों का विवरण अकारादि क्रम से दिया गया है। इसका प्रथम भाग 1839 ई० में तथा द्वितीय भाग 1847 ई० में प्रकाशित हुआ था तथा आगे चलकर इसका संशोधित संस्करण सन् 1871 ई० में प्रकाशित हुआ।

गार्सा द तॉसी का महत्त्व—इतिहासकार के रूप में तॉसी की उपलब्धियाँ अधिक महत्त्वपूर्ण नहीं हैं। एक तो उन्होंने कवियों का परिचय काल-क्रमानुसार न देकर अंग्रेजी वर्णक्रम से प्रस्तुत किया है। दूसरे, उन्होंने हिन्दी और उर्दू के कवियों को घुला-मिला दिया है। तीसरे, उनके ग्रंथ में युगीन प्रवृत्तियों एवं साहित्यिक विशेषताओं का भी निर्देश नहीं है। इसके अतिरिक्त तथ्यों एवं सूचनाओं की प्रामाणिकता की दृष्टि से भी उनका ग्रंथ बहुत विश्वसनीय नहीं है। अतः उनके ग्रंथ को 'इतिहास' न कहकर इतिहास-लेखन की दिशा में किये गये प्रथम प्रयास के रूप में ही स्वीकार करना उचित होगा। फिर भी इसमें कोई संदेह नहीं कि उस युग में भारत से दूर बैठकर विदेशी भाषा में इस प्रकार का प्रयास करना भी अपने-आप में महत्वपूर्ण है, अतः हिन्दी साहित्येतिहास-लेखन की परम्परा में, उसके प्रवर्त्तक के रूप में तॉसी महोदय का स्थान गौरवपूर्ण है।

शिवसिंह सेंगर—तॉसी की परम्परा को आगे बढ़ाने का श्रेय शिवसिंह सेंगर को है, जिन्होंने सन् 1883 ई० में 'शिवसिंह-सरोज' की रचना की जिसमें लगभग एक सहस्र कवियों का जीवन-चरित एवं उनकी रचनाओं के नमूने प्रस्तुत किये गये हैं। इतिहास के रूप में इस ग्रंथ का भी महत्त्व अधिक नहीं है, किन्तु फिर भी इसमें उस

समय तक उपलब्ध हिन्दी-कविता संबंधी ज्ञान को संकलित कर दिया गया है, जिससे परवर्ती इतिहासकार लाभ उठा सकते हैं—इसी दृष्टि से इसका महत्त्व है।

ग्रियर्सन— जार्ज ए० ग्रियर्सन द्वारा रचित 'द माडर्न वर्नाक्युलर लिट्रेचर ऑफ हिन्दुस्तान' का प्रकाशन सन् 1888 ई० में हुआ जो नाम से 'इतिहास' न होते हुए भी सच्चे अर्थ में हिन्दी-साहित्य का पहला इतिहास कहा जा सकता है। इसमें लेखक ने कवियों व लेखकों का कालक्रमानुसार वर्गीकरण करते हुए उनकी प्रवृत्तियों को भी स्पष्ट करने का प्रयास किया है। अपनी दृष्टि एवं पद्धति पर प्रकाश डालते हुए ग्रियर्सन ने लिखा है कि उन्होंने 'सामग्री को यथासंभव कालक्रमानुसार प्रस्तुत करने का प्रयास किया है। ग्रंथ को विभिन्न काल-खण्डों में विभक्त किया गया है तथा प्रत्येक अध्याय काल-विशेष का सूचक है। प्रत्येक काल के गौण कवियों को प्रत्येक अध्याय के अंत में उल्लिखित किया गया है। विभिन्न युगों की काव्य-प्रवृत्तियों की व्याख्या करते हुए उनसे संबंधित सांस्कृतिक परिस्थितियों व प्रेरणा स्रोतों के भी उद्‌घाटन का प्रयास भी उन्होंने किया है। इसके अतिरिक्त हिन्दी साहित्य के विकास-क्रम का निर्धारण चारण-काव्य, धार्मिक-काव्य, प्रेम-काव्य, दरबारी-काव्य के रूप में करना तथा 16वीं-17वीं शताब्दी के युग (भक्तिकाल) को हिन्दी काव्य का स्वर्णयुग मानना ग्रियर्सन की महत्त्वपूर्ण उपलब्धियाँ हैं। वस्तुतः उन्नीसवीं शती के अंतिम चरण में जबकि हिन्दी-साहित्य के क्षेत्र में आलोचना एवं अनुसंधान की परम्पराओं का श्रीगणेश भी न हुआ था, हिन्दी भाषा एवं उसके काव्य की ऐसी स्पष्ट, सूक्ष्म एवं प्रामाणिक ऐतिहासिक व्याख्या प्रस्तुत कर देना ग्रियर्सन की अद्‌भुत प्रतिभाशक्ति एवं गहन अध्ययनशीलता को प्रमाणित करता है।

मिश्रबन्धु— मिश्रबन्धुओं द्वारा रचित 'मिश्रबन्धु-विनोद' चार भागों में विभक्त है जिसके प्रथम तीन भाग सन् 1913 में प्रकाशित हुए तथा चतुर्थ भाग 1934 में प्रकाशित हुआ। मिश्रबन्धुओं ने अपने ग्रंथ को 'इतिहास' की संज्ञा न देते हुए भी भरसक इस बात का यत्न किया है कि यह एक आदर्श इतिहास सिद्ध हो। इसे परिपूर्ण एवं सुव्यस्थित बनाने के लिए उन्होंने एक ओर तो लगभग पाँच हजार कवियों को स्थान दिया है तथा दूसरी ओर इसे आठ से भी अधिक काल-खण्डों में विभक्त किया है। इनके काल-विभाजन पर अन्यत्र विचार किया जाएगा, किन्तु यहाँ संक्षेप में कहा जा सकता है कि इस क्षेत्र में इन्हें पूर्ववर्ती इतिहासकारों से अधिक सफलता मिली है। इतिहास के रूप में इस ग्रंथ की विशेषता यह है कि इसमें कवियों के विवरणों के साथ-साथ साहित्य के विविध अंगों पर पर्याप्त प्रकाश डाला गया है तथा अनेक अज्ञात कवियों को प्रकाश में लाते हुए उनके साहित्यिक महत्त्व को स्पष्ट करने का यत्न किया गया है। कवियों का सापेक्ष महत्त्व निर्धारित करने के लिए उनकी श्रेणियाँ भी बनाई गई हैं किन्तु काव्य समीक्षा में परंपरागत सिद्धान्तों व पद्धति का ही अनुसरण मिलता है। अतः आधुनिक समीक्षा-दृष्टि से यह ग्रंथ भले ही बहुत

संतोषजनक न कहा जा सके किन्तु इसमें कोई संदेह नहीं कि इतिहास-लेखन की पूर्व परम्परा को आगे बढ़ाने में इसका महत्त्वपूर्ण योगदान है। जैसा कि आचार्य रामचंद्र शुक्ल ने स्वयं स्वीकार किया है—"कवियों के परिचयात्मक विवरण मैंने प्राय: मिश्र-बन्धु विनोद से ही लिये हैं"—परवर्ती इतिहासकारों के लिए भी यह आधार ग्रंथ रहा है।

आचार्य रामचन्द्र शुक्ल—हिन्दी साहित्येतिहास की परम्परा में सर्वोच्च स्थान आचार्य रामचन्द्र शुक्ल द्वारा रचित 'हिन्दी साहित्य का इतिहास' (सं० 1929 वि०) को प्राप्त है जो मूलतः काशी नागरी प्रचारिणी सभा द्वारा प्रकाशित शब्द-सागर की भूमिका के रूप में लिखा गया था तथा जिसे आगे परिवर्तित करके स्वतंत्र पुस्तक का रूप दे दिया गया। इसके आरम्भ में ही आचार्य शुक्ल ने अपना दृष्टिकोण स्पष्ट करते हुए लिखा जबकि "प्रत्येक देश का साहित्य वहाँ की जनता की चित्तवृत्ति के परिवर्तन के साथ-साथ साहित्य के स्वरूप में भी परिवर्तन होता चला जाता है। आदि से अंत तक इन्हीं चित्तवृत्तियों की परम्परा को परखते हुए साहित्य परम्परा के साथ उनका सामंजस्य दिखाना ही 'साहित्य का इतिहास' कहलाता है। जनता की चित्तवृत्ति बहुत कुछ राजनीतिक, सामाजिक, साम्प्रदायिक तथा धार्मिक परि-स्थिति के अनुसार होती है।" इससे स्पष्ट है कि आचार्य शुक्ल का दृष्टिकोण युग चेतनावादी था। वे इतिहास की व्याख्या युगीन परिस्थितियों एवं प्रवृत्तियों के आधार पर करने के पक्षपाती थे। एक सीमा तक यह दृष्टिकोण ठीक था किन्तु सारा ध्यान युगीन परिस्थितियों या वातावरण पर ही केन्द्रित कर दिये जाने के कारण विकास-प्रक्रिया के अन्य तत्त्व जैसे व्यक्ति वैशिष्ट्य, परम्परा, द्वन्द्व आदि उपेक्षित रह गए।

हिन्दी भाषा का आविर्भाव उन्होंने लगभग सातवीं शताब्दी से मानते हुए भी हिन्दी साहित्य का आरम्भ विक्रम सं० 1050 से माना तथा उन्होंने हिन्दी साहित्य के सम्पूर्ण इतिहास को चार काल खण्डों में विभक्त किया। आचार्य शुक्ल ने अपना समस्त काल-विभाजन एक ही पृष्ठ में प्रस्तुत कर दिया। वस्तुतः उन्होंने काल विभा-जन के प्रसंग में केवल अपने निष्कर्ष ही दिए हैं। इन निष्कर्षों का आधार क्या है ? इसे स्पष्ट करने की आवश्यकता उन्होंने नहीं समझी।

प्रत्येक काल का नामकरण करते समय भी उन्होंने उस काल की प्रमुख प्रवृत्ति को ही आधार बनाया है। इसी आधार पर उन्होंने चारों कालों का नामकरण क्रमशः वीरगाथा काल, भक्तिकाल, रीतिकाल एवं गद्यकाल के रूप में किया। इसी प्रकार उन्होंने भक्तिकाल को भी चार अन्तर्धाराओं में विभक्त करते हुए उन्हें क्रमशः निर्गुण ज्ञानाश्रयी शाखा, निर्गुण प्रेमाश्रयी शाखा, सगुण रामभक्ति शाखा एवं सगुण कृष्णभक्ति शाखा का नाम दिया। आचार्य शुक्ल का काल-विभाजन, वर्गीकरण एवं नामकरण सामान्य पाठकों की दृष्टि से अत्यन्त सरल एवं स्पष्ट है, किन्तु नवीनतम तथ्यों के प्रकाश में

विचार करने से इसकी अनेक त्रुटियाँ स्पष्ट रूप से दृष्टिगोचर होती है जिन पर अन्यत्र काल-विभाजन सम्बन्धी लेख में विचार किया गया है।

आचार्य शुक्ल की इतिहासकार के रूप में सबसे बड़ी विशेषता है—कवियों और साहित्यकारों के जीवन-चरित संबंधी इतिवृत्त के स्थान पर उनकी रचनाओं के साहित्यिक मूल्यांकन को प्रमुखता देना। इस क्षेत्र में उन्होंने एक तो चुने हुए कवियों को ही लिया फिर उनके विवेचन में उनकी साहित्यिक महत्ता व लघुता को ध्यान में रखते हुए तदनुसार ही उन्हें स्थान दिया है। वस्तुतः इतिहास के इतने संक्षिप्त कलेवर में भी इतने कवियों का जैसा प्रामाणिक, सारगर्भित एवं सोदाहरण विवेचन वे जिस सफलता से प्रस्तुत कर पाये हैं, वह इतिहासकार शुक्ल के पीछे छिपे हुए आलोचक शुक्ल की महत्ता को प्रमाणित करता है। इसी प्रकार उन्होंने विभिन्न कालों एवं काव्यधाराओं की विशेषताओं एवं प्रवृत्तियों के उद्घाटन में भी अपनी सूक्ष्म एवं व्यापक दृष्टि का परिचय दिया है। फिर भी हमें यह न भूलना चाहिए कि उनके द्वारा इतिहास की रचना उस समय हुई थी जबकि हिन्दी का अधिकांश प्राचीन साहित्य अज्ञात, लुप्त एवं अप्रकाशित अवस्था में पड़ा था तथा जो प्राप्त भी था उसका प्रामाणिक अध्ययन-विश्लेषण नहीं हो पाया था। ऐसी स्थिति में स्वाभाविक था कि इतिहास के जिस पक्ष का संबंध उनकी स्वतन्त्र चिन्तना एवं विवेचना शक्ति से था उसमें तो उन्हें पर्याप्त सफलता मिली, किन्तु जिस पक्ष का सम्बन्ध इतिहास की आधारभूत सामग्री से था उसमें उन्हें अनेक स्थलों पर अनुमान और कल्पना से काम लेना पड़ा, जिससे उनके तत्संबंधी कतिपय निष्कर्ष निराधार सिद्ध हो गए हैं तथा अनेक काव्यधाराओं, प्रवृत्तियों एवं रचनाओं को उनके इतिहास में यथोचित स्थान नहीं मिला। फिर भी उस युग की सीमित ज्ञान-राशि को लेकर भी उन्होंने उसे जैसा रूप दिया है, वह निश्चय ही उनके जैसे व्यक्ति के लिए ही संभव था। अतः इतिहास-लेखन की परम्परा में आचार्य शुक्ल का महत्त्व ऐतिहासिक दृष्टि से सदा अक्षुण्ण रहेगा, इसमें कोई संदेह नहीं।

आचार्य हजारी प्रसाद द्विवेदी – आचार्य शुक्ल के इतिहास-लेखन के लगभग एक दशाब्दी बाद ही आचार्य हजारी प्रसाद द्विवेदी इस क्षेत्र में अवतरित हुए। उनकी 'हिन्दी-साहित्य की भूमिका' क्रम व पद्धति की दृष्टि से इतिहास के रूप में प्रस्तुत नहीं है किन्तु उसमें प्रस्तुत विभिन्न स्वतन्त्र लेखों में कुछ ऐसे तथ्यों व निष्कर्षों का प्रतिपादन किया गया है जो हिन्दी साहित्य के इतिहास-लेखन के लिए नई दृष्टि, नई सामग्री व नयी व्याख्या प्रदान करते हैं। जहाँ आचार्य शुक्ल की ऐतिहासिक दृष्टि युग की परिस्थितियों को प्रमुखता प्रदान करती थी वहाँ आचार्य हजारी प्रसाद द्विवेदी ने परम्परा का महत्त्व प्रतिष्ठित करते हुए उन धारणाओं को खंडित किया जो युगीन प्रभाव के एकांगी दृष्टिकोण पर आधारित थी। उन्होंने अत्यन्त सशक्त स्वरों में उद्घोषित किया कि भक्ति आन्दोलन न तो तद्युगीन पराजित हिन्दू जाति की निराशा

से उद्वेलित है और न ही वह इस्लाम की प्रतिक्रिया है, इसका प्रत्यक्ष प्रमाण यह है कि सातवीं-आठवीं शती में जबकि भारत की धरती पर इस्लाम की छाया भी नहीं पड़ी थी, दक्षिण के वैष्णव भक्तों में भक्ति अपने पूर्ण वैभव के साथ विद्यमान थी। इस प्रसंग में उन्होंने स्पष्ट शब्दों में इस्लाम के प्रभाव का खंडन करते हुए लिखा है—"...... मैं इस्लाम के महत्त्व को भूल नहीं रहा हूँ, लेकिन जोर देकर कहना चाहता हूँ कि अगर इस्लाम न आया होता तो भी इस साहित्य का बारह आना वैसा ही होता है जैसा आज है।"

इसी प्रकार उन्होंने संत-काव्य परंपरा के स्रोतों का अनुसंधान करते हुए सिद्धों व नाथ-पंथियों की वाणियों, विचारसरणियों, पद्धतियों व काव्य-शैलियों के तुलनात्मक अध्ययन द्वारा यह स्पष्ट किया कि किस प्रकार कबीर आदि इनसे प्रभावित हैं। वस्तुतः भाव, विचार, भाषा तर्क-पद्धति व शैली आदि के आधार पर उन्होंने सिद्ध किया कि हिन्दी का संत-काव्य पूर्ववर्ती सिद्धों व नाथपंथियों के साहित्य का सहज विकसित रूप है, अतः उसे केवल इस्लाम पर आधारित मानने की आवश्यकता नहीं। हिन्दी के प्रेमाख्यानों के मूल स्रोतों का अनुसंधान करते हुए इन्होंने प्रतिपादित किया है कि इनकी कथावस्तु, कथानक रूढ़ियाँ, रचना-शैली, छन्द-योजना आदि संस्कृत, प्राकृत व अपभ्रंश की काव्य-पम्पराओं पर आश्रित हैं।

हिन्दी साहित्य की भूमिका के अनन्तर आचार्य द्विवेदी की इतिहास संबंधी कुछ और रचनाएँ भी प्रकाशित हुई हैं—'हिन्दी साहित्य: उद्‌भव और विकास', 'हिन्दी साहित्य का आदि काल' आदि। इनमें आचार्य द्विवेदी ने अपने तद्‌विषयक विचारों को अधिक व्यवस्थित एवं पुष्ट रूप में प्रस्तुत किया है। इस प्रकार हम देखते हैं कि हिन्दी साहित्य के इतिहास को (विशेषतः मध्यकालीन काव्य के स्रोतों व पूर्व परम्पराओं के अनुसंधान तथा उनकी अधिक सहानुभूतिपूर्ण व यथातथ्य व्याख्या करने की दृष्टि से) आचार्य द्विवेदी का योगदान अप्रतिम है। वस्तुतः वे पहले व्यक्ति हैं जिन्होंने आचार्य शुक्ल की अनेक धारणाओं व स्थापनाओं को चुनौती देते हुए उन्हें सबल प्रमाणों के आधारों पर खंडित किया है। साथ ही उनके युग-रुचिवादी एकांगी दृष्टिकोण के समानान्तर अपने परम्परापरक दृष्टिकोण को स्थापित करके उन्होंने हिन्दी साहित्येतिहास के अध्येताओं के लिए एक व्यापक एवं संतुलित इतिहास-दर्शन की भूमिका तैयार की। वैसे, वैज्ञानिक दृष्टि से देखा जाए तो किसी भी घटना रचना या धारा की शुद्ध विकासवादी व्याख्या करने के लिए परम्परा और युग-स्थित दोनों पक्ष ही विचारणीय हैं। आचार्य द्विवेदी ने जहाँ परम्परा पर बल दिया वहाँ आचार्य शुक्ल ने युग स्थिति पर, अतः कहा जा सकता है कि दोनों के मत इस दृष्टि से एक-दूसरे के पूरक हैं।

डा० रामकुमार वर्मा—आचार्य द्विवेदी के साथ-साथ ही इस क्षेत्र में अवतरित

होने वाले एक अन्य विद्वान् डा० रामकुमार वर्मा हैं, जिनका 'हिन्दी साहित्य का आलोचनात्मक इतिहास' सन् 1938 ई० में प्रकाशित हुआ था। इसमें संवत् 750 से 1750 वि० तक की कालावधि को ही लिया गया है। संपूर्ण ग्रंथ को सात प्रकरणों में विभक्त करते हुए सामान्यतः रामचन्द्र शुक्ल के ही वर्गीकरण का अनुसरण किया गया है। इतना अवश्य है कि युगों व धाराओं के नामकरण में किंचित् परिवर्तन करके उन्हें सरल रूप दे दिया गया है यथा—'निर्गुण ज्ञानाश्रयी शाखा', 'निर्गुण प्रेममार्गी शाखा' जैसे लम्बे-लम्बे नामों के स्थान पर 'संतकाव्य', 'प्रेमकाव्य' आदि का प्रयोग किया गया है, जो अधिक सुविधाजनक है। 'वीर गाथा काल' को "चारणकाल,, की संज्ञा देने के अतिरिक्त उससे पूर्व एक 'संधिकाल' और जोड़ दिया गया है।[1] यद्यपि इस समय तक अपभ्रंश और हिन्दी का भेद भलीभाँति स्पष्ट हो चुका था तथा स्वयं डा० वर्मा ने भी दोनों को भिन्न माना है फिर भी अपभ्रंश के सिद्ध, जैन व नाथ पंथी कवियों की वाणी को हिन्दी साहित्य में स्थान देने का लोभ वे भी संवरण नहीं कर पाये, इतना ही नहीं, उन्होंने स्वयंभू को जो कि अपभ्रंश के सबसे पहले कवि हैं, हिन्दी का पहला कवि मानते हुए हिन्दी साहित्य का आरंभ संवत् 750 विक्रमी से स्वीकार किया है। ऐतिहासिक व्याख्या की दृष्टि से यह इतिहास आचार्य शुक्ल के गुण-दोषों का ही विस्तार है। कवियों के मूल्यांकन में अवश्य लेखक ने अधिक सहृदयता व कलात्मकता का परिचय दिया है। अनेक कवियों के काव्य-सौन्दर्य का आख्यान करते समय लेखक की लेखनी काव्यमय हो उठी है, जो कि डा० वर्मा के कवि पक्ष का संकेत देती है। अपनी शैली की इसी सरसता व प्रवाहपूर्णता के कारण इनका इतिहास पर्याप्त लोकप्रिय हुआ है तथा पाठकों को इस बात का अभाव प्रायः खलता रहा है कि यह भक्तिकाल तक ही सीमित है, इसका शेष भाग अभी तक अलिखित है।

परवर्ती प्रयास--इधर काशी नागरी प्रचारिणी सभा द्वारा भी 'हिन्दी साहित्य का वृहत् इतिहास' प्रकाशित करने की विशाल योजना क्रियान्वित हुई है जिसके अन्तर्गत हिन्दी साहित्य के सम्पूर्ण इतिहास को सत्रह-अठारह जिल्दों में अलग अलग संपादकों एवं शताधिक लेखकों के सहयोग से प्रस्तुत किया गया है। इसमें स्थूल ढांचे के रूप में आचार्य रामचन्द्र शुक्ल के इतिहास में प्रस्तुत ढांचे को ही किंचित् संशोधन-परिवर्तन के अनन्तर अपनाया गया है। अतः आचार्य शुक्ल के इतिहास के गुण-दोष इसमें भी न्यूनाधिक मात्रा में पाये जाते हैं। इसके प्रत्येक खंड का महत्त्व उसके संपादक-मंडल एवं लेखक-मंडल की शक्ति तथा योग्यता के अनुरूप है, अतः इसके बारे में सामान्य रूप में कोई निर्णय देना कठिन है। फिर भी-सम्मि

1. डाक्टर वर्मा ने अपने इतिहास को इन सात प्रकरणों में विभक्त किया है—(1) संधिकाल (2) चारणकाल (3) भक्तिकाल की अनुक्रमणिका (4) भक्ति काल (5) प्रेमकाव्य (6) राम-काव्य और (7) कृष्ण-काव्य।

लित रूप में इतिहास-लेखन की दिशा में यह एक अनूठा प्रयास है जिससे हिन्दी-साहित्येतिहास के अध्ययन एवं लेखन की परम्परा को बल मिलेगा।

हि० सा० का वैज्ञानिक इतिहास—हिन्दी साहित्य के इतिहास-लेखन को वैज्ञानिक रूप देने का एक विनम्र प्रयास प्रस्तुत पंक्तियों के लेखक के द्वारा भी 'हिन्दी साहित्य का वैज्ञानिक इतिहास' (सन् 1965) के रूप में हुआ है। इसमें साहित्येतिहास के विकास संबंधी नये सिद्धान्तों की स्थापना करते हुए उनके आलोक में हिन्दी साहित्य की नूतन व्याख्या प्रस्तुत करने की चेष्टा की गयी है। संक्षेप में इसकी प्रमुख स्थापनाएँ निम्नलिखित हैं—

(क) साहित्य के इतिहास की वैज्ञानिक व्याख्या के लिए विकास-प्रक्रिया के पाँच सामान्य तत्वों (सर्जनात्मक व्यक्तित्व, परम्परा, वातावरण, द्वन्द्व एवं संतुलन) को ध्यान में रखा जाना चाहिए। इसी प्रकार साहित्य के रूपों एवं उसकी प्रवृत्तियों के विकास की व्याख्या के लिए भी तत्संबंधी सिद्धान्तों को आधाररूप में ग्रहण किया जा सकता है।

(ख) हिन्दी साहित्य के आविर्भाव काल या प्रारम्भ के सम्बन्ध में प्रचलित विभिन्न मत (सातवीं शती, दशवीं शती या संवत् 1050 वि० सम्बन्धी मत) भ्रांतिपूर्ण हैं। हिन्दी भाषा का उद्भव ग्यारहवीं शती में हुआ तथा हिन्दी की प्रथम काव्य-कृति 'भरतेश्वर बाहुबली रास' की रचना मुनि शालिभद्र सूरी के द्वारा सन् 1184 ई० में हुई। अतः हिन्दी साहित्य का आरंभ इसी रचना के रचना-काल से माना जाना चाहिए।

(ग) हिन्दी साहित्य का काल विभाजन करते हुए प्रारम्भिक तीन कालों को को क्रमशः वीरगाथाकाल, भक्तिकाल एवं रीतिकाल की संज्ञा देना भ्रामक है क्योंकि इन कालों में भक्तिभावना, वीरता एवं श्रृंगार की प्रवृत्तियाँ साथ-साथ आश्रय भेद से पनपती रही हैं। इसी प्रकार इन कालों की काल-सीमा में भी संशोधन-परिवर्तन आवश्यक है।

(घ) मध्यकाल में आचार्य शुक्ल द्वारा परिगणित काव्य धाराओं के अतिरिक्त मैथिली गीति परम्परा, रासो काव्य परम्परा, ऐतिहासिक चरित काव्य-परम्परा, रसिक भक्ति काव्य परम्परा आदि का भी अस्तित्व है, अतः इन्हें भी स्थान दिया जाना चाहिए।

(ङ) भक्ति काव्य के अन्तर्गत राम एवं कृष्ण के अतिरिक्त शिव, पार्वती, दुर्गा, नृसिंह, प्रह्लाद, ध्रुव, सुदामा, युधिष्ठिर, अर्जुन आदि से संबंधित शताधिक प्रबन्ध-काव्य उपलब्ध होते हैं, जिन्हें 'रामकाव्य' या 'कृष्णकाव्य' में स्थान नहीं दिया जा सकता। अतः प्रचलित 'रामकाव्य परम्परा' एवं 'कृष्णकाव्य परम्परा' के स्थान पर इनका नाम क्रमशः 'पौराणिक प्रबन्ध काव्य परम्परा' एवं 'पौराणिक

गीति-काव्य परम्परा' रखा जाना चाहिए जिससे कि उपर्युक्त साहित्य को उनके अन्तर्गत समुचित स्थान दिया जा सके।

(च) हिन्दी काव्य की अनेक परम्पराओं को, जिनमें प्रेमाख्यान परम्परा विशेष रूप से उल्लेखनीय है, एकांगी दृष्टिकोण के कारण विदेशी स्रोतों पर आधारित समझ लिया गया है जबकि विभिन्न प्रमाणों के आधार पर यह प्रमाणित हो जाता है कि यह परम्परा शुद्ध भारतीय स्रोतों पर आधारित है। इसी प्रकार मध्यकाल तथा आधुनिक काल की अनेक अन्य काव्यधाराओं या परम्परा के उद्गम-स्रोतों एवं प्रवृत्तियों पर पुनर्विचार करते हुए उनके सम्बन्ध में अनेक नूतन स्थापनाएँ प्रस्तुत की गई हैं।

अस्तु, इसमें लेखक का लक्ष्य हिन्दी साहित्य संबंधी नवीनतम सामग्री के आधार पर इतिहास लेखन को वैज्ञानिक रूप देने का रहा है—यह दूसरी बात है कि ऐसा करते समय उसे अनेक परम्परागत स्थापनाओं एवं मान्यताओं के खंडन-मंडन में भी प्रवृत्त होना पड़ा है। फिर भी इस लक्ष्य की पूर्ति कहाँ तक हो पायी है—इसका निर्णय विद्वान पाठक ही कर सकेंगे, अतः इसके गुण-दोषों के संबंध में यहाँ कुछ कहना अनावश्यक है।

अन्य प्रयास-उपर्युक्त इतिहास-ग्रंथों के अतिरिक्त भी अनेक ऐसे शोध-प्रबन्ध व समीक्षात्मक ग्रंथ लिखे गए हैं जो हिन्दी साहित्य के सम्पूर्ण इतिहास की तो नहीं किन्तु उसके किसी एक पक्ष, अंग या काल की नूतन व्याख्या प्रस्तुत करते हैं। इन सबका विवेचन तो यहाँ संभव नहीं, किन्तु उनका संकेत-मात्र अवश्य किया जा सकता है। यथा—डा० भगीरथ प्रसाद मिश्र का 'हिन्दी काव्य-शास्त्र का इतिहास', डा० नगेन्द्र का 'रीतिकाव्य की भूमिका', डा० विजयेन्द्र स्नातक का 'राधावल्लभ संप्रदाय और उसका साहित्य', पण्डित विश्वनाथ प्रसाद मिश्र का 'हिन्दी साहित्य का अतीत', श्री चन्द्र कान्त बाली का 'पंजाब प्रान्तीय हिन्दी साहित्य का इतिहास', डा० टीकमसिंह तोमर का 'हिन्दी वीर-काव्य', डा० मोतीलाल मेनारिया का 'राजस्थान का पिंगल साहित्य', डा० केसरी नारायण शुक्ल, डा० श्री कृष्णलाल, डा० लक्ष्मी सागर वार्ष्णेय एवं डा० भोलानाथ तिवारी के आधुनिक काल संबंधी विभिन्न शोध-प्रबन्ध, डा० भगवती प्रसाद सिंह का 'रामभक्ति में रसिक संप्रदाय', डा० सियाराम तिवारी का 'मध्यकालीन खंड काव्य', डा० इन्द्रपाल सिंह का 'रीतिकालीन प्रबन्ध काव्य', डा० सरला शुक्ल, डा० हरिकान्त श्रीवास्तव प्रभृति के हिन्दी प्रेमाख्यान-संबंधी शोध-प्रबन्ध आदि। इनके द्वारा हिन्दी साहित्य के विभिन्न काल-खंडों, काव्य रूपों, काव्य धाराओं व उपभाषाओं के साहित्य के विकास पर प्रकाश पड़ता है। अतः आवश्यकता इस बात की है कि इन शोध-प्रबन्धकों में उपलब्ध निष्कर्षों को समन्वित करते हुए उन्हें इतिहास में सम्यक् रूप में स्थान दिया जाय।

इधर साहित्येतिहास के सैद्धान्तिक एवं व्यावहारिक पक्षों तथा उनके विभिन्न

काल-खंडों की पृष्ठभूमि पर प्रकाश डालने की दृष्टि से भी अनेक नए प्रयास हुए हैं, जिनमें डा० सुमन राजे की 'साहित्येतिहास : संरचना और स्वरूप', डा० राममूर्ति त्रिपाठी की 'आदिकालीन हिन्दी साहित्य की सांस्कृतिक पृष्ठभूमि', डा० शिवकुमार मिश्र की 'हिन्दी साहित्येतिहास के सिद्धान्त', डा० शंभुनाथ सिंह की 'हिन्दी साहित्य की सामाजिक पृष्ठभूमि', डा० वासुदेव सिंह की 'हिन्दी साहित्य का उद्‌भव-काल' आदि कृतियाँ विशेष रूप से उल्लेखनीय हैं। विभिन्न क्षेत्रों के अधिकारी विद्वानों के सहयोग से सम्मिलित रूप में इतिहास-लेखन की दिशा में किए गए प्रयास के रूप में डा० नगेन्द्र के संपादन में प्रकाशित 'हिन्दी साहित्य का इतिहास' उल्लेखनीय है।

इस प्रकार हम देखते हैं कि यद्यपि हिन्दी साहित्य के इतिहास-लेखन की परंपरा को प्रवर्तित हुए लगभग सवा सौ वर्ष ही हुए हैं, किन्तु इस लघु अवधि में भी इसने प्रत्येक दृष्टि से संतोषजनक प्रगति कर ली है। विशेषतः इतिहास-लेखन के सिद्धांतों, दृष्टिकोणों एवं विचारों की दृष्टि से तो हिन्दी के लेखकों ने बहुत-कुछ नूतन अनुसंधान ही किया है जिसे अन्य भाषाओं के साहित्येतिहासकार भी अपना सकते हैं। इतिहास-लेखन की विभिन्न पद्धतियों एवं विधियों की भी नियोजन हिन्दी के क्षेत्र में सफलतापूर्वक हुई है। फिर भी ज्यों-ज्यों साहित्य-लेखन की परंपरा आगे बढ़ती जाती है तथा साहित्यानुसंधान के क्षेत्र में नए-नए तथ्यों का उद्‌घाटन होता जा रहा है त्यों-त्यों इतिहासकार का भी कार्य बढ़ता जा रहा है। वस्तुतः अतीत की प्रौढ़ परंपराओं, वर्तमान की स्वस्थ प्रवृत्तियों तथा भविष्य की सुन्दर योजनाओं में सामंजस्य स्थापित करने का उत्तरदायित्व इतिहासकार पर ही रहता है, अतः उसके कार्य एवं महत्त्व की कोई सीमा नहीं है।

—०—

2

हिन्दी साहित्य के इतिहास का पुनर्लेखन : क्यों और कैसे ?

हिन्दी साहित्य के इतिहास-लेखन की परंपरा बहुत पुरानी नहीं है। यद्यपि मध्ययुग में भक्तमाल; चौरासी वैष्णव की वार्ता, दो सौ बावन वैष्णवों की वार्ता जैसे ग्रन्थ लिखे गए थे, जिनमें कुछ भक्त कवियों का विवरण उपलब्ध होता है किन्तु उन्हें हम साहित्य के इतिहास की संज्ञा नहीं दे सकते। उनमें भक्तों के चरित्र का गुण-गान उनकी भक्ति-भावना एवं धर्म-साधना की दृष्टि से किया गया है; कहीं-कहीं उनकी रचनाओं का भी उल्लेख हो गया है किन्तु वहाँ मूल लक्ष्य उनकी भक्ति-साधना पर प्रकाश डालने का है, उनकी साहित्यिक उपलब्धियों का विवेचन करने का नहीं। अत: इस प्रकार के ग्रंथ हिन्दी साहित्य के इतिहास-लेखन में सहायक तो सिद्ध हो सकते हैं, किन्तु वे स्वयं इतिहास की कोटि में नहीं आते।

यह कितनी विचित्र बात है कि हिन्दी का प्रथम इतिहास लिखने का श्रेय हिन्दी के किसी विद्वान को नहीं, किसी हिन्दुस्तानी को भी नहीं अपितु एक फ्रेंच विद्वान **श्री गार्सें द तॉसी** को प्राप्त है, जिन्होंने फ्रेंच भाषा में 'इस्त्वार द ला लितेरात्यूर ऐंदूई ऐं ऐंदुस्तानी,' नामक ग्रंथ लिखा जिसमें सर्वप्रथम हिन्दुस्तानी भाषा के साहित्य का इतिहास प्रस्तुत किया गया है। इसका प्रथम खंड सन् 1839 ई० में तथा द्वितीय सन् 1846 में प्रकाशित हुआ तथा कुछ वर्षों पूर्व इसके कुछ अंशों का हिन्दी अनुवाद भी डा० लक्ष्मी सागर वार्ष्णेय द्वारा प्रस्तुत हो चुका है। यद्यपि गार्से द तॉसी के इतिहास में अनेक त्रुटियाँ हैं – यहाँ तक कि इनमें कवियों का परिचय काल क्रमानुसार न देकर आकारादि-क्रम से दिया गया है तथा हिन्दी और उर्दू के कवियों को भी घुला-मिला दिया गया है; फिर भी यह इस क्षेत्र का पहला प्रयास होने के कारण महत्त्व-पूर्ण है। इस दृष्टि से तॉसी को हिन्दी साहित्य के इतिहास-लेखन की परम्परा का प्रवर्त्तक माना जा सकता है।

इस क्षेत्र में दूसरा महत्त्वपूर्ण प्रयास सर जार्ज ग्रियर्सन का है, जिन्होंने अंग्रेजी में 'माडर्न वरनाक्युलर लिट्रेचर ऑफ हिन्दुस्तानी' सन् 1890 के लगभग लिखा। वैसे इससे पूर्व श्री महेशदत्त शुक्ल द्वारा 'भाषा काव्य-संग्रह' एवं श्री शिव सिंह सेंगर द्वारा 'शिवसिंहसरोज' नामक ग्रंथ प्रकाशित हो चुके थे जिनमें हिन्दी कवियों का विवरण दिया हुआ है। ये ग्रंथ भी इतिहास लेखन की दृष्टि से उपयोगी हैं। 'शिव सिंह सरोज'

लगभग एक सहस्त्र कवियों का परिचय दिया गया है, अत: वह अत्यन्त महत्त्वपूर्ण है किन्तु इसे भी हम 'इतिहास' की संज्ञा से विभूषित नहीं कर सकते। वस्तुतः आधुनिक ढंग से सर्वप्रथम हिन्दी साहित्य का इतिहास प्रस्तुत करने का श्रेय जार्ज ग्रियर्सन को ही है। इसका भी हिन्दी अनुवाद डा० किशोरी लाल गुप्त द्वारा 'हिन्दी साहित्य का प्रथम इतिहास' शीर्षक से प्रस्तुत हो चुका है।

हिन्दी माध्यम से हिन्दी साहित्य का इतिहास लिखने का सफल प्रयास सर्वप्रथम मिश्र-बन्धुओं द्वारा हुआ। उनका 'मिश्रबन्धु विनोद' सन् 1913 में प्रकाशित हुआ। इसमें ग्रियर्सन की परम्परा को आगे बढ़ाते हुए काल-विभाजन एवं युग-प्रवृत्तियों के विश्लेषण का प्रयास व्यवस्थित रूप में किया गया है किन्तु इसके लगभग पन्द्रह वर्ष बाद एक और ग्रंथ प्रकाशित हुआ वह है आचार्य रामचन्द्र शुक्ल का 'हिन्दी साहित्य का इतिहास' इसे मिश्रबन्धु-विनोद से भी अधिक सम्मान एवं लोकप्रियता प्राप्त हुई। आगे चलकर आचार्य हजारी प्रसाद द्विवेदी, डा० राम कुमार वर्मा, डा० भगीरथ प्रसाद मिश्र, डा० विश्वनाथ प्रसाद मिश्र, डा० लक्ष्मी सागर वार्ष्णेय प्रभृति विद्वानों ने भी इस परम्परा को आगे बढ़ाया। इन इतिहास-लेखकों के अतिरिक्त विभिन्न शोधकर्त्ताओं ने हिन्दी साहित्य के विभिन्न कालखंडों, युगों, परम्पराओं व प्रवृत्तियों का अध्ययन करके इतिहास के स्वरूप को स्पष्ट करने का प्रयास किया। हिन्दुस्तानी एकेडेमी एवं काशी नागरी प्रचारिणी सभा ने अनेक विद्वानों के सहयोग से हिन्दी साहित्य का इतिहास अनेक खंडों में प्रस्तुत करने की योजनाओं को मूर्तरूप दिया। इस प्रकार हम देखते हैं कि लगभग सवा सौ वर्ष में ही हिन्दी साहित्य के इतिहास-लेखन की परम्परा अपने अत्यंत समृद्ध एवं विकसित रूप को प्राप्त कर चुकी है। ऐसी स्थिति में यदि हम हिन्दी साहित्य के इतिहास के पुनर्लेखन की चर्चा करें, तो कदाचित वह विचित्र सी लगेगी। फिर भी ऐसा करने का साहस कर रहे हैं जिसके पीछे कई कारण हैं।

सबसे पूर्व तो सृष्टि के विकास का ही यह क्रम है कि जब कोई जाति, परम्परा या धारा अपने विकास की चरम स्थिति तक पहुंच जाती है तो वह स्थिर, जड, गतिशून्य एवं रूढ़िबद्ध होकर अपने अवसान के लिए विवश होती है। ऐसी स्थिति में या तो वह नया जन्म, नयी चेतना और नया रूप प्राप्त करके नयी दिशाओं की ओर उन्मुख होती है या फिर वह काल कवलित होकर स्वयं इतिहास की वस्तु बन जाती है। यदि यही बात हिन्दी साहित्य के इतिहास-लेखन की परम्परा पर भी लागू हो तो अस्वाभाविक नहीं।

किन्तु बात केवल इतनी ही नहीं है। वास्तविकता यह है कि हिन्दी साहित्य के इतिहास-लेखन की परम्परा अपने अद्यतन विकास के बावजूद अनेक ऐसी न्यूनताओं, त्रुटियों एवं रूढ़ियों से ग्रस्त है, जिन्हें देखते हुए इसके पुनर्विवेचन या पुनर्लेखन की आवश्यकता अनुभव होती है। यह एक तथ्य है कि हिन्दी साहित्य के

प्रचलित इतिहास-ग्रन्थों में सर्वाधिक महत्त्व आचार्य रामचन्द्र शुक्ल के इतिहास का है। आचार्य शुक्ल की लेखनी में कुछ ऐसी शक्ति थी कि उसके प्रभाव से इस विषय के पूर्वरचित ग्रन्थ अदृश्य हो गए हैं तो परवर्ती ग्रन्थ उसी से आलोकित दिखाई पड़ते हैं। आचार्य शुक्ल ने वीरगाथाकाल, भक्तिकाल, रीतिकाल आदि का जो ढाँचा दिया था। वह आज भी खड़ा है। शुक्ल जी के बाद लिखे गए अधिकांश इतिहास ग्रन्थ उन्हीं के इतिहास के लघु या बृहत् संस्करण प्रतीत होते हैं। आचार्य हजारी प्रसाद द्विवेदी, डा० रामकुमार वर्मा या श्री विश्वनाथ प्रसाद मिश्र ने इस ढाँचे में किंचित संशोधन-परिवर्द्धन ही किया है, उसे बदल देने का प्रयास उन्होंने नहीं किया। अतः संक्षेप में कहा जा सकता है कि आज भी हिन्दी साहित्य का प्रतिनिधित्व आचार्य शुक्ल द्वारा रचित इतिहास ही कर रहा है। इसका अर्थ यह है कि हमारा इतिहास लेखन जहाँ आचार्य शुक्ल की उपलब्धियों से मंडित है, वहाँ वह उन न्यूनताओं त्रुटियों व रूढ़ियों से भी ग्रस्त है जो कि शुक्ल जी के इतिहास में विद्यमान हैं। ऐसी स्थिति में हमें सर्वप्रथम आचार्य शुक्ल के इतिहास का ही पुनर्परीक्षण करते हुए उसके गुणदोषों पर विचार कर लेना होगा।

यहाँ हम उन विद्वानों से क्षमा-याचना करते हैं, जिनका विचार है कि आचार्य शुक्ल का प्रयास ही अन्तिम प्रयास है, उसमें किसी प्रकार का अभाव या दोष ढूँढ़ना उनके साथ अन्याय है। अवश्य ही आचार्य शुक्ल महान प्रतिभाशाली एवं प्रथम श्रेणी के आलोचक थे; किन्तु फिर भी वे अपने युग की परिस्थितियों व सीमाओं से बंधे हुए थे। उन्होंने इतिहास-लेखन का कार्य 1925 ई० के लगभग आरम्भ किया। उस समय तक हिन्दी का शोध-कार्य कितना पिछड़ा हुआ था—इसका अनुमान इस बात से लगाया जा सकता है कि तब तक सारे भारत में हिन्दी के एक-दो ही पी-एच० डी० थे। हमारा अधिकाँश प्राचीन साहित्य अप्राप्य, अप्रकाशित, एवं अपठित रूप में पड़ा था। जिन सूचनाओं के आधार पर शुक्ल जी इतिहास का भवन खड़ा कर रहे थे वे अपने आप में अप्रामाणिक थीं। इतिहासकार का कार्य उस भवन-निर्माता का सा होता है जोकि बनी बनाई ईंटों, पत्थरों एवं चूने-गारे के योग से सुन्दर भवन का निर्माण करता है किन्तु यदि उसे ईंटें बनाने व पकाने तथा चूना व गारा तैयार करने का काम भी स्वयं करना पड़े तो उसकी शिल्पकारी के लिए कहाँ अवकाश रह जाएगा। ऐसी स्थिति में यदि वह कच्ची ईंटों का प्रयोग भी कर बैठे तो उसका क्या दोष! आचार्य शुक्ल की स्थिति भी उसी शिल्पकार की सी थी। हिन्दी के हजारों कवियों के जीवन-चरित का अनुसंधान करना, उनका रचना-काल निश्चित करना, उनकी रचनाओं की प्रामाणिकता जाँचना, उनके काव्य का मूल्यांकन करना, उनकी परम्पराओं व प्रवृत्तियों को खोजना---यह सारा काम एक ही व्यक्ति के वश का नहीं है। अतः उन्होंने जो कार्य किया वह उस समय तक उपलब्ध सामग्री व ज्ञान-राशि पर आधारित है। किन्तु उनके बाद सैकड़ों शोधकर्ताओं द्वारा

जो नयी रचनाएँ, सूचनाएँ एवं तथ्य प्रकाश में आए हैं उनसे उस ज्ञान-सामग्री का अधिकांश अप्रमाणिक एवं अविश्वसनीय सिद्ध हो जाता है, जिसका उपयोग आचार्य शुक्ल ने किया था। ऐसी स्थिति में आचार्य शुक्ल का प्रयास दोषपूर्ण सिद्ध हो जाए तो इसके दोषी आचार्य शुक्ल नहीं, अपितु वह युग-स्थिति है जिसमें उन्हें कार्य करना पड़ा। इसका तात्पर्य यह भी नहीं है कि आचार्य शुक्ल का सम्पूर्ण इतिहास दोषपूर्ण है। हमारे विचार से उन्होंने साहित्यकारों का मूल्यांकन करते हुए जो निष्कर्ष दिए हैं। वे आज भी महत्त्वपूर्ण सिद्ध होते हैं, किन्तु जहाँ उन्होंने साहित्य की परम्पराओं के उद्गम स्रोतों एवं उनकी विकास-प्रक्रिया की व्याख्या की है वहाँ वे यथार्थ से दूर चले गए हैं। अतः आज हमारा प्रयास यह होना चाहिए कि हम पूर्ववर्ती इतिहास-कारों की उपलब्धियों को स्वीकार करते हुए भी उन त्रुटियों से बचें जो उनके द्वारा किसी भी कारण हो गयी हैं।

आचार्य शुक्ल के इतिहास-लेखन के अनन्तर न केवल हिन्दी साहित्य की सैकड़ों पुरानी व नयी रचनाएं प्रकाश में आयी हैं एवं पुराने साहित्य के सम्बन्ध में अनेक नये-नये तथ्यों एवं निष्कर्षों का उद्घाटन हुआ है, अपितु स्वयं इतिहास धारणा सम्बन्धी, दृष्टिकोण एवं पद्धति में भी भारी परिवर्तन एवं विकास हुआ है। अतः आज इस दृष्टि से भी हिन्दी साहित्य के इतिहास के पुनर्लेखन की आवश्यकता है।

यहाँ दूसरा प्रश्न उपस्थित होता है कि यह पुनर्लेखन किस धारणा, दृष्टिकोण एवं पद्धति के अनुसार किया जाए ?—इस प्रश्न के उत्तर में अनेक मत एवं वाद प्रस्तुत किए जा सकते हैं। वस्तुतः पश्चिम में 'इतिहास-दर्शन' नाम से एक अलग विषय की स्थापना हो चुकी है, जिससे इतिहास के सम्बन्ध में विभिन्न दृष्टिकोणों एवं सिद्धान्तों का पता चलता है। कुछ विद्वान पश्चिम के किसी सिद्धान्त विशेष का अनुमोदन करते हैं तो कुछ किसी पाश्चात्य इतिहास को आदर्श मान कर चलने की बात कहते हैं। हमारे विचार से किसी भी सिद्धान्त या आदर्श का अन्धानु-सरण न करके स्वतंत्र, तटस्थ एवं संतुलित दृष्टि से काम लेना उचित होगा। अस्तु, इस विषय में मत-भेद की संभावना को स्वीकार करते हुए भी यहाँ केवल उन धारणाओं, सिद्धान्तों एवं पद्धतियों की चर्चा की जायेगी जो प्रस्तुत पंक्तियों के लेखक को मान्य है।

सर्वप्रथम इतिहास सम्बन्धी धारणा को लीजिए, इतिहास कला है या विज्ञान? इस प्रश्न को लेकर विद्वानों में पर्याप्त वाद-विवाद हुआ है; किन्तु अपने मूल अर्थ में इतिहास तथ्यों की प्रामाणिकता से सम्बन्धित होने के कारण कला की अपेक्षा विज्ञान के ही अधिक निकट पड़ता है। जब कोई कवि या कलाकार इतिहास की वस्तु को अपनी रचना का विषय बनाता है तो उसे हम 'ऐतिहासिक' विशेषण प्रदान करते हुए भी 'इतिहास' नहीं मानते। जय शंकर प्रसाद के ऐतिहासिक नाटकों या

वृन्दावन लाल वर्मा के ऐतिहासिकता उपन्यासों को हम साहित्य के अन्तर्गत ही स्थान देंगे, भले ही उनमें ऐतिहासिकता कितनी ही क्यों न हो। जिस प्रकार एक गुलाब के फूल पर कविता भी लिखी जा सकती है और उसका रासायनिक विश्लेषण भी किया जा सकता है उसे कला और विज्ञान—दोनों का ही विषय बनाया जा सकता है; अतः कोई भी विषयवस्तु अपने आप में कला या विज्ञान की द्योतक नहीं होती। अपितु यह व्यक्ति पर निर्भर है कि वह अपने विषय को कलात्मक रूप देता है कि 'वैज्ञानिक। वस्तुतः जब हम अतीत की किसी विषयवस्तु को कलात्मक रूप में प्रस्तुत करते हैं तो वह कला की कोटि में आती है और जब उसे वैज्ञानिक दृष्टि से प्रस्तुत किया जाता है तो वह इतिहास की श्रेणी में आती है। अस्तु, इतिहास, कला और साहित्य की अपेक्षा शास्त्र और विज्ञान के रूप में अधिक मान्य है।

इसी प्रकार साहित्येतिहास के सन्दर्भ में इतिहास और आलोचना के अन्तर को भी स्पष्ट कर लेना चाहिए। कुछ लोगों को यह भ्रान्ति है कि यदि विभिन्न साहित्यकारों के साहित्य की आलोचनाओं को काल क्रम से प्रस्तुत कर दिया जाये तो वह उस साहित्य का इतिहास बन जाएगा। किन्तु वास्तविकता यह है कि इतिहास और आलोचना में बहुत बड़ा अन्तर है। इतिहासकार का मूल लक्ष्य किसी भी साहित्य के विकास की प्रक्रिया का अनुसंधान करना है जबकि आलोचक का कार्य रचनाओं का मूल्यांकन करना है। इसीलिए इतिहासकार को सदा पूर्व परम्पराओं एवं युगीन संदर्भों को ध्यान में रखकर विभिन्न साहित्यकारों को एक धारा या शृंखला के रूप में देखना पड़ता है जबकि आलोचक व्यक्ति-विशेष या कृति-विशेष का विवेचन, विश्लेषण एवं मूल्यांकन स्वतंत्र रूप में भी कर सकता है। वैसे, इतिहासकार आलोचना से तथा आलोचक इतिहास से सहायता ग्रहण करता है, किन्तु वह साधन रूप में ही होती है—दोनों का साध्य अलग-अलग रहता है। अतः साहित्य के इतिहास को भी आलोचना के स्थान पर अनुसंधान और विज्ञान की श्रेणी में स्थान देना उचित होगा। वैसे मेरे विचार में स्वयं आलोचना के भी दोनों रूप साहित्यिक एवं वैज्ञानिक उपलब्ध हैं। जहां आलोचक किसी रचना के सम्बन्ध में अपनी अनुभूति को ललित शैली में प्रस्तुत करता है वहाँ वह साहित्यिक आलोचना करता है जबकि वस्तुपरक दृष्टि से किसी भी रचना का तटस्थ रूप में सप्रमाण किया गया विवेचन विश्लेषण समीक्षा के वैज्ञानिक रूप का परिचायक होता है। अस्तु, इतिहास या आलोचना का लक्ष्य जहाँ किसी भी विषय का तटस्थ एवं प्रामाणिक विवेचन करना होता है—स्वानुभूतियों की व्यंजना नहीं, वहाँ वैज्ञानिकता का आविर्भाव स्वाभाविक है।

वैज्ञानिक दृष्टिकोण के अनुसार 'इतिहास' एकाएक घटित घटनाओं का विवरण न होकर क्रमशः विकसित स्थितियों का विवेचन है। दूसरे शब्दों में, आज इतिहास का वैज्ञानिक अध्ययन करने के लिए विकासवादी दृष्टिकोण का उपयोग

किया जाता है। जहाँ पुराना दार्शनिक सृष्टि को और उसकी प्रत्येक घटना को किसी अलौकिक शक्ति द्वारा एकाएक किए गए कार्य के रूप में स्वीकार करता था वहाँ आज का वैज्ञानिक हर स्थिति, घटना, रचना या क्रिया—व्यापार के पीछे अनेक सूक्ष्म प्राकृतिक तथ्यों की दीर्घ परम्परा एवं सामयिक परिस्थितियों की क्रिया-प्रतिक्रिया का योग स्वीकार करता है। अतः चाहे समाज की कोई स्थिति हो, राजनीति की कोई घटना हो या साहित्य की कोई रचना हो, उन सबके पीछे विकास की दीर्घ शृंखला रहती है। अतः साहित्य के इतिहास की भी वैज्ञानिक, प्रामाणिक एवं यथातथ्य व्याख्या के लिए विकासवादी दृष्टिकोण का प्रयोग आवश्यक है।

जब हम साहित्येतिहास के संदर्भ में विकासवाद की चर्चा करते हैं तो एक और समस्या उत्पन्न होती है—वह यह कि अभी तक साहित्य के क्षेत्र में विकास सिद्धान्त की कोई सर्वमान्य व्याख्या प्रतिष्ठित नहीं हो पायी है। विकास के मूल सिद्धान्त की स्थापना का श्रेय डारविन को है तथा उनके अतिरिक्त स्पैन्सर, कार्लमार्क्स, हेनरी, वर्गसां, आर्नल्ड ट्वायनवी प्रभृति चिन्तकों ने क्रमशः भौतिक विज्ञान, अर्थशास्त्र, मनोविज्ञान, संस्कृति आदि को ध्यान में रखकर विकास-प्रक्रिया की व्याख्या अपने-अपने ढंग से की है। साहित्य के क्षेत्र में भी साहित्य की विकास-प्रक्रिया की व्याख्या के कुछ ऐसे प्रयास हुए हैं जिन्हें एकांगी कहा जा सकता है। उदाहरण के लिए फ्रेंच विद्वान तेन ने साहित्य-विकास में तीन सूत्र प्रस्तुत किए—जाति (Race) वातावरण (Millen) और क्षण-विशेष (Moment)। इन सूत्रों पर यह आक्षेप लगाया गया है कि इनमें साहित्यकार के व्यक्तित्व की पूर्णतः उपेक्षा कर दी गयी है। कुछ जर्मन विद्वानों ने 'युग-चेतना' (Spirit of Age) को साहित्य के विकास का आधार माना तो कुछ अंग्रेज विचारकों ने इस सम्बन्ध में 'परम्परा' (Tradition) को अधिक महत्व दिया उधर मार्क्सवादी चिन्तकों ने आर्थिक परिस्थितियों एवं वर्ग-संघर्ष के आधार पर साहित्य के विकास की व्याख्या की तो फ्रायडवादी मनोविश्लेषकों ने यौन-कुण्ठाओं, ग्रन्थियों व अभावों से प्रेरित मानसिक द्वन्द्व में साहित्य विकास का मूल आधार खोजने का प्रयास किया। हमारे विचार में ये सभी प्रयास एकांगिता के दोष से ग्रस्त है। कुछ विद्वानों ने जहाँ बाह्य तत्त्वों—जाति, परम्परा, वातावरण, परिस्थितियों पर ही सारा ध्यान केन्द्रित करके साहित्यकार के आन्तरिक व्यक्तित्व की सर्वथा उपेक्षा कर दी तो कुछ ने इसके विपरीत उसके मानसिक द्वन्द्व के आगे बाह्य पक्ष को बिल्कुल गौण कर दिया। अस्तु, इस स्थिति को ध्यान में रखते हुए हमने विभिन्न क्षेत्रों में प्रचलित विकास-सिद्धान्तों का समीकरण करते हुए, 'हिन्दी साहित्य का वैज्ञानिक इतिहास' में विकास प्रक्रिया का एक सामान्य सिद्धान्त स्थापित करने की चेष्टा की है जिसमें उपर्युक्त सभी प्रयासों को भी समन्वित रूप प्राप्त हो जाता है। हमारे उक्त सिद्धान्तों के अनुसार न केवल साहित्य में अपितु सृष्टि की प्रत्येक विकास-प्रक्रिया के मूल में

इन पाँच तत्त्वों की खोज की जा सकती है – (1) सर्जन-शक्ति (2) परम्परा (3) वातावरण (4) द्वन्द्व और (5) संतुलन। इनकी व्याख्या करते हुए संक्षेप में कहा जा सकता है कि विकास की प्रत्येक क्रिया के मूल में कोई न कोई सर्जन-शक्ति रहती है जो परम्परागत तत्त्वों एवं सामयिक वातावरण के पारस्परिक द्वन्द्व से उद्दीप्त एवं प्रेरित होकर सक्रिय होती है तथा जब तक द्वन्द्व के दोनों पक्षों में संतुलन स्थापित नहीं हो जाता तब तक वह सक्रिय रहती है। संतुलन-स्थापना के अनन्तर विकास की एक आवृत्ति पूरी हो जाती है तथा सर्जन-शक्ति तब तक के लिए शान्त एवं निष्क्रिय हो जाती है जब तक कि उसे कोई नया द्वन्द्व या कोई नूतन द्वन्द्वात्मक स्थिति पुन: उद्दीप्त एवं सक्रिय न कर दे।

उपर्युक्त सिद्धान्त को साहित्य पर लागू करते हुए कहा जा सकता हैं कि 'सर्जन-शक्ति' का तात्पर्य साहित्यकार की प्रतिभा रुचि, प्रवृत्ति एवं योग्यता से है। परम्परा के अन्तर्गत वे भी जातीय, सांस्कृतिक व साहित्यिक तत्त्व आ जाते हैं जो परम्परा के द्वारा साहित्यकार को प्राप्त होते हैं तथा जिनसे वह प्रभावित होता है। वातावरण के अन्तर्गत उन स्थितियों, परिस्थितियों, युगीन चेतना व युग-प्रवृत्तियों को लिया जा सकता है जिनसे विवेच्य साहित्यकार प्रभावित होता है। द्वन्द्व के अन्तर्गत राजनीतिक, धार्मिक, सामाजिक, आर्थिक, मानसिक आदि क्षेत्रों से सम्बन्धित उन परस्पर विरोधी स्थितियों को लिया जा सकता है जिनके द्वन्द्व से साहित्यकार की सर्जन-शक्ति उद्दीप्त, उद्वेलित एवं प्रेरित होती है। यहाँ यह उल्लेखनीय है कि सभी साहित्यकार एक जैसी ही स्थितियों से प्रेरित नहीं होते। कुछ साहित्यकार राष्ट्रीय, धार्मिक या सामाजिक अन्तर्विरोधों से प्रेरित होकर साहित्य सर्जन कर सकते हैं तो कुछ वैयक्तिक या मानसिक द्वन्द्व से प्रेरित हो सकते हैं। अत: यह साहित्य विशेष के संदर्भ में देखना होगा कि वह किस क्षेत्र के द्वन्द्व से परिचालित है जब एक क्षेत्र का द्वन्द्व शान्त या समाप्त हो जाता है तो तत्सम्बन्धी साहित्यिक परम्परा या प्रवृत्ति का भी अवसान होना संभव है। संतुलन इसी स्थिति का द्योतक है। अस्तु, हमारे विचार से साहित्य की विकास-प्रक्रिया के सम्यक् विश्लेषण के लिए इन पाँचों तत्त्वों या सूत्रों को आधारभूत सिद्धान्त के रूप में ग्रहण किया जा सकता है।

यद्यपि यहाँ इस सिद्धान्त की उपयुक्तता एवं प्रामाणिकता सिद्ध करने के लिए अवकाश नहीं है किन्तु संक्षेप में यह कहा जा सकता है कि इसमें डारविन के वंश परम्परा और वातावरण के सिद्धान्त बर्गसां के सर्जनात्मक शक्ति के सिद्धान्त, मार्क्स के आर्थिक द्वन्द्व, फ्रायड के मानसिक द्वन्द्व, तेन के जाति, वातावरण एवं क्षण के सिद्धान्त आदि को समन्वित रूप प्राप्त हो जाता है। अत: यदि इस सिद्धान्त को विकास-प्रक्रिया सम्बन्धी प्रचलित विभिन्न धारणाओं का सामान्यीकृत रूप माना जाए तो अनुचित न होगा।

इस सिद्धान्त के व्यावहारिक रूप की परीक्षा के लिए हिन्दी साहित्य के इतिहास ग्रन्थों के संदर्भ में भी इस पर विचार किया जा सकता है। आचार्य रामचन्द्र शुक्ल ने अपने इतिहास के आरम्भ में ही अपना दृष्टिकोण स्पष्ट करते हुए लिखा था—"प्रत्येक देश का साहित्य वहाँ की जनता की चित्तवृत्ति का संचित प्रतिबिम्ब होता है।" अतः उन्होंने साहित्य के इतिहास का आधार युग विशेष की चित्तवृत्तियों या परिस्थितियों को ही माना है। दूसरे शब्दों में कहें तो, उन्होंने उपर्युक्त पाँच तत्त्वों में से वातावरण या युगीन प्रवृत्तियों को ही अधिक महत्त्व दिया, शेष तत्त्वों को उन्होंने गौण कर दिया। इसीलिए उन्होंने भक्ति आन्दोलन के प्रवर्तन या संत काव्य के विकास या कबीर के खंडन-मंडन या प्रेमाख्यानों के प्रेम तत्त्व—इन सबका कारण तद्युगीन मुस्लिम प्रभाव में ही खोजने की चेष्टा की। भक्ति आन्दोलन के मूल में पूर्ववर्ती परम्पराओं के योगदान को या संतों के साहित्य के विकास में योग देने वाली सिद्धों की परम्परा को उन्होंने उपेक्षित कर दिया। इसीलिए आचार्य शुक्ल द्वारा हमारे मध्य-युगीन साहित्य के विकास की जो व्याख्या प्रस्तुत हुई, वह केवल वातावरणपरक या युग-प्रवृत्ति मूलक होने के कारण एकांगी है। यही कारण है कि आगे चलकर आचार्य हजारी प्रसाद द्विवेदी ने संतों और भक्तों की पूर्व परम्पराओं का उद्घाटन करके आचार्य शुक्ल के अनेक निष्कर्षों को असंगत एवं भ्रान्त सिद्ध कर दिया। वस्तुतः आचार्य शुक्ल के वातावरणवादी प्रयास की पूर्ति आचार्य द्विवेदी के परम्परावादी प्रयास के द्वारा हुई—किन्तु वैज्ञानिक दृष्टिकोण से देखा जाए तो विकास की सम्यक् व्याख्या के लिए न केवल वातावरण और परम्परा को अपितु कवियों की वैयक्तिक प्रवृत्तियाँ एवं प्रेरक तत्त्वों आदि उन पाँचों पक्षों पर विचार किया जाना चाहिए जिनकी चर्चा हम पीछे कर चुके हैं। जिस प्रकार वृक्ष के विकास में परम्परा रूपी बीज के साथ-साथ भूमि, जलवायु प्रकाश, खाद आदि, विभिन्न प्रेरक, उद्दीपक एवं पोषक तत्त्वों का योग रहता है उसी प्रकार साहित्य के विकास में भी परम्परा, वातावरण आदि पाँचों तत्त्वों का न्यूनाधिक योग रहता है—यह दूसरी बात है कि कहीं एक का योग कम और दूसरे का अधिक रहे।

इतिहास की संगत व्याख्या के लिए विकासवादी दृष्टिकोण के साथ-साथ साहित्य के काल-विभाजन, परम्पराओं के उद्घाटन एवं प्रवृत्तियों के निर्धारण में वैज्ञानिक पद्धति का उपयोग करना आवश्यक है। वैज्ञानिक पद्धति का मुख्य लक्षण है तथ्यों के आधार पर सर्वांगीण निष्कर्ष प्रस्तुत करना जबकि हिन्दी साहित्य के अनेक इतिहासकारों ने प्रायः पूर्व पोषित धाराओं के आधार पर तथ्यों की उपेक्षा करते हुए एकांगी एवं भ्रामक निष्कर्ष प्रस्तुत किए हैं। यहाँ हम सर्वप्रथम काल-विभाजन की समस्या को ही लेते हैं। काल-विभाजन में भी सबसे पहला प्रश्न उप-स्थित होता है कि हिन्दी साहित्य का आरम्भ कब से माना जाए? यह विचित्र बात है कि हमारे विभिन्न इतिहासकारों ने इसके सम्बन्ध में परस्पर-विरोधी निष्कर्ष प्रस्तुत किए हैं। जहाँ ग्रियर्सन, मिश्रबन्धु, डॉ० रामकुमार वर्मा प्रभृति इतिहासकार

लगभग 700 या 750 से मानते हैं। वहाँ आचार्य रामचन्द्र शुक्ल तथा उनके अनुयायी विद्वानों ने संवत् 1050 से माना है। इस मतभेद का मूल कारण तो यह है कि जहाँ प्रारम्भिक विद्वान अपभ्रंश को हिन्दी से अलग नहीं मानते थे वहाँ आचार्य शुक्ल की यह मान्यता थी कि सिद्धों और जैनियों द्वारा अपभ्रंश में रचित साहित्य शुद्ध साहित्य नहीं था। किन्तु अब यह स्पष्ट हो गया है कि यह साहित्य साहित्यिक दृष्टि से तो स्वीकार्य है किन्तु अपभ्रंश हिन्दी से पृथक् भाषा है। अतः हिन्दी साहित्य का आरम्भ किसी अपभ्रंश के कवि से नहीं अपितु हिन्दी कवि से ही मानना चाहिए। प्रश्न है कि आचार्य शुक्ल ने 1050 की सीमा रेखा किस आधार पर खींची है? क्या इस समय साहित्य में कोई खास घटना घटित हुई थी, कोई विशेष रचना रचित हुई थी? इसका कोई उत्तर शुक्ल जी के इतिहास में नहीं मिलता। यदि आचार्य शुक्ल संवत् 1000 से आरम्भ मानते तो हम यह समझते कि उन्होंने शायद मोटे रूप में यह सीमा मान ली है—किन्तु 1050 का उल्लेख इस धारणा की सृष्टि करता है मानों इसके पीछे कोई विशेष कारण हो। शुक्ल जी के इतिहास में हिन्दी के काव्यों में सर्वप्रथम 'खुमान रासो' का उल्लेख किया गया है, जिसके वर्तमान रूप को उन्होंने सत्रहवीं शताब्दी का माना है—अतः इसे हिन्दी की पहली रचना नहीं माना जा सकता। इसके पश्चात् क्रमशः वीसलदेव रासो एवं पृथ्वीराज रासो को लिया गया है जिनका रचना काल तेरहवीं शती से पहले का नहीं है। अस्तु जब तेरहवीं शती से पहले की कोई रचना ही नहीं मिलती तो हिन्दी साहित्य का आरम्भ 1050 से क्यों माना गया—इसका समाधान आचार्य शुक्ल के इतिहास से नहीं होता। वस्तुतः हिन्दी साहित्य के आविर्भाव काल का निर्णय करने के लिए हमें सबसे पहले इस तथ्य की खोज करनी होगी कि हिन्दी साहित्य की सबसे पहली रचना कौन-सी है? उसी के रचना-काल के आधार पर हिन्दी साहित्य का आविर्भावकाल निश्चित होना चाहिए, किन्तु हिन्दी के इतिहासकारों में से किसी ने भी इस प्रश्न पर विचार तक नहीं किया। ऐसी स्थिति में यदि हिन्दी साहित्य के आविर्भावकाल का निर्णय संदिग्ध बना रहे तो स्वाभाविक है।

आविर्भाव-काल की भाँति वीरगाथा-काल, भक्तिकाल एवं रीतिकाल की सीमाएँ भी विवादास्पद हैं। वीरगाथाकाल की उतरी सीमा संवत् 1375 मानी गयी है। 1375 ही क्यों—संवत् 1400 क्यों नहीं?—इसका भी कोई स्पष्टीकरण उपलब्ध नहीं है। आचार्य शुक्ल ने भक्तिकाल के अन्तर्गत सबसे पहले कवि के रूप में कबीर की चर्चा करते हुए उनका जन्म संवत् 1456 में माना है। यदि कबीर ने 16 18 वर्ष की आयु में कविता लिखना आरम्भ किया हो तो कहा जा सकता है कि भक्तिकालीन साहित्य की रचना का श्रीगणेश लगभग संवत् 1475 से हुआ होगा जब कि शुक्ल जी भक्तिकाल का आरम्भ 1375 से ही मान लेते हैं। यदि हम यह कहें कि शुक्ल जी ने प्रत्येक काल के पहले सौ वर्ष का समय उसकी भूमिका के लिए रख लिया

होगा तो यह बात रीतिकाल पर लागू नहीं होती। रीति-काव्य का प्रवर्तन वास्तव में केशवदास की रचनाओं से लगभग 1650 विक्रमी में ही हो गया था किन्तु आचार्य शुक्ल ने 1700 से माना है जिससे केशव, बिहारी, जसवन्त सिंह, करणेश जैसे रीति-कवि रीतिकाल की सीमा से बाहर पड़ जाते हैं। इसी प्रकार आधुनिक काल का आरम्भ भी संवत् 1900 निराधार प्रतीत होता है क्योंकि यदि भारतेन्दु को आधुनिक काल का प्रवर्त्तक माना जाय तो यह सीमा लगभग 1856 ई० (संवत् 1815 वि.) से मानी जानी चाहिए। अस्तु, इससे स्पष्ट है कि आचार्य शुक्ल ने काल-विभाजन में किसी निश्चित, तथ्य या नियम को आधार नहीं बनाया।

काल-विभाजन में सीमाओं के निर्धारण के साथ-साथ उनका नामकरण भी विचारणीय है। प्रारम्भिक काल को 'वीरगाथा काल' कहा गया है किन्तु जिन रचनाओं के आधार पर यह नामकरण किया गया था, उनमें से कुछ अस्तित्वहीन परवर्ती एवं कुछ अप्रामाणिक सिद्ध हो गयी हैं। आचार्य हजारी प्रसाद द्विवेदी जैसे विद्वान ने इस बात को स्पष्ट रूप से स्वीकार किया है कि चौदहवीं शती से पूर्व हिन्दी में रचित प्रामाणिक साहित्य नहीं मिलता। इसलिए उन्होंने अपने इतिहास में 'भक्तिकाल' शीर्षक के साथ 'वास्तविक हिन्दी साहित्य का आरम्भ' विशेषण का प्रयोग किया है। इसका अर्थ है—आदिकाल या वीरगाथाकाल हिन्दी साहित्य का वास्तविक काल नहीं है? इसी स्थिति को ध्यान में रखते हुए विद्वानों ने आदिकाल के नामकरण पर मतभेद प्रकट किया है। किन्तु हमारे विचार से यह समस्या केवल नामकरण की नहीं अपितु आदिकाल के अस्तित्व की है—जब आदिकाल में हिन्दी की प्रामाणिक रचनाएँ ही उपलब्ध नहीं होती तो उस काल का अस्तित्व ही कहाँ रह जाता है। इसी स्थिति को ध्यान में रखते हुए हमने सन् 1954 में 'साहित्य-संदेश' में एक लेख—'आदिकाल का अस्तित्व कहाँ है ?' प्रकाशित करवाया था, जिसमें प्रतिपादित किया गया था कि यदि सचमुच तेरहवीं शती से पूर्व हिन्दी का साहित्य नहीं मिलता तो हमें हिन्दी साहित्य का आरम्भ भी तेरहवीं शती से मानना चाहिए।

यद्यपि इस चुनौती का उत्तर देने का कष्ट किसी भी विद्वान ने नहीं किया किन्तु इधर गुजरात के जैन-भण्डारों में कुछ ऐसी रचनाएँ मिली हैं जिनकी भाषा प्रारम्भिक हिन्दी है तथा जिनका रचना-काल भी 12वीं शती से लेकर चौदहवीं-पन्द्रहवीं शती तक पड़ता है। ये रचनाएँ जैन कवियों द्वारा रचित हैं तथा उन्हें 'रास काव्य' की संज्ञा दी गई है। इनमें सबसे प्राचीन 'भरतेश्वर बाहुबलीरास' है जिसका रचना काल सन् 1184 ई० है। इसके अनन्तर स्थूलिभद्र रास (1209 ई०) रेवंत-गिरि रास (1231 ई०) आबूराम (1231 ई०) ने मिनाथरास (1238 ई०) कच्छुली रास (1309 ई०) गयसुकुमाल रास (14वीं शती) पंच पाण्डव-चरित-रास (1353 ई०) गौतम स्वामी रास (1335 ई०) आदि काव्य, विभिन्न जैन मुनियों द्वारा रचे गये जिसने विभिन्न जैन तीर्थंकारों, महापुरुषों एवं जैन सिद्धान्तों का गुण-गान व

निरूपण उसी प्रकार साहित्यिक शैली में किया गया है जिस प्रकार आगे चलकर कबीर, सूर, तुलसी आदि भक्तों ने किया है। ऐसी स्थिति में यह आवश्यक है कि हम हिन्दी साहित्य के आदिकाल के अन्तर्गत इन रचनाओं को स्थान दें किन्तु इतना अवश्य है कि उसकी काल-सीमा एवं नाम में परिवर्तन करना होगा। हमारे अनुसंधान के अनुसार उपलब्ध रचनाओं में हिन्दी की सबसे पहली रचना 'भरतेश्वर बाहुबली रास' का रचना-काल सन् 1184 ई० (संवत् 1241 वि०) है—अत: आदिकाल का आरम्भ इसी समय से माना जाना चाहिए। साथ ही इन रचनाओं में वीर रस के स्थान पर शान्त रस की तथा चारण कवियों की अपेक्षा जैन कवियों की प्रमुखता है—अत: इस काल का नाम 'वीरगाथाकाल' या 'चारणकाल' न करके 'शान्तरसात्मक युग' या जैन काल करना उचित होगा, किन्तु किसी काल को एक ही वर्ग या प्रवृत्ति से बाँध देना भी एकांगिता का सूचक होगा प्रजातंत्रीय पद्धति से भले ही हम बहुमत को सारे अधिकार दे दें किन्तु वैज्ञानिक दृष्टि से तो यह अनुचित होगा। वैज्ञानिक पद्धति के अनुसार नामकरण इस प्रकार होना चाहिए कि वह वस्तु के सभी अंगों पर लागू होता हो। उदाहरण के लिए, यदि एक टोकरी में बीस सन्तरे और दस केले रखे हों तो वहाँ बहुमत के आधार पर उसे 'सन्तरों' की टोकरी कहा जा सकता है, जिससे केलों को भी संतरे समझे जाने की भ्रान्ति उत्पन्न हो सकती है जबकि वैज्ञानिक दृष्टि से उस टोकरी का नाम 'फलों की टोकरी' रखा जायगा। इसी बात को इतिहास के काल-खंडों पर लागू करते हुए कहा जा सकता है कि नामकरण में किसी एक वर्ग या प्रवृत्ति को समग्रता दे देने पर जहाँ अध्यापकों और विद्यार्थियों को थोड़ी सुविधा हो जाती है वहाँ उनमें अनेक भ्रांतियों की भी संभावना रहती है। इसीलिए हम 'वीरगाथाकाल', 'भक्तिकाल', 'रीतिकाल' जैसे एकांगी एवं एकपक्षीय नामों के स्थान पर क्रमश: प्रारंभिककाल, पूर्व मध्यकाल, उत्तर मध्यकाल आदि नामों का प्रयोग करना उचित समझते हैं।

आदिकाल की ही भाँति तथोक्त 'भक्तिकाल' भी अनेक समस्याओं से ग्रस्त है। आचार्य शुक्ल ने भक्तिकाल के अन्तर्गत चार शाखाओं—निर्गुण ज्ञानाश्रयी शाखा, प्रेम मार्गी शाखा, राम भक्ति शाखा, कृष्ण भक्ति शाखा—का विवरण दे कर शेष कवियों को फुटकल कवियों में स्थान दे दिया था। भक्तिकाल का यह रूप बहुत ही व्यवस्थित, सुगम एवं सुबोध प्रतीत होता है किन्तु वास्तविकता से बहुत दूर है। सर्वप्रथम तो 'भक्ति' शब्द ही यहाँ अनुपयुक्त है क्योंकि स्वयं आचार्य शुक्ल की ही परिभाषा के अनुसार श्रद्धा और प्रेम के योग का नाम भक्ति है। कोरे ज्ञान या कोरे प्रेम को भक्ति नहीं कहा जा सकता है। तात्विक दृष्टि से निर्गुण के प्रति प्रणय भावना को 'रहस्यवाद' कह सकते हैं भक्ति नहीं। ऐसी स्थिति में भक्तिकाल की चार शाखाएँ स्वयं 'भक्ति' शब्द के साथ मेल नहीं खातीं। यदि हम यह कहना चाहें कि इन चारों शाखाओं में ही 'धर्म-साधना' थी तो 'भक्ति' के स्थान पर 'धार्मिक' शब्द का प्रयोग उचित होगा। दूसरे,

कबीर आदि संतों को 'ज्ञानमार्गी' कहना भी उनके साथ बहुत बड़ा अन्याय है। कबीर ने स्पष्ट रूप में कहा था—"पोथी पढ़ि-पढ़ि जग मुआ पंडित भया न कोय। ढाई अछर प्रेम का पढ़ै सौ पंडित होय।" यही बात दूसरे संतों ने की थी। उन्होंने वेद-शास्त्रों के ज्ञान का तिरस्कार करके प्रेम को ही सबसे बड़ी साधना माना था। वस्तुतः ऐसे कवियों को जिन्होंने अपने जीवन और साहित्य में सर्वत्र प्रेम की ही प्रधानता दी है और ज्ञान की निन्दा की है, उन्हें 'ज्ञानमार्गी' कहा जाए—इससे अधिक विडम्बना कोई और नहीं होगी।

इसी प्रकार तथोक्त 'प्रेम मार्गी' कवियों में जायसी जैसे फकीर तो एक-दो ही हुए हैं, शेष तो सद्गृहस्थ थे जिन्होंने स्पष्ट रूप में लिखा है कि उनकी काव्य-रचना का प्रयोजन युवकों में काम बढ़ाना[1] विलासी लोगों को भोग-विलास का रहस्य[2] समझाना या अपनी कला से लोगों को मुग्ध करना है—उन सभी को सूफी साधक या मत-प्रचारक मान लेना भी एक भ्रान्ति है। वस्तुतः आचार्य शुक्ल के समय संभवतः इस परम्परा के सात-आठ कवि ही ज्ञात थे जिनमें से अधिक' मुसलमान थे, जिन्हें सूफी घोषित कर दिया गया जबकि अब प्रेमाख्यान रचयिता 55 कवियों का पता चला है जिनमें 37 हिन्दू हैं जिन्हें प्रेम मार्गी या सूफी कवि मान लेना भी अनुचित होगा। वस्तुतः इस परम्परा के उद्गम-स्रोत एवं विकास के सम्बन्ध में भी आचार्य शुक्ल ने जो मत व्यक्त किया है वह भ्रान्तिपूर्ण है। इन आख्यानों में उस स्वच्छन्दता-मूलक प्रेम का निरूपण किया गया है जिसे पश्चिम में 'रोमांस' की संज्ञा दी गयी है। 'रोमांस' में प्रथम दृष्टि से उत्पन्न प्रेम का चित्रण होता है, उसमें प्रेम के मूल में सौन्दर्य ही एक मात्र कारण होता है तथा प्रेयसी की प्राप्ति के लिए नायक का घोर संघर्ष दिखाया जाता है। इसीलिए रोमांस में सौन्दर्य, प्रेम और साहस—तीनों की प्रचुरता रहती है। विश्व-साहित्य में रोमांस काव्य की एक दीर्घ श्रृंखला मिलती है जिसकी एक शाखा पश्चिम में यूनान, रोम, फ्रांस, जर्मनी में होती हुई इंग्लैण्ड एवं यूरोप के अन्य भागों में फैल गयी। पश्चिम के विद्वानों में इस बात को लेकर बड़ा विवाद हुआ है कि इन रोमांस कथाओं का उद्गम-स्रोत क्या है ? या ये मूलतः किस देश की उपज हैं ? इस सम्बन्ध में बेन फी, कीलर, हर्टेल आदि यूरोपियन विद्वानों ने अनुसंधान करते हुए यह निष्कर्ष प्रस्तुत किया है कि इनका मूल उद्गम स्रोत भारत है; सिकन्दर के समय यह परम्परा यूनान में पहुँची और वहाँ से क्रमशः

---

1. तरुनन्ह के मन काम बढ़ावा।
   भोगी कहं सुख भोग बढ़ावा।

—उसमान

2. कामी पुरिष रसिक जो सुनहीं।
   ते या कथा रैनि दिन गुन हीं।

—जान कवि

सारे यूरोप में फैल गयी। इस स्थापना का सबसे बड़ा प्रमाण यह है कि यूनान में एथेन्योस नामक प्राचीन यूनानी कवि द्वारा ग्रीक भाषा में रचित एक प्रेमाख्यान प्राप्त हुआ है जिसके आरम्भ में ही कवि ने लिखा है कि उसे यह प्रेम कहानी एक सैनिक ने सुनायी जो सिकन्दर की सेना में काम करता था। बेबर महोदय ने वासवदत्ता की भूमिका में प्रतिपादित किया है कि यह यूनानी आख्यान उदयन एवं वासवदत्ता के प्रेमाख्यान से गहरी समानता रखता है। इसी प्रकार ग्रीक में एक अन्य प्रेमाख्यान मिलता है जिसके बीच-बीच में संस्कृत के श्लोक भ्रष्ट रूप में दिये हुए हैं। यूनानी प्रेमाख्यानों में पुनर्जन्म, स्वयंवर, सतीत्व आदि की ऐसी धारणाएँ मिलती हैं जो भारतीय प्रभाव की सूचक हैं। 'एन्साइक्लोपीडिया आफ ब्रिटेनका' एवं 'कैम्ब्रिज हिस्ट्री आफ इंग्लिश लिट्रेचर,' में भी रोमांस काव्य का उद्‌गम स्रोत भारत को माना गया है।

भारत की रोमांस कथाओं के अनेक अनुवाद अरबी-फारसी में ईसा की चौथी पाँचवीं शती से ही होने लग गए थे। प्रसिद्ध कृति 'अरबियन-नाइटस' को डा० ए० बी० कीथ ने जैन कथा 'कनक मंजरी' पर आधारित माना है। फारसी की प्रथम मसनवी 'शाहनामा' में भी इस बात का विस्तार से वर्णन किया गया है कि किस प्रकार भारत के प्रेम कथा गायक फारस में पहुँचे जिनके गीतों को सुनकर श्रोता मुग्ध हो गए। अस्तु, संक्षेप में हम कह सकते हैं कि जहाँ विदेशी विद्वान यूरोप और फारस के प्रेमाख्यानों का उद्‌गम-स्रोत भारत को मानते हैं, वहाँ दुर्भाग्य से आचार्य रामचन्द्र शुक्ल एवं उनके अनुयायी विद्वान इस परम्परा को फारस की देन मानते हैं।

आचार्य शुक्ल ने अपने मत के पक्ष में अनेक तर्क दिए हैं जिनमें एक तर्क यह है कि इन प्रेमाख्यानों में जिस प्रेम पद्धति का चित्रण हुआ है वह भारतीय नहीं है क्योंकि इनमें नायक का विरह अधिक दिखाया गया हैं जबकि भारतीय साहित्य में नायिका का दिखाया जाता है। इस तर्क के सम्बन्ध में हमारा निवेदन है कि भारतीय साहित्य में रीतिकाल को छोड़कर उससे पहले पुरुष के विरह-वर्णन की प्रमुखता रही है। सर्वप्रथम ऋग्वेद के दसवें मंडल में उर्वशी के समक्ष पुरूरवा को विरह-वेदना से आंसू बहाते हुए देखते हैं; तदनन्तर कालिदास के 'विक्रमोर्वशी' में भी नायक को नायिका के विरह में पागलों की तरह उन्मत होकर प्रलाप करते देखते हैं। उनके 'मेघदूत' में भी यक्ष की 'विरह-वेदना' व्यंजित है, दक्षिणी की नहीं। बाणभट्ट की 'कादम्बरी' में नायक चन्द्रापीड़ एवं उसका साथी पुंडरीक - दोनों अपनी प्रेयसियों के विरह से प्राण त्याग देते हैं जबकि नायिकाएं उन के पुनर्जन्म तक जीवित रहती हैं। इसी प्रकार 'वासवदत्ता', 'दशकुमार चरित', 'मृच्छकटिक','मालती-माधव', 'नैषध चरित' आदि संस्कृत की रचनाओं में हमें नायक के विरह की व्यंजना मिलती है। ऐसी स्थिति में यह कैसे कहा जा सकता है कि भारत का पुरुष 'विरह-प्रूफ' है।

वास्तव में बात यह है कि आचार्य रामचन्द्र शुक्ल भारतीयता का आदर्श एक मात्र भगवान राम को मानते थे जिन्होंने कि मर्यादावादी प्रेम का आदर्श स्थापित करते हुए लोक-मर्यादा के लिए अपनी पत्नी तक को त्याग दिया किन्तु हमें यह न भूल जाना चाहिए कि भारतीय संस्कृति का एक दूसरा पक्ष कृष्ण द्वारा प्रस्तुत हुआ जिनमें भावना को ही सबसे बड़ा धर्म मानते हुए सौन्दर्य और प्रेम को महत्त्वपूर्ण स्थान दिया गया है। वस्तुतः राम जहाँ भारतीय संस्कृति के परम्परावादी या आदर्शवादी रूप की चरमस्थिति के प्रतिनिधि हैं वहाँ कृष्ण उस स्थिति के सूचक हैं जबकि महाभारत काल में स्वच्छन्दतावाद की प्रवृत्ति अपनी चरम सीमा तक पहुँच गयी थी। जहाँ राम तपस्या करते हुए शम्बूक की भावनाओं को कोई महत्त्व न देकर केवल वर्ण-व्यवस्था का उल्लंघन करने मात्र के लिए उसका वध कर देते हैं, वहाँ कृष्ण गीता में एक ऐसे धर्म की स्थापना करते हैं जिनमें कर्म का मूल्यांकन उसमें निहित भावना के अनुसार किया जाता है। राम ने एक अनार्य कन्या के विवाह प्रस्ताव को ठुकरा कर युद्ध मोल लिया था, जबकि महाभारत युग में भीम अनार्य कन्या को पाने के लिए अपनी प्रेयसी के भाई से युद्ध करते हैं। कृष्ण अपने पुत्र प्रद्युम्न एवं पौत्र अनिरूद्ध की असुर जाति की प्रेयसियों की प्राप्ति के लिए चढ़ाई करते हैं। वस्तुतः महाभारत कालीन समाज में हम सौन्दर्याशक्तिजन्य प्रेम और प्रेमिका की प्राप्ति के लिए संघर्ष के बीसों उदाहरण देखते हैं तथा स्वयं कृष्ण ने भी रूक्मिणी, जाम्बवती आदि के प्रसंग में ऐसा ही किया था। अस्तु, यदि हम भारतीय संस्कृति को समग्र रूप में ग्रहण करना चाहते हैं तो यह स्वीकार करना होगा कि भगवान राम के मर्यादा-वाद की ही भांति कृष्ण का स्वच्छन्दतावाद भारतीय है—दोनों अलग-अलग युगों की परिस्थितयों एवं वृत्तियों की देन हैं। इनमें से किसी भी एक को ठुकराना भारतीय संस्कृति के एक पक्ष को काटकर फेंक देने तुल्य होगा। संस्कृत, प्राकृत, अपभ्रंश एवं हिन्दी के प्रेमाख्यानों में प्रेम के जिस रोमांसिक या स्वच्छन्द रूप का चित्रण उपलब्ध होता है, उसकी परम्परा भी महाभारत से आरम्भ होती है। महा-भारत में ही दिए गए अर्जुन-सुभद्रा, नल-दमयन्ती, तप्तासंवरण-प्रसंगों में सौन्दर्य-जन्य प्रेम एवं संघर्ष का निरूपण रोमांटिक शैली में हुआ है तथा इसी परम्परा का विकास आगे चलकर हरिवंश पुराण, बृहत्कथा, वासवदत्ता, कादम्बरी, दशकुमार-चरित तथा प्राकृत-अपभ्रंश के शताधिक कथा-काव्यों, एवं चरित-काव्यों में हुआ किन्तु आश्चर्य की बात तो यह है कि आचार्य रामचन्द्र शुक्ल भगवान कृष्ण और नल-दमयन्ती से लेकर मावधानल काम-कंदला तक की पूरी परम्परा को ही अभार-तीय या विदेशी प्रभाव की देन घोषित कर देते हैं। इस प्रसंग में उनका तर्क स्वयं उनके शब्दों में ही प्रस्तुत है—"राम के समुद्र में पुल बांधने और रावण जैसे प्रचंड शत्रु को मार गिराने को हम केवल एक प्रेमी के प्रयत्न के रूप में नहीं देखते, वीर-धर्मानुसार, पृथ्वी का भार उतारने के प्रयत्न के रूप में देखते हैं। पीछे कृष्ण-चरित कादम्बरी नैषधीय चरित, माधवानल-कामकंदला आदि एकांतिक प्रेम कहानियों का

भी भारतीय साहित्य में प्रचार प्रसार हुआ है। ये कहानियाँ अरब-फारस की प्रेम पद्धति के अधिक मेल में थीं। नल-दमयन्ती की प्रेम-कहानी का अनुवाद बहुत पहले फारसी-अरबी तक में हुआ है।" आचार्य शुक्ल का तर्क ध्यान देने योग्य है— क्या नल-दमयन्ती का अरबी-फारसी में अनुवाद होना अरबी-फारसी के साहित्य पर भारतीय प्रभाव का सूचक है या इसके विपरीत भारतीय साहित्य पर अरबी-फारसी के प्रभाव का, यदि आचार्य प्रवर की इस तर्क पद्धति का अनुगमन करें तो हम तुलसीदास पर भी अंग्रेजी का प्रभाव सिद्ध कर सकते हैं क्योंकि उनके रामचरित मानस का अब अंग्रेजी में अनुवाद हो गया है।

वास्तव में शुक्ल जी की दुर्बलता यह थी कि वे भारत के हर कवि को तुलसी की कसौटी पर और हर पात्र को राम के आदर्श पर ही कस कर स्वीकार करते थे, इसलिए जो कवि, काव्य या पात्र तुलसी और उनके राम के आदर्श के प्रतिकूल पड़ता था उसे वे भारतीय मानने में संकोच करते थे। अतः कृष्ण-चरित, नल-दमयन्ती प्रेम एवं उनकी परम्परा में पड़ने वाले आख्यानों को उन्होंने विदेशी घोषित कर दिया तो स्वाभाविक ही है।

हिन्दी के प्रेमाख्यानों की रचना-पद्धति एवं अन्य प्रवृत्तियों को भी शुक्ल जी ने फारसी-मसनवियों पर आधारित माना है, जबकि ये सारी पद्धतियाँ एवं प्रवृत्तियां संस्कृत, प्राकृत एवं अपभ्रंश के काव्यों में उस समय ही विकसित हो गई थीं जबकि फारसी की पहली मसनवी भी नहीं लिखी गयी थी—जहाँ तक कि रुद्रट ने नवीं शताब्दी में कथा-काव्य के लक्षणों का निर्धारण करते हुए कथा के आरम्भ में मंगलाचरण, सज्जन-प्रशंसा, कवि का आत्म परिचय, कथा का सर्गों में विभक्त न होना, नायक-नायिका के प्रेम की प्रधानता, नायिका की प्राप्ति के लिए नायक का संघर्ष आदि उन सभी विशेषताओं की चर्चा की है जिन्हें शुक्ल जी मनसवियों की देन मानते हैं। हिन्दी के इन कवियों ने स्वयं भी संस्कृत, प्राकृत एवं अपभ्रंश के प्रेमाख्यानों को आधार रूप में स्वीकार किया है। वस्तुतः स्वप्न-दर्शन, चित्र-दर्शन, या गुण-श्रवण द्वारा प्रेमोत्पत्ति, हंस या तोते के द्वारा प्रणय-संदेशों का आदान प्रदान, नायिका का द्वीपवासिनी होना, नायक का योगी वेश में घर से निकलना, अन्त में भारी संघर्ष से तथा दैवी शक्ति की सहायता से नायक-नायिका का विवाह हो जाना —ये सब कथानक रूढ़ियाँ महाभारत के उपाख्यानों से लेकर संस्कृत, प्राकृत, अपभ्रंश आदि के शताधिक कथा-काव्यों में उपलब्ध होती हैं जिनका अनुवर्तन आगे चलकर हिन्दी के प्रेमाख्यानों में हुआ है। इसके विपरीत फारसी मसनवियों में प्रेम की जिस पद्धति का चित्रण हुआ है उस में ये प्रवृत्तियाँ नहीं मिलतीं। उनमें प्रेम की उत्पत्ति स्वप्न-दर्शन या चित्र-दर्शन से एकाएक न होकर क्रमशः बचपन के साहचर्य से होती है; नायिका का विवाह प्रेमी से न होकर प्रतिनायक से होता है, तथा कथा की परिणति दुःखमय होती है। अस्तु, यहाँ और अधिक विचार के लिए अवकाश नहीं

है—हम संक्षेप में इतना ही कहना पर्याप्त समझेंगे कि आचार्य प्रवर शुक्ल के प्रति पूर्ण सम्मान रखते हुए भी हमारे इतिहासकारों एवं शोध-कर्त्ताओं को प्रेमाख्यान परम्परा के उद्गम स्रोतों के सम्बन्ध में रूढ़ धारणाओं एवं प्रचलित भ्रांतियों से बचकर स्वतन्त्र एवं तटस्थ दृष्टि से इस विषय पर पुनर्विचार करना होगा। इससे अधिक दुर्भाग्य की बात और कोई नहीं है कि जिस परम्परा को विदेशी विद्वान विश्व को भारत की महान् देन के रूप में स्वीकार करते हैं उसी को हम अपने एकांगी दृष्टिकोण के कारण अभारतीय या विदेशी घोषित करें।

भक्तिकाल की राम-भक्ति शाखा में शुक्ल जी ने तुलसीदास के अतिरिक्त चार और कवियों को स्थान दिया है। इन चारों की भी रचना-शैली परस्पर भिन्न है क्योंकि दो ने मुक्तक काव्य लिखे और दो ने नाटक। ऐसी स्थिति में 'रामभक्ति शाखा' का स्वतन्त्र अस्तित्व सिद्ध नहीं होता। किसी भी शाखा या परम्परा का अस्तित्व तब माना जाता है जबकि उसमें एक जैसी शैली के कम से कम आठ-दस काव्य मिलें।

इस दृष्टि से तुलसीदास जैसा महान कवि भी परम्परा-शून्य सिद्ध हो जाता है किन्तु वास्तविकता यह नहीं है। तुलसीदास की एक अत्यन्त समृद्ध परम्परा हिन्दी में विद्यमान है किन्तु उसकी ओर हमारे इतिहासकार ध्यान ही नहीं दे पाए। बात यह है कि पन्द्रहवीं शती से लेकर सत्रहवीं शती तक के बीच में सैंकड़ों ऐसे प्रबन्ध-काव्य मिलते हैं जो कि तुलसी की परम्परा से सम्बद्ध हैं किन्तु उनका विषय केवल राम से सम्बद्ध न होकर विष्णु, नृसिंह, कृष्ण, शिव-पार्वती, दुर्गा आदि पौराणिक अवतारों व देवी-देवताओं तथा प्रह्लाद, ध्रुव, सुदामा, अर्जुन, भीम आदि भक्तों व महापुरुषों से संबंधित है। वस्तुतः इस वर्ग के कवियों ने महाभारत एवं पुराणों के विभिन्न पात्रों को लेकर प्रबन्ध काव्य लिखे हैं। जिन्हें हम 'पौराणिक प्रबन्ध काव्य' कह सकते हैं किन्तु हमारे भक्तिकाल की चार धाराओं में से कोई भी ऐसी नहीं है जिसमें इन सैकड़ों प्रबन्ध-काव्यों को स्थान दिया जा सके। यदि 'राम भक्ति शाखा' का नाम बदल कर पौराणिक भक्ति काव्य रख दिया जाए तो एक ओर तो हमारे इन शताधिक प्रबन्ध-काव्यों को इतिहास में उचित स्थान दिया जा सकता है तो दूसरी ओर तुलसीदास एक बहुत बड़ी परम्परा के अधिपति हो जाते हैं। वस्तुतः 'पौराणिक भक्ति काव्य' शीर्षक तुलसी की राम चरित-मानस के साथ भी उपयुक्त सिद्ध होगा। इतना ही नहीं, हमारे विचार से तो इससे इन काव्यों की मूल चेतना को भी समझने में सहायता मिलेगी क्योंकि इन कवियों का मूल लक्ष्य पौराणिक भक्ति भावना का पुनरुत्थान करना ही था तथा उसके लिए संस्कृत के पौराणिक साहित्य को हिन्दी के पाठकों के लिए सुलभ कर देना था। फिर भी जो विद्वान नाम-परिवर्तन के प्रस्ताव से सहमत नहीं हैं उनसे हम पूछना चाहेंगे कि वे विष्णु-पुराण, शिवपुराण एवं महाभारत पर आधारित प्रबन्ध-काव्यों को भक्तिकाल की किस परम्परा में स्थान देंगे।

भक्तिकाल की पूर्वोक्त चार धाराओं में तो केवल निर्गुण एवं सगुण सम्बन्धी ही साहित्य के लिए स्थान है जबकि अब बहुत-सा ऐसा साहित्य भी मिला है जो इन चारों की सीमा से बाहर पड़ता है। इसमें पहला वर्ग तो राजदरबारों में लिखित रासो काव्यों 'चरित काव्यों एवं मुक्तकों का है जिसमें ऐतिहासिक व्यक्तियों की वीरता का गुणगान किया गया है। इस वर्ग में आने वाली रचनाओं की संख्या दो सौ से भी ऊपर है। यहाँ यह भी उल्लेखनीय है कि जिन रचनाओं को पहले वीरगाथा-काल में रचित माना गया था उनमें से अधिकांश अब मध्यकाल की सिद्ध हो गयी हैं। इसी प्रकार एक दूसरा वर्ग मैथिली में रचित गीति-काव्य का है जिसमें सौन्दर्य और प्रेम की व्यंजना शुद्ध रोमांटिक दृष्टि से की गई है। यह आश्चर्य की बात है कि हमारे इतिहासकारों ने विद्यापति को तो हिन्दी साहित्य में स्थान दिया है किन्तु उन्हीं की परम्परा में पड़ने वाले परवर्ती शताधिक मैथिली कवियों को बिल्कुल उपेक्षित कर दिया है। इसी प्रकार तथोक्त 'भक्तिकाल' में ही मुगल दरबारों में सौन्दर्य' प्रेम, श्रृंगार, नीति ओर रीति के मुक्तक भी लिखे जाते थे। अकेले अकबर के दरबार में ऐसे बीसों कवि थे जिन्होंने नायिका के नखशिख, हाव-भावों, प्रेमानुभूतियों आदि का निरूपण कवित्त, छप्पय पद्धति में किया है। नरहरि, वंदीजन, तानसेन गंग, मनोहर, करणेश, रहीम, वीरबल आदि कवियों में श्रृंगारी मुक्तकों की वही पराम्परा दृष्टिगोचर होती है जिसे हमारे इतिहासकार रीतिकाल कीं विशेषता मानते हैं। इस प्रकार हम देखते है कि भक्ति की चार शाखाओं के रूप में हम मध्यकाल का जो चित्र देखते हैं, वह वस्तुतः उसका एक पक्ष है। जिस वीरगाथाकाल को हम भक्तिकाल का पूर्ववर्ती मानते थे वह अब उसका समसामयिक सिद्ध होता है। वास्तविकता यह है कि भक्तिकाल में साहित्य-रचना के मुख्यतः तीन आश्रय थे। एक था धर्माश्रय जिसके अन्तर्गत धर्म, दर्शन एवं भक्ति सम्बन्धी रचनाएँ होती थीं। दूसरा था राजाओं का दरबार जिसके आश्रय में वीररसात्मक रासो काव्यों, चरित-काव्यों एवं मुक्तकों की रचना हो रही थी। तीसरा था—लोकाश्रय जिसके आश्रय में स्वच्छन्दतामूलक साहित्य की रचना हो रही थी। वस्तुतः जिस समय वृन्दावन और मथुरा के मंदिरों में भक्ति-भाव के गीतों की रचना हो रहीं थी, उसी समय राजस्थान के राज-दरबारों में वीररस के रासो लिखे जा रहे थे तथा मुगलों दरबारों में नारी-सौन्दर्य एवं प्रेम का अंकन हो रहा था। किन्तु 'भक्तिकाल' नाम के कारण यह भ्रांति प्रचलित हो गयी है कि मानो सारा देश ही इस समय भक्ति की धारा में डूब गया हो। वह वीरता और प्रेम को बिल्कुल भूल गया हो। इसी प्रकार भक्तिकाल की चार शाखाओं का नामकरण भी केवल निर्गुण-ज्ञान, निर्गुण प्रेम, राम भक्ति एवं कृष्ण-भक्ति से ही सम्बन्धित कर देने के कारण न तो स्वयं इन शाखाओं के अन्तर्गत आने वाले कवियों के साथ न्याय हो पाया है—(क्योंकि जैसा हम बता चुके हैं—संतों को 'ज्ञानमार्गी' कहना, सभी प्रेमाख्यान-रचयिताओं को 'सूफी' मान लेना एवं पौराणिक काव्य-रचयिताओं को केवल राम

या कृष्ण तक सीमित कर देना अनुचित है—और न ही राम-कृष्ण के अतिरिक्त महाभारत और पुराणों के पात्रों से संबंधित प्रबन्ध-काव्यों, वीररस के रासो, काव्यों व चरित काव्यों तथा स्वच्छन्द प्रेम के गीतों के रचयिता कवियों को इतिहास में स्थान देने के लिए अवकाश रहा है। शुक्ल जी की व्यवस्था के अनुसार इन सबको भक्तिकाल के फुटकल खाते में डाला जा सकता है, किन्तु यह भी अनुचित होगा कि हम ऐसा काल-विभाजन या नामकरण करें जिसके कारण एक काल के एक चौथाई वर्ग के कवियों को तो इतिहास में स्थान दिया जा सके और तीन चौथाई वर्ग को फुटकल खाते में डालना पड़े।

अस्तु, यदि हम इतिहासकारों द्वारा बनाये गए ढांचे को बलात् हमारे साहित्य पर आरोपित न करके उसे समग्र रूप में समझना चाहते हैं तो हमें भक्ति-काल के इस चौखटे से मुक्ति लेनी पड़ेगी। मैं समझता हूँ कि यह चौखटा हमारे विद्वानों, अध्यापकों एवं विद्यार्थियों के मस्तिष्क में इतनी गहराई से बैठ गया है कि अब उसे निकाल फेंकने की बात करना असुविधाजनक प्रतीत होता है, किन्तु यदि हम सुगमता से प्राप्त अज्ञान की अपेक्षा कठिनाई से प्राप्य सत्य को अधिक महत्त्व देते हैं तो निश्चय ही हमें इस परम्परागत काल-विभाजन एवं वर्गीकरण को बदलकर ऐसा रूप देना होगा जिससे कि भ्रांत धारणाओं एवं रूढ़विश्वासों का निराकरण हो सके। भक्तिकाल को नूतन रूप देने के लिए हमारे सुझाव इस प्रकार हैं— एक तो इसका नाम केवल पूर्व मध्यकाल रखा जाए, जिससे भक्ति, नीति, वीरता, श्रृंगार आदि की सभी प्रकार की प्रवृत्तियों के साहित्य को इसमें स्थान दिया जा सके। दूसरे, इसमें धाराओं या शाखाओं का वर्गीकरण इनके तीन आश्रय केन्द्रों के आधार पर क्रमशः धर्माश्रित एवं लोकाश्रित, राज्याश्रित रूप में हो, जिससे इनकी मूल चेतना प्रेरणा एवं लक्ष्य को समझा जा सके। तदनन्तर इनके उपभेद इनकी विषयवस्तु एवं काव्य-विद्या के आधार पर किए जा सकते हैं। इस दृष्टि से हम इस काल के साहित्य को निम्नांकित काव्य-धाराओं में विभक्त कर सकते हैं—

1. धर्माश्रित काव्य—
    - (क) निर्गुण-भावनापरक काव्य (सन्त काव्य)
    - (ख) पौराणिक भक्ति काव्य—
        - (अ) प्रबन्ध काव्य (तथोक्त 'राम काव्य')
        - (आ) गीति-काव्य (तथोक्त 'कृष्ण काव्य')
2. राज्याश्रित काव्य—
    - (क) प्रबन्ध काव्य—
        - (अ) रासो काव्य।
        - (आ) चरित काव्य।

(ख) मुक्तक काव्य—
(अ) वीर रसात्मक मुक्तक
(आ) शृंगार रसात्मक मुक्तक
(इ) नीति सम्बन्धी मुक्तक।

3. लोकाश्रित काव्य—
(क) प्रेमाख्यानक प्रबन्ध-काव्य (प्रेम काव्य)
(ख) स्वच्छन्द गीतिकाव्य।

यहाँ यह उल्लेखनीय है कि परम्परागत इतिहास-ग्रन्थों में उपर्युक्त तीन वर्गों में विभक्त दस काव्य-धाराओं में से प्रायः केवल चार को ही स्थान दिया जाता रहा है, शेष को नहीं। यदि हम उपर्युक्त वर्गीकरण को और अधिक सरल, सुबोध एवं संक्षिप्त रूप देना चाहें तो समस्त साहित्य को केवल तीन काव्य-रूपों-प्रबन्ध, गीति एवं मुक्तक में विभक्त करते हुए उनकी विषयवस्तु एवं प्रवृत्ति के अनुसार उनके अनेक उपभेद किए जा सकते हैं; यथा—

1. प्रबन्ध-काव्य—
(क) पौराणिक प्रबन्ध-काव्य (तथोक्त 'राम काव्य')
(ख) ऐतिहासिक प्रबन्ध काव्य
(अ) रासो काव्य
(आ) चरित काव्य
(ग) प्रेमाख्यानक काव्य

2. गीति-काव्य—
(क) पौराणिक गीति काव्य (तथोक्त 'कृष्ण-काव्य')
(ख) मैथिली गीति-काव्य

3. मुक्तक काव्य—
(क) वीर रसात्मक मुक्तक काव्य
(ख) शृंगार रसात्मक मुक्तक काव्य
(ग) शांत रसात्मक (भक्ति नीति सम्बन्धी) मुक्तक काव्य।

उपर्युक्त वर्गीकरण के पक्ष में एक बात यह भी कही जा सकती है कि गद्य-साहित्य का इतिहास प्रस्तुत करते समय प्रायः सभी इतिहासकारों ने गद्यरूपों (कहानी, उपन्यास, निबन्ध आदि) को ही वर्गीकरण का आधार बनाया है अतः उसी पद्धति का अनुगमन पद्य-साहित्य में भी किया जाये तो अनुचित न होगा। संस्कृत साहित्य के इतिहास में भी प्रायः इसी पद्धति को अपनाया गया है। अस्तु, यह निःसंकोच कहा जा सकता है कि काव्य के वर्गीकरण में काव्य-रूपों को प्राथमिकता देना वैज्ञानिक दृष्टि से एवं पद्धति के भी अनुकूल सिद्ध होगा।

भक्तिकाल की ही भाँति रीतिकाल का भी नामकरण, सीमा-निर्धारण एवं काव्यधाराओं का वर्गीकरण दोषपूर्ण है। सर्वप्रथम तो यही विचारणीय है कि क्या रीतिकाल भक्तिकाल से सर्वथा पृथक् इकाई है जबकि यह एक तथ्य है कि संत-काव्य, प्रेमाख्यान काव्य, कृष्ण-भक्ति काव्य आदि भक्तिकाल की सभी काव्य-धाराएँ उन्नीसवीं शती के मध्य तक अखण्ड एवं अविरल रूप में प्रवाहित होती रही हैं तो दूसरी ओर रीति की परम्परा तथोक्त रीतिकाल से पूर्व सूरदास की 'साहित्य लहरी', नन्ददास की 'रसमंजरी' रहीम के 'बरवैनायिका भेद', 'केशवदास की 'कवि-प्रिया' एवं 'रसिक प्रिया' आदि में दृष्टिगोचर होती है। इसी प्रकार रीतिकाल में वीररस के रासो काव्यों, चरितकाव्यों एवं मुक्तकों की उस परम्परा का भी विकास दृष्टिगोचर होता है जिसका प्रवर्तन भक्तिकाल के आरम्भ में ही हो गया था। अतः जहाँ तक काव्य-धाराओं एवं प्रवृत्तियों की बात है भक्तिकाल एवं रीतिकाल में इतना पार्थक्य नहीं कि दोनों को बिल्कुल अलग माना जाए। हाँ, आचार्य शुक्ल तथा दूसरे इतिहासकारों ने दोनों को अलग-अलग सिद्ध करने के लिए भक्तिकाल की रीतिबद्ध तथा रीतिकाल की रीतिमुक्त रचनाओं को उनके फुटकल खाते में डाल कर उन्हें एक ऐसा रूप प्रदान कर दिया है जिससे हमें प्रतीत होता है कि मानो भक्तिकाल में भक्ति की ही तथा रीतिकाल में रीति की ही रचनाएँ लिखी गई हों जबकि वास्तविकता यह नहीं है। वास्तव में हमारे इतिहासकारों ने स्वनिर्मित ढाँचे को साहित्य पर लागू करने के लिए उसके कुछ भागों को काट छाँट कर फ़ुटकल खाते में डाल दिया है जो ऐसा ही है मानो हम किसी पहले से बने हुए सूट को किसी व्यक्ति पर फिट करने के लिए उसके कुछ अंगों को काटकर उसकी जेब में डाल दें। हमारी यह बात किंचित अस्वाभाविक एवं अत्युक्तिपूर्ण प्रतीत होगी, किन्तु यदि विचार कर देखा जाए तो यथार्थ स्थिति यही दृष्टिगोचर होगी। केशवदास जैसे युगप्रवर्त्तक आचार्य को भक्तिकाल के फुटकल खाते में और घनानन्द, बोधा, आलम जैसे सच्चे श्रृंगारी कवियों को रीतिकाल के अन्य कवियों में स्थान देना इसी स्थिति का सूचक है। अस्तु, यह स्पष्ट है कि भक्तिकाल एवं रीतिकाल का प्रचलित ढाँचा इतिहास को अपनी कल्पना के अनुसार काट छाँटकर दिए गए एकांगी एवं एकपक्षीय रूप का प्रतिनिधित्व करता है—उसके यथार्थ एवं पूर्ण रूप का बोध उससे नहीं होता।

हमारे विचार से तथोक्त 'रीतिकाल' तथोक्त 'भक्तिकाल' की ही प्रवृत्तियों के विकसित रूप को प्रस्तुत करता है। भक्ति, वीरता, श्रृंगार एवं रीतिनीति की जो प्रवृत्तियाँ पूर्ववर्ती काल में उन्मीलित एवं पोषित हो चुकी थीं, वे उत्तरवर्ती काल में प्रौढ़ता तक पहुँच गयी हैं। ऐसा भी हुआ है कि जो प्रवृत्तियाँ प्रारम्भ में प्रमुख थीं वे आगे गौण हो गयीं और जो गौण थीं वे प्रमुख हो गयीं। अतः दोनों को पूर्णतः अलग नहीं किया जा सकता। इस दृष्टि से भक्तिकाल को 'पूर्व मध्यकाल' एवं रीतिकाल को 'उत्तर मध्यकाल' कहना ही संगत होगा। इससे दोनों में एकता का सम्बन्ध

बना रहता है। वैसे स्वयं आचार्य शुक्ल ने भी मूलतः इस वर्गीकरण को स्वीकार किया था किन्तु साथ में प्रवृत्तिमूलक नाम जोड़ देने के कारण तत्सम्बन्धी भ्रांतियाँ उत्पन्न हो गयीं।

तथोक्त 'रीतिकाल संज्ञा में 'रीति का अभिप्राय केवल 'काव्य-रीति' ही लिया गया है जबकि वास्तविकता यह है कि रीति कवियों में न केवल काव्य-रीति या काव्य-शास्त्र के नियमों को अपितु काम-शास्त्र, नीति-शास्त्र, भक्ति-शास्त्र, दर्शनशास्त्र ज्योतिष-शास्त्र, वैद्यक-शास्त्र आदि उन सभी शास्त्रीय तत्वों को अपने काव्यों में स्थान दिया है जो उस युग की रुचि एवं प्रवृत्ति के अनुकूल थे। इसके मूल में दो कारण थे—एक तो यह है कि हमारा समस्त परम्परागत ज्ञान-विज्ञान संस्कृत में बँधा हुआ था, जबकि मुस्लिम शासन-काल में संस्कृत का अध्ययन अध्यापन अत्यन्त सीमित हो गया था। जनसाधारण और राज सभा—दोनों में ही संस्कृत का प्रचलन नहीं रहा, केवल धर्म एवं पूजा-पाठ से संबंधित वर्ग-विशेष ही उसका अध्ययन करता था। ऐसी स्थिति में एक तो इस बात की आवश्यकता थी कि संस्कृत के ज्ञान-कोश को लोक-भाषा या प्रचलित भाषा में अवतरित किया जाए। दूसरे, राज दरबारों में यह विद्वता का भी सूचक माना जाता था—इतना ही नहीं, आश्रयदाता नरेश एवं सामन्तवर्ग काम-शास्त्र, दर्शन, नीति आदि के तत्वों की जानकारी की भी आवश्यकता अनुभव करते थे। अतः इन्हीं लक्ष्यों की पूर्ति के लिए मध्यकाल के दरबारी कवियों ने संस्कृत के शास्त्रीय ज्ञान को हिन्दी में प्रस्तुत करने की चेष्टा की। वस्तुतः यह आन्दोलन लगभग उसी प्रकार का था जैसा कि 17वीं शती में अंग्रेजी में 'नवशास्त्रवादे (No Classicism) का चला था। हमारे ये शास्त्रीय तत्वों से समन्वित ग्रन्थ हिन्दी के नवशास्त्रवादी आंदोलन के सूचक थे, किन्तु हमने इन्हें 'रीति-काव्य का ऐसा संकीर्ण नाम दिया जिससे इनके कृतित्व के एक ही पक्ष काव्य-शास्त्र का बोध हो जाता है; शेष पक्ष जो काम-शास्त्र, नीतिशास्त्र, दर्शनशास्त्र, ज्योतिष-शास्त्र आदि से संबंधित थे, गोण एवं अदृश्य हो गए है। ऐसी स्थिति में यदि हम उनकी मूल चेतना, प्रवृत्ति एवं उपलब्धि को सम्यक् रूप में न ग्रहण कर सकें तो स्वाभाविक है। हमारे विचार से यदि इनके काव्य को 'शास्त्रीय मुक्तक काव्य' कहा जाए तो इनके व्यापक रूप को ग्रहण करने में सहायता मिलेगी।

उत्तर मध्यकाल या तथोक्त 'रीतिकाल' के व्यापक रूप का बोध प्राप्त करने के लिए हमें इस काल के साहित्य पर दृष्टि डाल लेनी चाहिए। जैसाकि हम पहले कह चुके हैं - इस काल में – अर्थात् संवत् 1700 से लेकर 1900 तक के बीच में— संत कवियों, प्रेमाख्यानक कवियों, कृष्णभक्त कवियों, रसिक-भक्त कवियों, वीर रस के कवियों एवं नीति के कवियों की सुदृढ़ परम्पराएँ मिलती हैं। इस काल के संत कवियों में सुन्दर दास, रज्जबदास, यारी साहब, पलट साहब, मलूक दास, प्राणनाथ, जगजीवन दास, चरणदास, सहजोबाई, दयाबाई जैसे प्रसिद्ध कवि हुए हैं। इनके

अतिरिक्त भी शताधिक कवि राजस्थान, पंजाब व बिहार आदि प्रदेशों में हुए है, जिनका रचना-काल उत्तर मध्यकाल में पड़ता है। यही बात प्रेमाख्यान रचयिता जानकवि, नरपति बूयास, सूरदास, लखनवी, दुःखहरण दास, दामोदर, नूर मोहम्मद, कासिम शाह, चतुर्भुजदास आदि बीसों कवियों पर लागू होती है। आचार्य शुक्ल ने इनमें कई कवियों को भक्तिकाल में स्थान देते हुए साथ में इनका रचनाकाल अठारहवीं या उन्नसवीं शती भी दिया है; यथा— वे नूर मोहम्मद की 'इन्द्रावती को संवत् 1801 में तथा कासिम शाह के 'हंस-जवाहिर को' 1788 वि० में रचित मानते हुए भी उन्हें भक्तिकाल की प्रेममार्गी शाखा में स्थान देते हैं जो काल-सीमा की दृष्टि से असंगत है। इसी प्रकार चैतन्य संप्रदाय, राधा-वल्लभ सम्प्रदाय, रसिक भक्ति संप्रदाय के भी शताधिक कवि रीतिकाल की सीमा में पड़ते हैं। इनके अतिरिक्त वीररस के रासो काव्यों, चरित-काव्यों एवं मुक्तकों के रचयिता भी इस काल में हुए हैं। इसका अर्थ यह है कि पूर्ववर्ती भक्तिकाल की सभी परम्पराएँ इस काल में मिलती हैं, अतः इन परम्पराओं का विवेचन भक्तिकाल और रीतिकाल दोनों में किया जाएगा। ऐसी स्थिति में एक समस्या यह उत्पन्न होती है कि यदि एक ही परम्परा या धारा के कवियों में से कुछ की चर्चा, उनके रचनाकाल के अनुसार पूर्व मध्यकाल में की जाए और कुछ की उत्तर मध्यकाल में तो इससे उस परम्परा का बोध सम्पूर्ण एवं अविच्छिन्न रूप में ही होता जबकि यदि एक ही परम्परा के कवियों को एक साथ पूर्व मध्यकाल में दे दिया जाए तो इससे कालक्रम का दोष आ जाता है, क्योंकि उस स्थिति में उत्तर मध्यकाल के कवियों की चर्चा पूर्व मध्यकाल में हो जाएगी। अतः ये दोनों ही स्थितियाँ घातक हैं। इनका निराकरण तब ही संभव है जबकि हम पूरे मध्यकाल को एक ईकाई के रूप में ग्रहण करते हुए प्रत्येक काव्य-धारा का विवेचन अविच्छिन्न रूप में करें या काव्य-धाराओं का विवेचन करते समय उन्हें काल-भेद के अनुसार दो भागों में बाँट दें।

अस्तु, हम चाहे जिस पद्धति का अनुगमन करें, हमारे इतिहास-ग्रंथों में यह स्पष्ट रूप में प्रदर्शित किया जाना चाहिए कि हमारे उत्तर मध्यकाल में केवल रीति या शास्त्रीय काव्य की ही धारा प्रचलित नहीं रही, उसके साथ-साथ स्वच्छन्द प्रेम-काव्य, वीर रसात्मक रासो काव्य, ऐतिहासिक चरित काव्य, वीर रसात्मक मुक्तक काव्य, सन्तकाव्य, प्रेमाख्यानक काव्य, पौराणिक भक्ति काव्य एवं रसिक भक्ति काव्य की ये आठों धारायें समानान्तर रूप में समान गति से अविरल रूप में प्रवाहित होती रही हैं— साहित्यिक दृष्टि से इनमें से कुछ को अधिक महत्त्वपूर्ण एवं कुछ को कम महत्त्वपूर्ण माना जा सकता है किन्तु ऐतिहासिक दृष्टि से या हिन्दी साहित्य के विकास क्रम को यथार्थ रूप में ग्रहण करने की दृष्टि से ये सभी महत्त्वपूर्ण हैं। मैं समझता हूँ कि इससे हमारे अध्यापकों, विद्यार्थियों व परीक्षार्थियों का काम बढ़ जायेगा क्योंकि पहले जहाँ 'रीतिकाल' में एक या दो धाराओं को याद कर लेने से काम चल जाता

था, वहाँ अब इन आठों को समझना होगा, फिर भी यदि हमें वास्तविकता का बोध प्राप्त करना है तो इस श्रम से बचा नहीं जा सकता।

इधर मध्यकाल में रचित हिन्दी का बहुत-सा साहित्य गुरुमुखी लिपि में भी उपलब्ध हुआ है जो काव्य-वस्तु की दृष्टि से संत-काव्य, वीर-काव्य प्रेम-काव्य आदि में रखा जा सकता है। इन रचनाओं का भी साहित्यिक दृष्टि से मूल्यांकन करते हुए इन्हें इतिहास में यथोचित स्थान देने की आवश्कता है। हाँ, इसके सम्बन्ध में एक सावधानी अवश्य बरती जानी चाहिए—वह यह कि कुछ विद्वान इन रचनाओं की केवल छन्द-संख्या या इनके वज़न के आधार पर ही इनके बारे में अत्युक्तिपूर्ण मत प्रचारित करने में लगे हुए हैं, ऐसी स्थिति में हमें यह न भूलना चाहिए कि किसी भी साहित्यिक कृति का मूल्यांकन उसके परिमाण या तोल के आधार पर नहीं अपितु साहित्यिक गुणों के आधार पर होता है।

हिन्दी साहित्य के आधुनिक युग का प्रवर्त्तन भारतेन्दु हरिश्चन्द्र के द्वारा हुआ था— इस तथ्य को प्रायः सभी विद्वान स्वीकार करते हैं। उनका जन्म सन् 1850 में हुआ था तथा उन्होंने सात वर्ष की आयु से ही कविता लिखना आरम्भ कर दिया था, उधर 1857 ई० के बाद भारत के राजनीतिक इतिहास में भी नये युग का प्रवर्त्तन हुआ जबकि मुगल साम्राज्य की परम्परा समाप्त हो गई और उसके स्थान पर ब्रिटिश शासन की परम्परा का सूत्रपात हुआ। अतः हमारे विचार से हिन्दी साहित्य के आधुनिक काल का आरम्भ संवत् 1900 के स्थान पर सन् 1857 से मानना चाहिए।

आधुनिक काल के काव्य को आचार्य रामचन्द्र शुक्ल ने निम्नांकित खंडों में विभक्त किया है—

1. पुरानी काव्य-धारा (सवत् 1900 से)
2. नई धारा—
   (क) प्रथम उत्थान (संवत् 1925 —1950)
   (ख) द्वितीय उत्थान (संवत् 1950— 1975)
   (ग) तृतीय उत्थान (संवत् 1975 से —)

शुक्लोत्तर समीक्षकों ने आधुनिक काल का विभाजन दूसरे ढंग से किया है, जो सामान्यतः इस प्रकार है—

(क) भारतेन्दु युग (सन् 1850 ई० से 1900 ई० तक)
(ख) द्विवेदी युग (सन् 1900 ई० से 1918 ई० तक)
(ग) छायावाद युग (सन् 1918 ई० से 1935 ई० तक)
(घ) प्रगतिवाद युग (सन् 1935 ई० से 1945 ई० तक)
(ङ) प्रयोगवादी युग (सन् 1945 ई० से अब तक)

उपर्युक्त विभाजन बहुमान्य एवं प्रचलित है किन्तु इतिहास लेखन की दृष्टि से इसमें भी कुछ त्रुटियाँ हैं। एक तो इन युगों का नामकरण किसी सामान्य सिद्धांत के आधार पर न होकर अलग-अलग ढंग से हुआ है—जहाँ पहले दो युगों में व्यक्तियों को आधार बनाया गया है, वहाँ शेष तीन युगों में वाद-विशेष या आंदोलन-विशेष को। दूसरे, इस काल-विभाजन एवं नामकरण से उन रचनाओं के साथ न्याय नहीं हो पाता जो कि वाद-विशेष से बँधी हुई नहीं है। उदाहरण के लिए, छायावादी-युग में बहुत से ऐसे कवि हुए हैं जो छायावाद से बंधे हुए नहीं हैं, अपितु उनके काव्य में ऐसी प्रवृत्तियाँ मिलती है जिनका छायावाद से कोई मेल नहीं है जैसे सन् 1918 से लेकर 1935 के बीच जिसे हम 'छायावाद-युग' कहते हैं, लगभग पच्चीस-तीस उच्चकोटि के प्रबन्ध-काव्य लिखे गये, जिनमें ऐतिहासिक एवं पौराणिक महापुरुषों का चित्रण, देश-प्रेम, राष्ट्रीयता एवं समाज-सुधार की भावना से किया गया है, इनमें से कुछ ये हैं—'रामचरित चन्द्रिका' (रामचरित उपाध्याय, 1919), 'रामचरित चिन्तामणि' (रामचरित, उपाध्याय, 1920), 'पथिक' (रामनरेश त्रिपाठी, 1920), 'पंचवटी' (मैथिलीशरण गुप्त, 1925), 'अनाथ' सियाराम शरण, 1921), 'साकेत' (मैथिलीशरण गुप्त, 1931), 'तक्षशिला' (उदयशंकर भट्ट, 1931), 'नल-नश' (प्रताप-नारायण, 1933), 'यशोधरा' (मैथिलीशरण गुप्त, 1933), 'नूरजहाँ' (गुरु भक्ति सिंह 1935), 'द्वापर' (मैथिली शरण गुप्त, 1936), 'सिद्धार्थ' (अनूप शर्मा, 1937) आदि।

यहाँ प्रश्न यह उठता है कि इन प्रबन्ध-काव्यों को साहित्य के इतिहास में स्थान दें या नहीं, और यदि दें तो कहाँ ? इसका एक उत्तर यह है कि ये काव्य युगबो के प्रतिकूल हैं, क्योंकि वह युग छायावाद था जबकि इनके रचयिताओं ने आदर्शवादी काव्य लिखा—अतः उन्हें इतिहास में स्थान नहीं देना चाहिए। इस उत्तर के संबंध में हमारा निवेदन यह है कि इतिहासकार को यह अधिकार नहीं है कि वह अतीत कि किसी एक धारा को ग्रहण कर ले और दूसरी को बिल्कुल छोड़ दे। यदि वह ऐसा करता है तो उसका इतिहास अपूर्ण एवं एकांगी रहेगा। दूसरे, यह भी नही कहा जा सकता कि छायावादी कवि ही अपने युग का प्रतिनिधित्व करते हैं, शेष नहीं। यदि राष्ट्रीय संदर्भ में देखा जाए तो यह युग महात्मा गाँधी का युग था, जिसमें राष्ट्रीयता एवं समाज-सुधार की प्रवृत्ति-प्रमुख थी। सन् 1918 से लेकर 1930 तक राष्ट्र में जलियांवाला कांड, भगत सिंह की फाँसी, साइमन-बहिष्कार, नमक-सत्याग्रह, दाण्डी यात्रा आदि घटनाएँ घटित हुईं, जिनसे समूचे भारत का जन-मानस आंदोलित हो रहा था। यह विचित्र बात है कि राष्ट्र की इन स्थितियों, परिस्थितियों एवं प्रवृत्तियों का चित्रण तद्युगीन छायावादी काव्य में उपलब्ध नहीं होता जबकि इन प्रबंधकारों एवं प्रेमचन्द जैसे उपन्यासकारों में उनकी अनुगूंज सुनाई पड़ती है। अतः काव्य सौन्दर्य एवं कलात्मकता की दृष्टि से छायावादी काव्य को हम उच्चतर मानते हुए भी यह कह सकते हैं कि भावना एवं प्रवृत्तियों की दृष्टि से वे अपने युग की राष्ट्रीय

परिस्थितियों का प्रतिनिधित्व नही करते। यदि आज से एक हजार वर्ष बाद कोई व्यक्ति केवल छायावादी काव्य के आधार पर भारत की तद्‌युगीन परिस्थितियों एवं प्रवृत्तियों का अनुशीलन करेगा तो उसे यह भ्रांति उत्पन्न हो सकती है कि गाँधी के नेतृत्व में लड़ा गया हमारा सारा स्वातन्त्र्य संग्राम कपोल-कल्पित है। अस्तु, यह स्पष्ट है कि छायावादी-काव्य अपने युग के सीमित वर्ग का प्रतिनिधित्व करता है तो इस युग का गैर-छायावादी काव्य जिसे हम 'आदर्शवादी' काव्य कहना पसन्द करेंगे, दूसरे वर्ग का—अपेक्षाकृत बहुसंख्यक वर्ग का—प्रतिनिधित्व करता है। अतः इतिहासकार को तो दोनों को ही स्थान देना होगा। आलोचक भले ही किसी एक का अवमूल्यन कर दे।

इसी प्रकार तथोक्त प्रगतिवादी एवं प्रयोगवादी युगों में भी छायावादी-परंपरा की उत्कृष्ट रचनाएँ मिलती हैं। महादेवी वर्मा का 'सांध्यगीत' (1936), एवं 'दीप-शिखा' (1942), निराला की 'अणिमा' (1943), माखनलाल चतुर्वेदी की 'हिम किरीटिनी' (1943), व 'हिमतरंगिणी', बालकृष्ण शर्मा 'नवीन', उदयशंकर भट्ट, हरिवंश राय बच्चन, भगवतीचरण वर्मा, रामेश्वर शुक्ल अंचल, आरसी प्रसाद सिंह, जानकी वल्लभ शास्त्री, नरेन्द्र शर्मा, सुमित्राकुमारी सिन्हा, तारा पाण्डेय, वीरेन्द्र मिश्र आदि कवियों की रचनाएँ जो कि छायावादी या स्वच्छन्दतामूलक तत्त्वों से अनुप्राणित हैं, अपने रचनाकाल की दृष्टि से प्रगतिवाद-युग एवं प्रयोगवाद-युग की सीमाओं में पड़ती हैं। ऐसी स्थिति में इन्हें काव्य-प्रवृत्तियों की दृष्टि से न तो प्रगतिवाद में स्थान दिया जा सकता है और न ही प्रयोगवाद में और यदि इन्हें छायावाद-युग में स्थान दिया जाता है तो काल-सीमा की दृष्टि से यह असंगत होगा। आचार्य शुक्ल की पद्धति को अपनाया जाये तो इस समस्या का एक समाधान यह हो सकता है कि प्रत्येक युग में एक-एक फुटकल खाता खोला जाये और इन कवियों को उसमें डाल दिया जाये तथा उस स्थिति में साकेत, पंचवटी, द्वापर, यशोद आदि काव्य छायावाद युग के फुटकल खाते में और बालकृष्ण शर्मा नवीन, उदयशंकर भट्ट, हरिवंशराय बच्चन, अंचल, सुमित्राकुमारी सिन्हा, तारा पाण्डेय आदि की रचनाओं को प्रगतिवादी या प्रयोगवादी युग के फुटकल खाते में डालना होगा। इससे इनके साथ तो अन्याय होगा ही, साथ ही इन्हें अपनी परम्परा से अलग करके देखना ऐतिहासिक दृष्टि से भी भ्रांतिजनक सिद्ध होगा।

हमारे विचार में इस समस्या का मूल कारण यह है कि हमने द्विवेदी युग, छायावाद युग एवं प्रगतिवादी-युग की मूल चेतना एवं परम्परा को समझे बिना ही उनको युगविशेष की ही प्रवृत्ति या आंदोलन के रूप में ग्रहण कर लिया, जबकि वास्तविकता यह है कि इन तीनों के मूल में तीन प्रकार की सहित्यिक चेतना समानांतर रूप में कार्य कर रही थी। भारतेन्दु युग एवं द्विवेदी युग के मूल में आदर्शवादी चेतना, छायावाद के मूल में स्वच्छन्दतावादी चेतना एवं प्रगतिवाद के मूल में यथार्थ-

वादी चेतना सक्रिय है। यद्यपि सन् 1918 ई० के लगभग हिन्दी साहित्य में स्वच्छंतावादी चेतना का प्रस्फुटन हुआ किन्तु इसका यह तात्पर्य नहीं है कि आदर्शवादी चेतना जिसका नेतृत्व महावीर प्रसाद द्विवेदी कर रहे थे और जिसका प्रतिनिधित्व कविता में मैथिलीशरण गुप्त तथा कथा-साहित्य में प्रेमचन्द कर रहे थे ठीक उसी दिन लुप्त हो गई जिस दिन कि छायावाद या स्वच्छन्दतावाद ने जन्म ग्रहण किया। वस्तुत: लगभग बीस वर्ष तक इन दोनों में द्वन्द्व चलता रहा, जिसका परिणाम यह हुआ कि आगे चलकर स्वछन्दतावाद के नेता प्रसाद ने अपनी 'कामायनी' में आदर्शवादी तत्त्वों को और आदर्शवादी नेता मैथिलीशरण गुप्त ने अपने 'साकेत' में स्वछन्दतावादी तत्त्वों को स्थान दिया। कदाचित् ये बिन्दु इन दोनों परम्पराओं के सामंजस्य के सूचक हैं। इसी प्रकार प्रगतिवाद (यथार्थवाद) का आगमन 1936 ई० में हुआ, किन्तु उसके साथ छायावाद का भी सघर्ष बराबर चलता रहा तथा आगे चलकर प्रयोगवाद की स्थापना के बाद उसका भी संघर्ष पूर्ववर्ती परम्पराओं से बराबर चलता रहा है। इस प्रकार आधुनिक साहित्य में आदर्शवाद (सुधारवाद), स्वछन्दतावाद (छायावाद), प्रगतिवाद (यथार्थवाद) एवं प्रयोगवाद (अति यथार्थवाद) का आगमन तो क्रमश: एक के बाद एक का हुआ, किन्तु उनका विकास समानान्तर रूप में होता रहा अर्थात् परवर्ती के आगमन के बाद भी पूर्ववर्ती की परम्परा चलती रही। इसलिए यदि हमें इतिहास के तथ्यों को यथार्थ रूप में ग्रहण करना है तो हमें द्विवेदी युग, छायावाद युग, प्रगतिवाद युग, प्रयोगवादी युग के स्थान पर इन्हें आदर्शवादी परम्परा, स्वच्छन्दतावादी परम्परा, यथार्थवादी परम्परा आदि परम्पराओं के रूप में प्रतिष्ठित करना चाहिये तथा यह स्वीकार करना चाहिये कि एक काल खंड में केवल एक ही नहीं अनेक परंपराएँ साथ-साथ प्रवाहित होती रही हैं तथा कई बार उनमें परस्पर संघर्ष भी चलता रहा है तथा यह संघर्ष ही उनमें नया मोड़, नयी गति एवं नूतन विकास लाने में योग देता रहा है। एक ही युग की विभिन्न परम्पराओं के पारस्परिक संघर्ष या द्वन्द्व को समझे बिना उस युग के साहित्य का विकास या इतिहास प्रस्तुत नहीं किया जा सकता। किन्तु पुराने इतिहासकारों ने तो एक युग में एक ही परम्परा एवं प्रवृत्ति को स्थान देकर तथा अन्य परम्पराओं व प्रवृत्तियों की उपेक्षा करके उनके पारस्परिक संघर्ष की व्याख्या के लिए कोई अवकाश ही नहीं रखा। वस्तुत: इतिहास को इस प्रकार काट-छाँटकर हमने बिल्कुल सीधा-सादा रूप दिया है जो वास्तविकता का प्रतिनिधित्व बहुत कम करता है।

वस्तुत: हिन्दी साहित्य भारतीय संस्कृति एवं साहित्य की विभिन्न परम्पराओं एवं प्रवृत्तियों का प्रतिनिधित्व करता है तथा भारतीय संस्कृति के किसी भी समय में कोई एक स्थिति या कोई एक परम्परा या कोई एक प्रवृत्ति नहीं रही। उसमें व्यक्ति, देश और काल के भेद से एक ही साथ और एक ही युग में अनेक परस्पर विरोधी धाराएँ, परम्पराएँ एवं प्रवृत्तियाँ समानान्तर रूप में पनपती रही हैं। अत: हमारे इतिहासकार को भी यदि वह अपने इतिहास को यथार्थ एवं सर्वाङ्गीण रूप में

देना चाहता है तो उसे इन सभी परिस्थितियों, धाराओं, परम्पराओं एवं प्रवृत्तियों के पारस्परिक द्वन्द्व को ध्यान में रखकर आगे बढ़ना होगा। वह इनमें कुछ को चुन-कर और कुछ को छोड़कर अपने मार्ग को छोटा कर सकता है तथा अनेक असुवि-धाओं, कठिनाइयों एवं जटिलताओं से बच सकता है किन्तु इससे वह जहाँ पहुँचेगा वह इतिहास का भव्य भवन नहीं होगा, अपितु अतीत की टूटी-फूटी इमारत का एक भाग मात्र होगा। अतः यह हमारी विवेक-बुद्धि पर निर्भर है कि हम सीधे-सादे मार्ग का अवलम्बन करके टूटे-फूटे भाग तक पहुँचना पसन्द करते हैं या उस दीर्घ एवं दुरूह पथ पर अग्रसर होकर भव्य भवन तक। वस्तुतः मैं यह स्वीकार करता हूँ कि सच्चे इतिहासकार का काम सचमुच में बड़ा कठिन, दुरूह एवं जटिल होता है, क्योंकि उसे नये युग में रहकर भी पुरानी ईंटों से नया महल या नई ईंटों से पुराना महल तैयार करना पड़ता है। अस्तु, इतिहासकार के कार्य की गुरुता एवं कठिनता को ध्यान में रखते हुए भी हम हिन्दी के नये इतिहासकारों से आशा करेंगे कि वे व्यापक दृष्टिकोण, तटस्थ दृष्टि एवं वैज्ञानिक पद्धति का उपयोग करते हुए, काल-विभाजन काल-खण्डों के नामकरण, साहित्य की धाराओं के वर्गीकरण, उनके उद्गम-स्रोतों के उद्‌घाटन, उनकी प्रवृत्तियों के निर्धारण एवं उनके मूल्यांकन का ऐसा प्रयास करेंगे जिससे कि साहित्य के विभिन्न पक्षों, रूपों एवं धाराओं के साथ न्याय हो सके तथा हिन्दी साहित्य की विकास-प्रक्रिया को समझने, उसके समग्र एवं यथार्थ रूप का बोध प्राप्त करने में सहायता मिल सके।

—o—

3

हिन्दी साहित्य का इतिहास : आरम्भिक सीमा

हिन्दी साहित्य के इतिहास की आरंभिक काल-सीमा का प्रश्न हिन्दी साहित्य के आविर्भाव-काल से जुड़ा हुआ है, किन्तु हिन्दी साहित्य का आविर्भाव कब हुआ—इसके सम्बन्ध में विद्वानों में मतैक्य का अभाव है। हिन्दी के प्रथम इतिहास लेखक गार्सा द तॉसी ने तो इस प्रश्न पर विचार ही नहीं किया था, उनके अनन्तर इस क्षेत्र में कार्य करने वाले शिवसिंह सेंगर ने अपने 'शिवसिंह सरोज' (1883 ई०) में किसी पुरानी अनुश्रुति के आधार पर सातवीं शताब्दी के पुष्य नामक कवि को हिन्दी का पहला कवि घोषित करते हुए अप्रत्यक्ष रूप में इसी समय से हिन्दी-साहित्य का आविर्भाव माना। किन्तु परवर्ती अनुसंधान से ज्ञात हुआ कि इस नाम के कवि के अस्तित्व का कोई प्रमाण या उसकी कोई रचना प्राप्य नहीं है, ऐसी स्थिति में उसे हिन्दी का आदि कवि कैसे माना जा सकता है ? आचार्य हजारीप्रसाद द्विवेदी ने इस संबंध में अनुमान किया है कि यह पुष्य सम्भवतः अपभ्रंश का प्रसिद्ध कवि पुष्पदंत ही है, जिसका आविर्भाव नवीं शती में हुआ था। हमारे विचार से यह अनुमान ठीक है, किन्तु यदि ऐसा न भी हो तो भी हिन्दी के किसी पुष्य का कोई अस्तित्व अब स्वीकार्य नहीं है, अतः उसके आधार पर हिन्दी के आविर्भाव-काल का निर्णय करना ठीक नहीं। पर दुर्भाग्य से हिन्दी-साहित्य के परवर्ती इतिहासकार भी, जिनमें सर जार्ज ग्रियर्सन एवं मिश्रबन्धु का नाम उल्लेखनीय है, इस पुष्य संबंधी भ्रान्ति में पड़ जाने के कारण हिन्दी-साहित्य का आविर्भाव सातवीं शती में ही मानने को विवश हो गए। वैसे पुष्य के अस्तित्व की संदिग्धता का पता इन्हें था, क्योंकि ग्रियर्सन ने स्पष्ट शब्दों में लिखा है—"यह (पुष्य कवि) प्राचीनतम भाषा कवि है, जिसका कोई उल्लेख मुझे देशी लेखकों की कृतियों में नहीं मिला है। 'शिवसिंह सरोज' का कथन है कि यह 713 ई० में उपस्थित था और 'भाषा की जड़' यही कवि है। इस विवरण से यह स्पष्ट नहीं होता कि इसका नाम पुष्य या पुष्प था अथवा पुंड था। यदि भाषा से अभिप्राय प्राकृत के पश्चात्कालीन भाषा रूप से है, तब तो यह पूर्णरूपेण अस्वाभाविक वक्तव्य प्रतीत होता है। मुझे तो टाड में सरोज के इस कथन का कोई प्रमाण नहीं मिलता। टाड में किसी पुष्य का उल्लेख अवश्य है पर यह एक उत्कीर्ण लेख का रचयिता है···पर यह उत्कीर्ण लेख किस भाषा में लिखा गया था, टाड में मुझे इसका कोई उल्लेख नहीं मिला।" इससे स्पष्ट है कि हिन्दी के एक कवि के रूप में पुष्य को मान्यता देना ग्रियर्सन को

अस्वीकार्य था, किन्तु फिर भी कई बार जो लीक पड़ जाती है, उससे हटना परवर्ती चिन्तकों के लिए असम्भव हो जाता है।

परवर्ती युग में आचार्य रामचन्द्र शुक्ल ने अपने 'हिन्दी-साहित्य का इतिहास' (1929 ई०) में पुष्य को कोई स्थान नहीं दिया तथा उन्हीं आविर्भाव-काल के संबंध में भी परम्परागत धारणा में संशोधन करते हुए संवत् 1050 से हिन्दी साहित्य के आदिकाल का आरम्भ माना। यद्यपि शुक्लोत्तर इतिहास लेखकों ने प्रायः इसी मत को स्वीकार किया है तथा आज भी सर्वाधिक मान्यता इसी को प्राप्त है, किन्तु यदि हम आचार्य शुक्ल के निर्णय की पुनर्परीक्षा करें तो ज्ञात होगा कि वह भी उतना ही निराधार एवं असंगत है जितना कि उससे पूर्व प्रचलित मत था। आचार्य शुक्ल का यह निर्णय मुख्यतः दो धारणाओं पर आधारित है—एक, अपभ्रंश हिन्दी का ही एक रूप है, जिसे उनके शब्दों में 'प्राकृताभास हिन्दी' या 'पुरानी हिन्दी' कहा जा सकता है। अपभ्रंश को हिन्दी मान लेने पर उसका आविर्भाव-काल सातवीं शताब्दी ही सिद्ध हो जाता है। इस निष्कर्ष पर पहुंचते हुए वे लिखते हैं—'अपभ्रंश या प्राकृताभास हिन्दी के पद्यों का सबसे पुराना पता तांत्रिक और योगमार्गी बौद्धों की साम्प्रायिक रचनाओं के भीतर विक्रम की सातवीं शताब्दी के अन्तिम चरण में लगता है।" ऐसी स्थिति में उन्हें हिन्दी-साहित्य का आरम्भ भी सातवीं शताब्दी से ही मान लेना चाहिए था, किन्तु उनकी दूसरी धारणा इसके विपरीत पड़ती थी। वह दूसरी धारणा यह थी कि अपभ्रंश का प्रारंभिक साहित्य—1050 विक्रमी तक का साहित्य—उनकी दृष्टि से सांप्रदायिक साहित्य मात्र था, उसे विशुद्ध काव्य-कोटि में स्थान नहीं दिया जा सकता। इस निष्कर्ष को उन्होंने बार-बार दोहराया है, कुछ उद्धरण द्रष्टव्य हैं, यथा—

(क) "सिद्धों में सरह सबसे पुराने अर्थात् वि० सं० 690 के हैं। अतः हिन्दी काव्य-भाषा के पुराने रूप का पता हमें विक्रम की सातवीं शताब्दी के अन्तिम चरण से लगता है।"

(ख) "उनकी सिद्धों और योगियों की रचनाओं का जीवन की स्वाभाविक सरणियों, अनुभूतियों और दशाओं से कोई संबंध नहीं। वे सांप्रदायिक शिक्षा मात्र हैं, अतः शुद्ध साहित्य की कोटि में नहीं आ सकतीं।"

(ग) "मुंज और भोज के समय (संवत् 1050 के लगभग) में तो ऐसी अपभ्रंश या पुरानी हिन्दी का पूरा प्रचार शुद्ध साहित्य का काव्य रचनाओं में भी पाया जाता है। अतः हिन्दी-साहित्य का आदिकाल संवत् 1050 से लेकर संवत् 1375 तक, महाराजा भोज के समय से लेकर हम्मीर देव के समय के कुछ पीछे तक माना जा सकता है।"

यहाँ विशेष लक्ष्य करने की बात यह है कि आचार्य शुक्ल ने संवत् 1050 का निर्णय यों ही 'मुंज और भोज के समय' के आधार पर एकाएक कर लिया—मानो

मुंज और भोज हिन्दी के कोई कवि हों— किसी निश्चित साहित्यिक आधार पर नहीं किया। वस्तुतः हिन्दी का पहला कवि किसे माना जाय, इस प्रश्न को शुक्ल जी बड़ी चतुराई से टाल गए हैं। मुंज और भोज का हिन्दी-साहित्य से क्या संबंध था, उनके समय को ही यहाँ आधार क्यों बनाया गया, इस संबंध में भी आचार्य शुक्ल मौन हैं। अतः यह निर्णय अपने-आप में बहुत-कुछ अस्पष्ट है, या यों कहिए कि उसका आधारभूत कारण स्पष्ट नहीं। किन्तु इससे भी अधिक प्रतिकूल स्थिति तो यह है कि आचार्य शुक्ल ने इस संबंध में जिन दो धारणाओं को 'आधार' रूप में ग्रहण किया था वे भी अब बिलकुल अमान्य हो गई हैं। अब न तो अपभ्रंश को 'पुरानी हिन्दी' या 'प्राकृताभास हिन्दी' कहा जा सकता और न ही अपभ्रंश के प्रारम्भिक कवियों की रचनाओं को केवल सांप्रदायिक शिक्षा मात्र कहकर काव्य-क्षेत्र से बहिष्कृत किया जा सकता है। यदि अपभ्रंश और हिन्दी को एक मानते हैं तो निश्चित ही हमें सरह पाद को हिन्दी के पहले कवि के रूप में स्वीकार करते हुए हिन्दी-साहित्य का आविर्भाव-काल सातवीं शती से मानना होगा तथा अपभ्रंश के सभी कवियों को हिन्दी-साहित्य के इतिहास में स्थान देना होगा। वस्तुतः भाषा वैज्ञानिक, साहित्यिक एवं व्यावहारिक —सभी दृष्टियों से अब अपभ्रंश की हिन्दी से भिन्नता सिद्ध हो गई है। वैसे राहुल सांकृत्यायन तथा अन्य कतिपय विद्वान् आज से कुछ वर्षों पूर्व तक अपभ्रंश और हिन्दी को एक मानने का समर्थन करते रहे हैं, किन्तु इस मत को मान्यता देने में दो बड़ी कठिनाइयाँ हैं। एक तो यह कि यदि हिन्दी की जननी अपभ्रंश को भी हिन्दी कहें तो फिर अपभ्रंश की जननी प्राकृत एवं प्राकृत की जननी पूर्ववर्ती भाषाओं को भी हिन्दी कहने में क्या आपत्ति है ? इस दृष्टिकोण को अपनाने पर तो सभी पूर्ववर्ती भाषाओं को हिन्दी का ही नहीं, उत्तरी भारत की अन्य आधुनिक भाषाओं—पंजाबी, गुजराती, बंगाली, मराठी, उड़िया, असमी आदि का भी संबंध है। ये सभी अपभ्रंश से विकसित होने के कारण, हिन्दी की बहनें लगती हैं। यदि अपभ्रंश और हिन्दी को अभिन्न मान लिया जाय तो इन सबकी जननी हिन्दी सिद्ध हो जाएगी, कदाचित् यह स्थिति हिन्दी वालों को मान्य हो भी सके, किन्तु अन्य भाषा-भाषी इसे स्वीकार नहीं करें। वस्तुतः अपभ्रंश पर जितना अधिकार हिन्दी का है उतना ही पंजाबी, गुजराती, बंगला आदि भाषाओं का भी है, अतः उस पर हिन्दी का एकाधिकार सिद्ध करना अनधिकार चेष्टा है।

ऐसा प्रतीत होता है कि यद्यपि आचार्य शुक्ल ने सिद्धांत रूप में तो अपभ्रंश को हिन्दी से अभिन्न घोषित कर दिया, पर व्यवहार-रूप में वे भी इसकी यथार्थता में सन्देह करते थे, कदाचित् इसी का परिणाम है कि उन्होंने अपभ्रंश और हिन्दी काव्य का परिचय अलग-अलग अध्यायों में दिया है। जहाँ वे आदिकाल के प्रकरण संख्या 2 का शीर्षक 'अपभ्रंश' काल रखते हैं, वहाँ उन्होंने प्रकरण संख्या 3 का शीर्षक 'देश-भाषा काव्य' रखा है। इन दोनों में क्या अन्तर है ? तथा क्या दोनों ही हिन्दी से ही संबंधित हैं या नहीं,—इसका स्पष्टीकरण उन्होंने नहीं किया, किन्तु यह उन्होने

स्पष्ट रूप में स्वीकार किया है कि 'इस काल की जो साहित्यिक सामग्री प्राप्त है, उसमें कुछ तो असंदिग्ध है और कुछ संदिग्ध है। असंदिग्ध सामग्री जो कुछ प्राप्त है, उसकी भाषा अपभ्रंश अर्थात् प्राकृताभास (प्राकृत की रूढ़ियों से बहुत कुछ बद्ध) हिन्दी है।' इसका तात्पर्य यह हुआ कि यदि हम अपभ्रंश के साहित्य को हिन्दी से अलग कर दें तो शुक्ल जी के इस आदिकाल के पास केवल संदिग्ध सामग्री शेष रह जाएगी जिसके आधार पर किया गया निर्णय भी संदिग्ध एवं अवास्तविक सिद्ध होगा। वस्तुतः आज यही स्थिति है। आचार्य शुक्ल के द्वारा कथित हिन्दी की आदिकालीन रचनाओं में से अब कुछ अपभ्रंश की सिद्ध हो गई हैं, कुछ अस्तित्वहीन प्रमाणित हुई हैं और कुछ बहुत बाद की रचित हैं। अस्तु, आचार्य रामचन्द्र शुक्ल ने जिन धाराणाओं एवं तथ्यों के आधार पर हिन्दी-साहित्य का आरम्भ संवत् 1050 से माना था, वे सभी अब अस्पष्ट, असंगत, संदिग्ध एवं अमान्य सिद्ध हो गए हैं, ऐसी स्थिति में अब उसी निर्णय को मानते रहना अपनी रूढ़िवादिता का परिचय देने के अतिरिक्त और कुछ नहीं है।

आचार्य शुक्ल के अनन्तर डा० रामकुमार वर्मा एवं आचार्य हजारीप्रसाद द्विवेदी ने इतिहास को नये रूप में प्रस्तुत करने का प्रयास किया है, किन्तु जहाँ तक उपर्युक्त प्रश्न का सम्बन्ध है, ये विद्वान् भी कोई स्पष्ट एवं निर्भ्रान्त उत्तर नहीं दे पाये हैं। डा० रामकुमार वर्मा एक ओर तो हिन्दी को अपभ्रंश से विकसित उससे भिन्न भाषा के रूप में स्वीकार करते हुए लिखते हैं—"अपभ्रंश भाषा दसवीं शताब्दी तक प्रचलित रही, उसके बाद उसे भी 'साहित्य-मरण' के लिए बाध्य होना पड़ा और दसवीं शताब्दी से अपभ्रंश भाषा ने अनेक शाखाओं में बिभाजित होकर नवीन नाम धारण किए। फलतः हिन्दी आदि भाषाओं का सूत्रपात हुआ"—इससे स्पष्ट है कि वे हिन्दी भाषा का सूत्रपात अपभ्रंश के साहित्यिक मरण के बाद दसवीं शताब्दी में मानते हैं, पर दूसरी ओर वे हिन्दी-साहित्य के विकास काल को 'संधिकाल' कहते हुए, उसकी काल-सीमा 750-1200 रखते हैं और अपभ्रंश के सारे साहित्य को हिन्दी-साहित्य में स्थान दे देते हैं। वे ऐसा अनजान में नहीं, अपितु बहुत सोच-समझ कर करते हैं। वे लिखते हैं—"अर्धमागधी और नागर अपभ्रंश से निकलने वाली सिद्ध और जैन कवियों की भाषा हिन्दी के प्रारम्भिक रूप की छाप लिए हुए है। इस प्रकार इसे हिन्दी-साहित्य के इतिहास के अन्तर्गत स्थान मिलना चाहिए।" डा० वर्मा का यह विचित्र निर्णय अनेक शंकाओं को जन्म देता है—एक तो उन्होंने यह स्पष्ट नहीं किया कि 'आप' से उनका क्या आशय है। अपभ्रंश में हिन्दी भाषा का पूर्वरूप मिलना संभव है, यदि इसी को 'छाप' कहते हैं तो इस स्थिति में न केवल अपभ्रंश अपितु प्राकृत और संस्कृत पर भी हिन्दी की छाप मानी जा सकती है। वस्तुतः छाप पूर्ववर्ती की परवर्ती पर पड़ती है, न कि परवर्ती की पूर्ववर्ती पर, अतः दसवीं शती में उत्पन्न होने वाली हिन्दी की छाप सातवीं शताब्दी की अपभ्रंश का मानना तर्कसंगत प्रतीत

नहीं होता। दूसरे, पहले भाषा का उद्भव होता है तदनन्तर उसमें साहित्य-रचना होती है, जबकि डा० वर्मा के अनुसार हिन्दी-साहित्य का आविर्भाव-काल (7वीं शती) हिन्दी भाषा के उद्भव-काल (10वीं शती) से तीन शताब्दी पूर्व पड़ता है वस्तुतः डा० वर्मा के प्रति पूरी श्रद्धा होते हुए भी उनके निष्कर्षों का स्वीकार करना हमारे लिए बहुत कठिन है। ऐसा प्रतीत होता है कि इन निष्कर्षों के पीछे डा० वर्मा के उस कवि हृदय की प्रेरणा है, जो अपभ्रंश काव्य की सौन्दर्य श्री को किसी-न-किसी प्रकार हिन्दी के अधिकार क्षेत्र में ले आने के लिए विवश हो गया होगा। किन्तु इतिहास को शुद्ध एवं वैज्ञानिक रूप देने के लिए इस प्रकार के लोभों का संवरण किए बिना काम नहीं चलता।

आचार्य हजारीप्रसाद द्विवेदी ने इतिहास-लेखन के समय अपभ्रंश और हिन्दी की भिन्नता को पूरी तरह ध्यान में रखते हुए स्पष्ट रूप में घोषित किया है कि भाषा शास्त्रीय एवं वैज्ञानिक दृष्टि से ये दोनों भाषाएँ एक नहीं हैं। उनके विचारानुसार हिन्दी का विकास आचार्य हेमचन्द्र द्वारा उल्लिखित उस ग्राम्य अपभ्रंश से हुआ, जिसमें रासक, डोम्बिका आदि लिखे जाते थे। यह विकास कब हुआ—इसका स्पष्ट निर्णय तो वे नहीं देते, पर उनके शब्दों में "यही भाषा (हेमचन्द्र द्वारा उल्लिखित ग्राम्य अपभ्रंश) ही आगे चलकर आधुनिक देशी भाषाओं के रूप में विकसित हुई है।" यदि हम 'आगे चलकर' का तात्पर्य एक शताब्दी भी लें तो इस हिन्दी का आविर्भाव आचार्य हेमचन्द्र (1088—1572 ई०) के सौ साल बाद लगभग 13वीं शताब्दी में सिद्ध होता है। ऐसी स्थिति में हिन्दी-साहित्य का आविर्भाव-काल तो इसके और भी बाद में माना जाना चाहिए था, पर यह विचित्र बात है कि वे भी यहाँ पूर्ववर्ती इतिहासकारों की रूढ़ियों को स्वीकार करते हुए आदिकाल की प्रारम्भिक सीमा 1000 ई० ही मान लेते हैं। ऐसा उन्होंने कदाचित् पूर्ववर्ती विद्वानों के प्रति अति सौजन्य एवं सहिष्णुता की प्रवृत्ति के कारण ही किया है, अन्यथा वे स्पष्ट रूप में मानते हैं कि चौदहवीं शताब्दी से पूर्व हिन्दी का कोई साहित्य नहीं मिलता। उनके शब्दों में—"दसवीं से चौदहवीं शताब्दी का काल, जिसे हिन्दी का आदिकाल कहते हैं भाषा की दृष्टि से अपभ्रंश का ही बढ़ाव है। यहाँ 'भाषा की दृष्टि' से यह भ्रान्ति उत्पन्न हो सकती है कि कदाचित् अन्य दृष्टियों से यह साहित्य हिन्दी का होगा, किन्तु वस्तुतः ऐसा नहीं है। किसी भी साहित्य को हिन्दी का साहित्य कहलाने के लिए उसका भाषा की दृष्टि से हिन्दी का होना अनिवार्य है, अन्यथा कालिदास और रवीन्द्र को भी हिन्दी का कहा जा सकता है। आदिकाल सम्बन्धी अध्याय की अन्तिम पंक्ति सइमें भावी हिन्दी भाषा और उसके काव्य-रूप अंकुरित हुए हैं तथा भक्तिकाल सम्बन्धी अध्याय के आरम्भ में उनके द्वारा प्रयुक्त यह उपशीर्षक 'वास्तविक हिन्दी-साहित्य का आरम्भ'—ये दोनों तथ्य भी यह ध्वनित करते हैं कि आचार्य द्विवेदी वास्तव में हिन्दी-साहित्य का अस्तित्व चौदहवीं शताब्दी पूर्व नहीं मानते, किन्तु उनकी इस ध्वनिवादी शैली के कारण सामान्य पाठक वास्तविक हिन्दी-साहित्य और

अवास्तविक हिन्दी-साहित्य के भेद को स्पष्ट रूप में ग्रहण नहीं कर पाता।

उपर्युक्त विश्लेषण से यह स्पष्ट है कि हिन्दी साहित्य के आविर्भाव-काल के सम्बन्ध में किए गए अब तक के प्रयास मुख्यत: तीन प्रकार भ्रान्तियों एवं असंगतियों आधारित हैं। एक तो अधिकांश विद्वान् अपभ्रंश और हिन्दी के भेद को ध्यान में नहीं रख सके, कुछ ने सिद्धान्त रूप में तो दोनों को अलग माना, किन्तु व्यवहार में दोनों के साहित्य को घुला-मिलाकर एक कर दिया। दूसरे, वे हिन्दी भाषा के उद्भव-काल एवं उसके साहित्य के आविर्भाव-काल में संगति नहीं बनाए रख सके, जिसके परिणाम स्वरूप उन्होंने साहित्य का आविर्भाव भाषा के उद्भव से भी पूर्व माना। तीसरे, अनेक विद्वानों ने संदिग्ध, अप्रामाणिक, परवर्ती एवं अस्तित्वहीन रचनाओं को हिन्दी-साहित्य की प्रारम्भिक रचनाओं के रूप में स्वीकार कर लिया। ऐसी स्थिति में उनके निष्कर्षों में असंगति एवं अनौचित्य का आ जाना स्वाभाविक था। अस्तु, इस संबंध में किसी सही निर्णय पर पहुंचने के लिए हमें सबसे पहले उपर्युक्त तीनों विषयों—हिन्दी का क्षेत्र, उसका उद्भवकाल एवं उसकी प्रथम प्रामाणिक रचना पर सम्यक् रूप से विचार कर लेना चाहिए, तथा उसी से उपलब्ध निष्कर्षों के आधार पर ही प्रस्तुत विषय के संबंध में अपना निर्णय देना चाहिए। आगे हम ऐसा ही करने का प्रयास करेंगे।

हिन्दी : अर्थ एवं क्षेत्र

हिन्दी भाषा के क्षेत्र में किन-किन भाषाओं एवं उपभाषाओं को स्थान देना चाहिए—इस संबंध में परस्पर विरोधी मत मिलते हैं। एक ओर प्रारम्भिक इतिहास-कारों ने जहाँ अपभ्रंश को 'प्राकृताभास हिन्दी' या 'पुरानी हिन्दी' कहकर उसे हिन्दी का ही एक रूप मान लिया, वहाँ नवीनतम दृष्टिकोण के अनुसार हिन्दी की एक उप-भाषा 'खड़ी बोली' तक ही हिन्दी को सीमित रखने की प्रवृत्ति भी मिलती है। इस पारस्परिक विरोध का मूल कारण यह है कि हिन्दी का क्षेत्र इतना व्यापक है कि उसमें अनेक भाषाओं, उपभाषाओं एवं बोलियों को स्थान प्राप्त है। इतना ही नहीं, समय और परिस्थितियों के अनुसार उसमें कभी कोई भाषा प्रमुखता प्राप्त करती रही है तो कभी कोई तथा इसके साथ ही उसकी सीमाएँ भी बदलती रही हैं। उसके विकास का इतिहास देखें तो यह तथ्य भली-भाँति स्पष्ट हो जाता है।

यह आश्चर्य की बात है कि हिन्दी का नामकरण उसके आविर्भाव से भी बहुत पहले हो गया था। पाँचवीं-छठी शताब्दी में अरब-फारस के लोग जहाँ 'भारत' को 'हिन्दी' कहते थे, वहाँ वे यहाँ की सभी भाषाओं को सामान्य रूप में 'जबाने हिन्दी' (हिन्दी भाषा) के नाम से पुकारते हुए उसके अन्तर्गत संस्कृत, पालि, प्राकृत, अपभ्रंश आदि को सम्मिलित करते थे। इस बात का प्रमाण यह है कि छठी शती ईस्वी में बादशाह नौशेरवाँ के दरबारी कवि ने 'पंचतन्त्र' का अनुवाद करते हुए इसे 'जबाने

हिन्द' का ग्रन्थ कहा है, जबकि यह वस्तुतः संस्कृत का है। इसी प्रकार अल्बेरुनी (11वीं शती), फारसी कवि औफी (13वीं शती), अमीर खुसरो (13-14वीं शती) आदि मुस्लिम लेखकों ने भी 'हिन्दी' का प्रयोग भारत की सभी भाषाओं के लिए किया है। इससे स्पष्ट है कि प्रारम्भ में 'हिन्दी' का अर्थ भारत की किसी एक विशिष्ट भाषा से न होकर सामान्य रूप से भारत की सभी सामान्य भाषाओं से था। जैसा कि डा० ब्रजेश्वर वर्मा ने स्पष्ट किया है, इस स्थिति में 'हिन्दी' एक सामूहिक नाम था।

आगे चलकर चौदहवीं-पन्द्रहवीं शती से लेकर अठारहवीं शती तक भारत में विभिन्न नयी भाषाओं का उदय एवं विकास हो गया तथा उन्होंने प्रान्तीय आधार पर नये नये नाम ग्रहण किए, फिर भी भारतीय भाषाओं के लिए सामान्य रूप में हिन्दी, हिन्दवी, हिन्दुस्तानी आदि नामों का प्रयोग होता रहा। उदाहरण के लिए बाबर ने एक स्थान पर 'हिन्दुस्तानी' का तथा जायसी ने 'हिन्दवी' नाम का प्रयोग किया है। फिर भी इस बीच के युग में हिन्दी एवं हिन्दुस्तानी नामों का प्रचार कम रहा, इनके स्थान पर विभिन्न भाषाओं को अलग-अलग प्रान्तीय नामों से ही पुकारा जाता रहा।

उन्नीसवीं शती में अंग्रेजों एवं मुसलमान लेखकों द्वारा पुनः हिन्दवी, हिन्दी, हिन्दुस्तानी नामों के प्रयोग में वृद्धि होने लगी। उदाहरण के लिए 'अनुराग बाँसुरी' के रचयिता नूर मोहम्मद (18वीं शती) ने अवधी भाषा के लिए तथा इंशाअल्ला खाँ (19वीं शती) ने 'रानी केतकी की कहानी' की ब्रज मिश्रित खड़ी बोली के लिए तथा अनेक अंग्रेज लेखकों ने खड़ी बोली के लिए 'हिन्दुस्तानी' एवं हिन्दी का प्रयोग किया। इस प्रकार पुनः 'हिन्दी' या 'हिन्दुस्तानी' का प्रयोग व्यापक स्तर पर होने लग गया। वस्तुतः आज स्थिति यह है, कि हिन्दी कोई एक भाषा नहीं है, वह राष्ट्र की एक ऐसी सामान्य भाषा है, जिसके विभिन्न रूप विभिन्न क्षेत्रों एवं विभिन्न वर्गों में पाये जाते हैं। राष्ट्र की कुछ भाषाएँ भिन्न लिपियों में आबद्ध होकर या भिन्न साहित्य के रूप में सीमित होकर स्वतंत्र हो गयी हैं, जबकि शेष सभी भाषाएँ—राजस्थानी, ब्रज, अवधी, खड़ी बोली, मैथिली आदि तथा उनसे सम्बद्ध बोलियाँ हिन्दी में आती हैं। दूसरे शब्दों में हिन्दी भारत की केन्द्रीय एवं राष्ट्रीय भाषा है। जिस प्रकार भारत का नक्शा और उसकी सीमाएँ समय-समय पर राजनीतिक कारणों से बदलती रही हैं, उसी प्रकार राष्ट्रीय भाषा हिन्दी की भी सीमाएँ समय-समय पर बदलती रही हैं—किसी समय वह सारे भारत का प्रतिनिधित्व करती थी, तो अब वह केवल उन भाषाओं का प्रतिनिधित्व करती है, जो सहर्ष उसमें सम्मिलित हैं। अन्यथा हिन्दी का पंजाबी और गुजराती से भी उतना ही सम्बन्ध है, जितना राजस्थानी से है (सही पूछा जाय तो राजस्थानी तथा पश्चिमी हिन्दी पूर्वी हिन्दी की अपेक्षा गुजराती के अधिक निकट पड़ती है) या अवधी और मैथिली से उसका उतना ही सम्बन्ध है जितना कि

असमी और बंगला से है। अस्तु, हमारे विचार से आज भी हिन्दी किसी एक भाषा का नाम नही है, अपितु भारत की अनेक भाषाओं के समूह का नाम है।

यहाँ एक प्रश्न उठ सकता है कि वे कौन से सूत्र हैं, जो कि इन विभिन्न भाषाओं को एक समूह 'हिन्दी' में बाँधे हुए हैं ? इसके उत्तर में तीन तत्त्वों पर प्रकाश डाला जा सकता है—एक तो इस समूह की सभी भाषाओं की एक सामान्य लिपि है, वे अन्य लिपियों में भी लिखी जा सकती हैं फिर भी उनमें मुख्य रूप से देवनागरी का ही प्रयोग होता है। दूसरा तत्त्व भौगोलिक एकता सम्बन्धी है। ये सभी भाषाएँ भारतवर्ष के केन्द्रीय भू भाग में प्रचलित हैं, जिसे विद्वानों ने 'मध्य देश' की संज्ञा दी है। आचार्य हजारी प्रसाद द्विवेदी ने 'हिन्दी' की परिभाषा ही इस भौगोलिक आधार पर करते हुए लिखा है—"राजस्थान और पंजाब राज्य की पश्चिमी सीमा से लेकर बिहार के पूर्वी सीमान्त तक तथा उत्तर प्रदेश के उत्तरी सीमांत से लेकर मध्य प्रदेश के मध्य तक के अनेक राज्यों की साहित्यिक भाषा को हम हिन्दी कहते आए हैं। इस प्रदेश में अनेक स्थानीय बोलियाँ प्रचलित हैं। सबका भाषा-शास्त्रीय ढाँचा एक जैसा ही नहीं है। फिर भी साहित्य की चर्चा करने वाले सभी देशी-विदेशी विद्वान इस विस्तृत प्रदेश के साहित्यिक प्रयत्नों के लिए व्यवहृत भाषा या भाषाओं को हिन्दी कहते हैं। जिस विशाल भूभाग को आज हिन्दी भाषा-भाषी क्षेत्र कहा जाता है उसका कोई एक नाम खोजना कठिन है, परन्तु इसके मुख्य भाग को पुराने जमाने से ही मध्य देश कहते रहे हैं।"

लिपि की समानता और भौगोलिक एकता के अतिरिक्त तीसरा महत्त्वपूर्ण तत्त्व साँस्कृतिक एकता है। मैथिली, अवधी, राजस्थानी ब्रज आदि भाषाएँ बाह्य दृष्टि से परस्पर कितनी ही भिन्न क्यों न हों, किन्तु आंतरिक दृष्टि से—मूलभूत चेतना एवं दार्शनिक दृष्टि से, परस्परागत मान्यताओं एवं धार्मिक विश्वासों की दृष्टि से तथा प्रेरणास्रोत एवं आन्दोलनों की दृष्टि से वे सब एक हैं। इतना ही नहीं, इन भाषाओं के प्रयोगकर्त्ताओं में भी सदा एक आन्तरिक एकता की भावना रही है जिससे एक प्रदेश के लोग प्रसन्तापूर्वक दूसरे प्रदेश की भाषा को अपनाते रहे हैं। यही कारण है कि अनेक कवियों ने एक साथ ब्रज, अवधी, राजस्थानी आदि का प्रयोग किया है। अस्तु, जिस प्रकार विभिन्न प्रदेशों में पारस्परिक भेद के होते हुए भी उनकी सामान्य एकता के आधार पर उन्हें एक राष्ट्र की संज्ञा दी जाती है, वैसे ही उपर्युक्त समानताओं—लिपि की समानता, भौगोलिक समानता एवं सांस्कृतिक समानता के आधार पर भारत के मध्य भाग (उत्तर में काश्मीर एवं पंजाब को, पूर्व बंगाल, उड़ीसा, असम आदि को, पश्चिम में गुजरात को तथा दक्षिण में दक्षिणी सीमावर्ती प्रान्तों को छोड़कर शेष भारत) की भाषाओं के समूह को 'हिन्दी' का नाम दिया जाता है, जिनमें समय, स्थान एवं परिस्थिति के भेद से कभी कोई भाषा प्रमुख हो गई है तो कभी किसी अन्य ने प्रमुखता प्राप्त कर ली है।

जिस प्रकार एक राष्ट्र का केन्द्र या उसकी राजधानी समय-समय पर परिस्थितियों के अनुकूल बदलती रहती हैं, वैसे ही हिन्दी का भी केन्द्र बदलता रहा है। प्रारम्भ में वह मैथिली, राजस्थानी, अवधी, ब्रज आदि अलग-अलग केन्द्रों में विभाजित थी। आगे चलकर ब्रज ने इतनी अधिक प्रमुखता प्राप्त कर ली कि न केवल समस्त हिन्दी प्रदेशों में अपितु गुजरात, पंजाब एवं बंगाल तक में इसका प्रचार हो गया। एक ओर गुरु गोविन्दसिंह के दरबार में ब्रजभाषा की शताधिक रचनाओं का लिखा जाना तथा दूसरी ओर बंगाल में ब्रज एव मैथिली मिश्रित 'ब्रजबुलि काव्य परम्परा' का प्रवर्तन होना, इस बात का प्रमाण है कि हिन्दी को राष्ट्रीय भाषा का गौरव ब्रजभाषा-युग में ही प्राप्त हो गया था। आगे चलकर जब ब्रज का स्थान खड़ी बोली ने ग्रहण किया तो उसे भी उत्तराधिकारी के रूप में वह गौरव प्राप्त हो गया जो ब्रजभाषा को प्राप्त था। ऐसी स्थिति में खड़ी बोली को पूर्ववर्ती केन्द्रीय भाषाओं का ऋण स्वीकार करना चाहिए। किन्तु जो लोग इस तथ्य से परिचित नहीं हैं, वे कई बार केवल खड़ी बोली को ही—जो लगभग एक शताब्दी से केन्द्रीय भाषा है—एक मात्र हिन्दी मानने की भूल करते हुए हिन्दी साहित्य का इतिहास पिछले अस्सी वर्षों से ही आरम्भ करना चाहते हैं। यदि दृष्टिकोण को इतना संकुचित कर लिया जाय तो अस्सी वर्ष से ही क्यों, पिछले-पन्द्रह बीस वर्षों से ही यह आरम्भ माना जा सकता है, क्योंकि छायावादियों की खड़ी बोली में और परवर्ती कवियों की बोली में भी कई दृष्टियों से गहरा अन्तर ढूंढ़ा जा सकता है। वस्तुतः हिन्दी पर जितना अधिकार खड़ी बोली का है उतना ही मैथिली, ब्रज, अवधी, राजस्थानी आदि भाषाओं का भी है, अतः उपर्युक्त दृष्टिकोण को ठीक नहीं कहा जा सकता। अस्तु।

उपर्युक्त विवेचन से हम इन निष्कर्षों पर पहुँचते हैं—(1) प्रारम्भ में 'हिन्दी' सभी भारतीय भाषाओं का सामान्य नाम था। (2) अब 'हिन्दी' का प्रयोग भारतीय भाषाओं के एक विशेष समूह के लिए होता है जिसमें लिपि, भौगोलिक सीमाओं एवं सांस्कृतिक तत्त्वों की दृष्टि से एकता है। (3) हिन्दी के अन्तर्गत मुख्यतः मैथिली, अवधी, राजस्थानी, ब्रज एवं खड़ी बोली का समावेश किया जाता है। (4) इन भाषाओं में से समय-समय पर कुछ भाषाएँ अधिक प्रमुखता प्राप्त करती रही हैं, फिर भी शेष भाषाओं की उपेक्षा नहीं की जा सकती।

उपर्युक्त विधेयात्मक निष्कर्षों के आधार पर इन निषेधात्मक निष्कर्षों की भी पुष्टि ही की जाती है कि उपर्युक्त भाषाओं के अतिरिक्त अन्य भाषाएँ, जैसे प्राकृत, अपभ्रंश, गुजराती, बँगला आदि हिन्दी के क्षेत्र में नहीं आतीं। ऐसी स्थिति में इनके साहित्य को हिन्दी साहित्य में स्थान देने का प्रश्न ही नहीं उठता, किन्तु कुछ लोग इस युक्ति के आधार पर अपभ्रंश की बहुत सी साहित्यिक परंपराएँ हिन्दी में आई हैं, इसके साहित्य को हिन्दी में स्थान देना चाहते हैं। जहाँ तक पूर्ववर्ती परम्पराओं को समझने के लिए अन्य भाषाओं के साहित्य का अध्ययन करने की बात है, इसमें

हमें कोई आपत्ति नहीं है, किन्तु इसका यह तात्पर्य नहीं है कि हम परम्पराओं के आधार पर ही अन्य भाषाओं के साहित्य को भी हिन्दी का साहित्य घोषित कर दें। यदि ऐसा ही करना हो तो फिर अपभ्रंश ही क्यों, संस्कृत, फारसी और अंग्रेजी के साहित्य को भी हिन्दी का साहित्य माना जा सकता है, क्योंकि प्राचीन और अर्वाचीन युग में इनकी बहुत सी परम्पराएँ हिन्दी में आई हैं तथा आगे भी आ सकती हैं। वस्तुतः ऐसा करना सैद्धान्तिक एवं व्यावहारिक—दोनों ही दृष्टियों से अनुचित एवं अस्वाभाविक सिद्ध होगा।

हिन्दी का उद्भव-काल—जैसा कि अन्यत्र उल्लेख किया जा चुका है, हिन्दी के उद्भव-काल के सम्बन्ध में विभिन्न मत प्रचलित हैं। जहाँ शिवसिंह सेंगर, मिश्रबधु एवं आचार्य रामचन्द्र शुक्ल हिन्दी का उद्भव सातवीं शती के आसपास मानते हैं, वहाँ डा० धीरेन्द्र वर्मा, डा० रामकुमार वर्मा व अन्य कतिपय विद्वान दसवीं शताब्दी से मानते हैं। इनमें प्रथम वर्ग के विद्वान् तो हिन्दी के अंतर्गत अपभ्रंश को भी सम्मिलित कर लेते हैं, अतः उनका मत हिन्दी के स्थान पर अपभ्रंश से संबंधित मानना चाहिए। दूसरे वर्ग के विद्वानों ने अपने मत की पुष्टि में यथेष्ट प्रमाण नहीं दिये हैं। प्रायः उन्होंने 'अनुमान' के आधार पर ही और शायद इसलिए भी हिन्दी-साहित्य का आविर्भाव इसी समय से माना जाता है – दसवीं शताब्दी से हिन्दी का उद्भव मान लिया है। इनकी भ्रांति का एक कारण यह भी रहा है कि इनके सामने हिन्दी की कुछ कृतियाँ थीं जो उस समय 8वीं शती में रचित मानी जाती थीं, पर अब वे बहुत परवर्ती सिद्ध हो चुकी हैं। अस्तु, इस मत को भी मान्यता नहीं दी जा सकती।

इस संबंध में एक अन्य वर्ग ऐसे विद्वानों का भी है जिन्होंने शुद्ध भाषा-वैज्ञानिक दृष्टि से इस प्रश्न पर विचार करते हुए हिन्दी का उद्भव-काल तेरहवीं शती के बाद सिद्ध किया है। इनमें डा० सुनीति कुमार चटर्जी, डा० उदयनारायण तिवारी, डा० नामवर सिंह प्रभृति उल्लेखनीय हैं। डा० चटर्जी इस संबंध में लिखते हैं—"यह मालूम नहीं पड़ता कि यह 'हिन्दी' ठीक-ठीक कौन-सी बोली थी, परतु सम्भव है यह ब्रज भाषा या पश्चात्कालीन हिन्दुस्तानी के सदृश्य न होकर 13वीं शती में प्रचलित सर्बसाधारण की साहित्यिक अपभ्रंश ही रही हो, क्योंकि 13वीं शती व 14वीं शती ईस्वी तक हमें हिन्दी या हिन्दुस्तानी का दर्शन नहीं होता।" डा० उदयनरायण तिवारी उपर्युक्त सम्भावना की पुष्टि अधिक स्पष्ट शब्दों में करते हैं—"आचार्य हेम चन्द्र के पश्चात् तेरहवीं शती के प्रारम्भ में आधुनिक भारतीय भाषाओं के अभ्युदय के समय पन्द्रहवीं शती के पूर्व तक का काल संक्रांति काल था, जिसमें भारतीय आर्य भाषा, धीरे-धीरे अपभ्रंश की स्थिति को छोड़कर आधुनिक क़ाल की विशेषताओं से युक्त होती जा रही थी। इसी प्रकार डा० नामवर सिंह के विचार से भी 'तेरहवीं शताब्दी तक जाते-जाते अपभ्रंश के सहारे ही पूर्व और पश्चिम के देशों ने अपनी-अपनी बोलियों का स्वतंत्र रूप प्रकट किया था, अतः हिन्दी का उद्भव यहीं से माना

जा सकता।" यद्यपि डा० तिवारी संक्रान्तिकाल का अंतिम सीमा पंद्रहवीं शताब्दी तक खींचते हैं, फिर भी ये तीनों विद्वान् उसकी प्रारम्भिक सीमा तेरहवीं शती से ही मानते हैं। डा० हजारीप्रसाद द्विवेदी ने भी अप्रत्यक्ष रूप से इसे इसी मत का अनुमोदन करते हुए लिखा है—"हेमचंद्राचार्य ने दो प्रकार की अपभ्रंश भाषाओं की चर्चा की है। दूसरी श्रेणी की भाषा को हेमचंद्र ने ग्राम्य कहा है। वस्तुतः यही भाषा 'आगे चलकर' आधुनिक देशी भाषाओं के रूप में विकसित हुई।" यद्यपि द्विवेदी जी ने यहाँ 'आगे चलकर' का काल-परिणाम नहीं दिया, फिर भी यदि उसका तात्पर्य एक शताब्दी भी लें तो उनके विचारानुसार हिन्दी का आविर्भाव आचार्य हेमचंद्र (1088-1172 ई०) के एक सौ वर्ष बाद अर्थात् तेरहवीं शती से होता है। अस्तु, आचार्य द्विवेदी के मत को भी—जहाँ तक भाषा के आविर्भाव काल का संबंध है—इसी वर्ग में स्थान दिया जा सकता है, यह दूसरी बात है कि हिन्दी-साहित्य के आदिकाल का आरम्भ वे दसवीं शताब्दी से मानते हैं।

उपर्युक्त मतों के अनुसार यदि हिन्दी भाषा का उद्भव 13वीं शती से माना जाय तो उसके साहित्य का आरम्भ अवश्य ही उसके दो-दो सौ वर्ष बाद से माना जायगा, क्योंकि कोई भी भाषा साहित्य में स्थान पाने में एक-दो शताब्दियों का समय अवश्य ले लेती है। इस दृष्टि से हिन्दी साहित्य का आरम्भ चौदहवीं-पन्द्रवीं शती से सिद्ध होता है। पर यह ठीक नहीं हैं। हमें इससे पूर्व ही हिन्दी-साहित्य के अस्तित्व के अनेक प्रमाण मिलते हैं जिनकी चर्चा आगे की जायगी। हमारे विचार से इस स्थिति में हिन्दी का उद्भव थोड़ा और पहले से माना जाना चाहिए। अतः इस विषय पर पुनर्विचार करने की आवश्यकता है।

जैसा कि विभिन्न विद्वानों ने स्वीकार किया है, अपभ्रंश के उत्तरकाल में उसके दो प्रमुख भेद विकसित हो गये थे—एक उसका परिनिष्ठित साहित्यिक रूप एवं दूसरा लोक-संपर्क से विकसित ग्राम्य रूप। इस ग्राम्य रूप के भी प्रदेश-भेद के अनुसार तीन भेद हो गये थे पूर्वी, पश्चिमी एवं मध्यदेशीय। इन्हीं भेदों से उत्तरी भारत की अनेक आधुनिक भाषाएँ विकसित हुई हैं, जिनमें हिन्दी (अर्थात् राजस्थानी मैथिली, अवधी आदि) भी एक है। इन आधुनिक भाषाओं का विकास कब हो गया था, इसका पता लगाने का कोई निश्चित साधन प्राप्त नहीं है, फिर भी कुछ ऐसे ग्रंथ मिलते हैं, जिनके आधार पर यह निश्चिततापूर्वक कहा जा सकता है कि हिन्दी के कुछ रूपों का का आविर्भाव बारहवीं शती के पूर्व हो गया था। इन ग्रंथों में 'उक्ति व्यक्ति प्रकरण', 'प्राकृत-पैंगलम्', 'वर्ण-रत्नाकर' आदि उल्लेखनीय हैं। 'उक्ति व्यक्ति प्रकरण', गाहड़वाल नरेश गोविन्दचंद्र (1114-1155 ई०) के सभा-पंडित दामोदर की रचना है जिसमें लोकभाषा को संस्कृत में रूपाँतरित करने की पद्धति पर प्रकाश डाला गया है। इसके रचयिता ने भूमिका में अपना प्रयोजन स्पष्ट करते हुए लिखा है, उसका लक्ष्य अपभ्रंश को पुनः संस्कृत में परिवर्तित करना है। जिस प्रकार एक

पतिता ब्राह्मणी को प्रायश्चित के द्वारा पुनः ब्राह्मणीत्व प्रदान किया जा सकता है, वैसे ही तुर्कों के द्वारा भ्रष्ट एवं 'सर्वजन साधारण' की भाषा को पुनः संस्कृत रूप दिया जा सकता है। इस लक्ष्य की पूर्ति के लिए उन्होंने भाषा के शताधिक नमूने प्रस्तुत किए हैं, जो हिन्दी के प्रारम्भिक रूप को सूचित करते हैं। उदाहरण के लिए कुछ वाक्य द्रष्टव्य हैं—'गंगा न्हाए धर्म हो पापुजा। जस-जस धर्मु बाढ़, तस-तस पाप घाट।'

यद्यपि पुस्तक के रचयिता ने इन्हें 'अपभ्रंश' का ही नाम दिया है, किन्तु व्याकरण एवं शब्द-रूपों की दृष्टि से ये उदाहरण निश्चित रूप से पूर्वी हिन्दी के हैं। डा० सुनीति कुमार चटर्जी तथा अन्य कतिपय विद्वानों ने भी भाषा-वैज्ञानिक दृष्टि से इनकी परीक्षा करते हुए इन्हें पूर्वी हिन्दी के उदाहरणों के रूप में स्वीकार किया है। पर उस समय तक 'हिन्दी' नाम बाहर से आने वाले मुसलमानों में ही प्रचलित था। दामोदर जैसे संस्कृत के विद्वानों की दृष्टि में तो अपभ्रंश का नया विकसित रूप भी अपभ्रंश ही था—जो स्वयं उसके शब्दों में 'तुर्कों द्वारा भ्रष्ट' (सर्वजन-साधारण की) भाषा थी—उसका नया नाम (हिन्दी) स्वीकार करने के लिए वे अभी तैयार नहीं थे। अस्तु, पंडित दामोदर ने भले ही इन उक्तियों को 'हिन्दी' नाम न दिया हो, किन्तु वे इस तथ्य को प्रमाणित करती हैं कि ईसा की;12वीं शती के मध्य तक मध्य-प्रदेश में हिन्दी के प्रारम्भिक रूप का भली-भाँति विकास हो चुका था।

इसी प्रकार आचार्य हेमचंद्र (1088-1172 ई०) ने अपने 'प्राकृत व्याकरण' में जिस 'ग्राम्य अपभ्रंश' का उल्लेख किया है वह भी पश्चिमी हिन्दी या राजस्थानी का ही प्रारम्भिक रूप प्रतीत होता है। सामान्यतः जब कोई भाषा पर्याप्त महत्त्वपूर्ण हो जाती है, तभी वह वैयाकरणों के द्वारा मान्यता प्राप्त करती है। अतः ग्राम्य अपभ्रंश' का हेमचन्द्राचार्य द्वारा उल्लेख होना ही इस बात का प्रमाण है कि वह इससे पूर्व ही परिनिष्ठित अपभ्रंश से इतनी भिन्न हो गई थी कि हेमचंद्र को उसकी स्वतंत्र सत्ता स्वीकार करनी पड़ी। इतना ही नहीं, हेमचंद्राचार्य ने इसमें रासक, डोम्बिका जैसे साहित्य के रचे जाने की बात भी कही है। अतः इस 'ग्राम्य अपभ्रंश' या राजस्थानी का उद्भव हेमचंद्रार्य के बाद नहीं, अपितु उनसे कुछ पहले ही स्वीकार करना होगा। इस दृष्टि से उसका उद्भव-काल लगभग 1100 ई० या बारहवीं शती का आरम्भकाल माना जा सकता है।

आचार्य हेमचंद्र के व्याकरण में देशी शब्दों की सूची दी गई है, जिसमें बहुत से शब्द ऐसे आये हैं, जो राजस्थानी या पश्चिमी हिन्दी के प्रारम्भिक रूप को सूचित करते हैं, जैसे—कुम्भार, खम्भो, खोड़ि, गड्डो, गाई, डुंगर, दुवार, नाव, पराई, पिआस, रस्सी, संझा, हलद्दी आदि। साथ ही 'प्राकृत-व्याकरण' में उद्धृत अनेक पद्यों की भाषा भी हिन्दी के पर्याप्त निकट है; उदाहरण के लिए कुछ पद्य द्रष्टव्य हैं

सिरि जर-खण्डी लोअड़ी गलि मणियडा न बीस।
तो वि गोट्ठड़ा कराविआ मुद्धएँ उट्ठ-बईस॥
हिअड़ा जड़ वेरिअ घणा जो कि अब्भि चड़ाहुँ।
अम्हाहि बे हत्थड़ा जइ पुणु यारि मराहुँ॥

उपर्युक्त पद्यों के मोटे टाइप में अंशों की भाषा को निःसंकोच रूप में प्रारंभिक हिन्दी कहा जा सकता है।

ग्यारहवीं से तेरहवीं शती तक की कुछ रचनाएँ और भी प्राप्त हैं, जिनमें हिन्दी के अस्तित्व का प्रमाण मिलता है। इनमें रोड़ाकृत राउलवेल (11वीं शती), भरतेश्वर बाहुबलि रास (1184 ई०), रेवंतगिरि रास (1231 ई०), शेख फरीदुद्दीन शकरगंजी (1173-1265 ई०) का कलाम, चक्रधर स्वामी (1194-1274 ई०) के पद आदि उल्लेखनीय हैं। राउलवेल एक शिलांकित काव्य है जिसमें विभिन्न प्रदेशों की नायिकाओं का वर्णन करते हुए उनकी बोलियों के उदाहरण प्रस्तुत हैं। डा० हरिवल्लभ भायाणी एवं डा० माताप्रसाद गुप्त ने इस शिलालेख का लिपिकाल ईसा की 11वीं शती निश्चित किया है। उदाहरण के लिए इसकी कुछ पंक्तियाँ द्रष्टव्य हैं—

धवल र कापड़ औढिअल कइसे।
मुह ससि जोंन्ह पसारेल जइसे॥
× × ×
पहिरणु घाघरोंहि जे केरा।
कच्छड़ा वछड़ा डहि पर इतरा॥

—टक्किणी

एहु कानोडउं काइ सउ झांखइ।
वेस अम्हाणउं ना जाउ देखई॥
हांस गइ जा चालती अइसी।
सा बाखर णहु राउल कइसी॥

—राजस्थानी

उपर्युक्त उद्धरण विभिन्न प्रदेशों की आधुनिक भाषाओं के प्रारम्भिक रूप के प्रामाणिक उदाहरण प्रस्तुत करते हैं तथा वे इस तथ्य को प्रमाणित करते हैं कि इस शिलालेख के लिपिकाल के समय आधुनिक भाषाओं का आविर्भाव हो चुका था, भले ही अभी उनका सम्यक् विकास न हुआ हो।

बारहवीं-तेरहवीं शती में रचित कतिपय रासो काव्यों में भी हिन्दी के प्रारम्भिक रूप के दर्शन होते हैं। इनमें 'भरतेश्वर बाहुबलिरास' (1184 ई०) एवं रेवंतगिरिरास (1231 ई०) विशेष रूप से उल्लेखनीय हैं। हिन्दी के इतिहासकारों का ध्यान अभी तक इन ग्रन्थों की ओर नहीं गया, किन्तु गुजराती के विद्वानों ने इन्हें

गुजराती की प्रामाणिक रचनाओं में स्थान दिया है। जैसा कि इस विषय पर शोध-कर्त्ता डा० हरीश ने स्पष्ट किया है, इस युग में गुजराती और राजस्थानी का भेद स्पष्ट नहीं हो पाया था, अतः इन रचनाओं की भाषा को जितनी दृढ़ता से गुजराती बताया जा सकता है, उतनी ही दृढ़ता से राजस्थानी या हिन्दी भी कहा जा सकता है। उदाहरण के लिए इनके कुछ अंश द्रष्टव्य हैं—

हा ! कुल मंडण हा कुल बीर।
हा ! समरंगणि साहस धीर॥

× × ×

कहि कुण ऊपरि कीजइ रोसु।
एहु जि दीजइ दैवह रोसु॥

—भरतेश्वर बाहुबलिरास

अस्तु, उक्ति व्यक्ति, प्रकरण, प्राकृत-व्याकरण, राउलवेल काव्य और विभिन्न प्रारम्भिक रासो काव्य ग्यारहवीं शती से लेकर तेरहवीं शती तक की हिन्दी के विभिन्न रूपों के नमूने प्रस्तुत करते हैं तथा इनके आधार पर वह भली-भाँति सिद्ध हो जाता है कि इस अवधि में हिन्दी का उद्भव व विकास हो चुका था। इन साक्ष्यों के अतिरिक्त भी बहुत-सी रचनाएँ मिलती हैं, जो इसी युग की बताई जाती हैं। किन्तु उनकी प्रामाणिकता संदिग्ध है, अतः यहाँ उनका उल्लेख करना अनावश्यक है।

हिन्दी का प्रथम कवि कौन ?— कोई भी भाषा अपने आविर्भाव के साथ ही साहित्य में स्थान नहीं प्राप्त कर लेती, अतः हिन्दी-भाषा के उद्भव-काल (1100 ई०) को ही हिन्दी-साहित्य का आविर्भाव-काल नहीं माना जा सकता। इसके लिए हमें यह देखना होगा कि हिन्दी की प्रथम साहित्यिक रचना या उसका रचयिता कौन है, जिसके आधार पर हिन्दी के आविर्भाव-काल का निर्णय किया जा सकता है। हिन्दी का प्रथम कवि किसे कहा जाय, इस सम्बन्ध में अभी तक कोई निश्चित या सर्वमान्य मत प्राप्त नहीं है। प्रारम्भ में शिवसिंह सेंगर एवं मिश्रबन्धुओं ने पुष्य नाम के कवि को हिन्दी का प्रथम कवि घोषित किया था; किन्तु अब यह सिद्ध हो चुका है कि यह पुष्य कोई और नहीं, अपभ्रंश के ही प्रसिद्ध कवि पुष्पदंत हैं, जिन्हें हिन्दी का कवि नहीं माना जा सकता। आचार्य रामचन्द्र शुक्ल ने इस सम्बन्ध में कोई स्पष्ट निर्णय तो नहीं दिया, किन्तु उन्होंने अपने इतिहास में एक ओर अपभ्रंश कवियों में सर्वप्रथम देवसेन का तथा दूसरी ओर 'वीरगाथा' शीर्षक अध्याय में दलपति विजय का उल्लेख किया है, तथा इनका समय नवीं-दसवीं शती माना है। यह भी विचित्र बात है कि आचार्य शुक्ल हिन्दी साहित्य का आरम्भ इन कवियों के रचना-काल से न मानकर इनके लगभग सौ वर्ष बाद से मानते हैं। ऐसी स्थिति में यह संदिग्ध है कि आचार्य शुक्ल किसे हिन्दी का प्रथम कवि मानते थे। फिर भी उपर्युक्त दोनों कवियों

में से एक अपभ्रंश का है तथा दूसरा अठारहवीं शती का सिद्ध हो चुका है, अतः इनमें से किसी को भी हिन्दी के प्रथम कवि के रूप में स्वीकार नहीं किया जा सकता।

डा० रामकुमार वर्मा सिद्ध कवियों के काव्य में हिन्दी-कविता के आदि रूप का अस्तित्व मानते हुए सरहपा (817 वि०) को प्रथम कवि मानते हैं, पर जैसा कि पीछे कहा जा चुका है, सिद्धों का साहित्य अपभ्रंश में है, हिन्दी में नहीं, अतः इस मत को भी स्वीकार करना कठिन है। आचार्य हजारीप्रसाद द्विवेदी ने प्रारम्भिक साहित्य को प्रामाणिक-संदिग्ध एवं अर्द्ध प्रामाणिक रचनाओं के रूप में वर्गीकृत करते हुए प्रामाणिक रचना के रूप में सर्वप्रथम 'संदेह रासक' की चर्चा की है, किन्तु जैसा कि वे अन्यत्र स्वीकार करते हैं, इसकी भाषा अपभ्रंश है। इसी प्रकार अर्द्ध प्रामाणिक एवं अप्रामाणिक रचनाओं की भी स्थिति इतनी स्पष्ट नहीं है कि जिससे उनमें से किसी को हिन्दी की प्रथम रचना माना जा सके। इसी प्रकार आचार्य द्विवेदी के द्वारा भी स्पष्ट उत्तर प्राप्त नहीं होता।

'बीसलदेव रासो' के रचयिता नरपति नाल्ह, अमीर खुसरो, विद्यापति आदि का भी समय-समय पर कुछ लोगों के द्वारा हिन्दी के प्रथम कवि के रूप में उल्लेख होता रहा है, किन्तु इनमें से कुछ की तो रचनाओं का वर्तमान रूप एवं रचना-काल ही संदिग्ध है, जबकि अन्तिम का समय ही पन्द्रहवीं शताब्दी है, जो कबीर के आस-पास पड़ता है। अतः इनमें से किसी को भी प्रथम कवि के रूप में ग्रहण नहीं किया जा सकता।

इधर जैन-कवियों द्वारा रचित कुछ ऐसे रास काव्य प्रकाश में आये हैं, जिनकी प्रामाणिकता असंदिग्ध है तथा जिनकी भाषा को हिन्दी के प्रारम्भिक रूप में स्वीकार किया जा सकता है। इन रचनाओं के काल-क्रम तथा भाषा के विकास की दृष्टि से सर्वप्रथम शालिभद्र सूरिकृत 'भरतेश्वर बाहुबलि रास' है, जिसका रचना-काल 1184 ई० (1241 वि०) है। इस कृति का संपादन एवं प्रकाशन एक चार-पाँच सौ वर्ष पुरानी तथा अत्यन्त विश्वसनीय प्रति के आधार पर मुनि जिन विजय द्वारा हो चुका है। गुजराती और हिन्दी के अन्य विद्वानों ने भी इसे प्रामाणिक माना है। डा० हरिशंकर शर्मा 'हरीश' ने इसका विशेष अध्ययन प्रस्तुत करते हुए इसे हिन्दी-जैन साहित्य की रास-परम्परा का सर्वप्रथम काव्य माना है। गुजराती के विद्वान् इसे गुजराती का काव्य मानते हैं, किन्तु पन्द्रहवीं शती के पूर्व तक गुजराती और राजस्थानी की दोनों भाषाएँ एक ही थीं, अतः इस पर दोनों का अधिकार माना जा सकता है। भाषा-शैली की दृष्टि से भी यह रचना प्राचीन एवं प्रामाणिक सिद्ध होती है। इसके कुछ उद्धरण पीछे भाषा के उद्‌भव के प्रसंग में प्रस्तुत किए जा चुके हैं, जिनसे यह भली-भाँति हिन्दी की रचना सिद्ध होती है।

इस रचना की प्रामाणिकता का एक अन्य आधार यह भी है कि यह परंपरा

से विच्छिन्न अकेली रचना नहीं है, अपितु बारहवीं शती से लेकर पन्द्रहवीं-सोलहवीं शती तक इसकी एक अखण्ड परंपरा मिलती है, जिसमें बीसों रासो काव्य आते हैं। इस रचना के कुछ वर्षों बाद ही रचित बुद्धिरास (12वीं शती), जम्बू स्वामीरास (1209 ई०), जीवदया रास (1200 ई०), चंदन बाला रास (1200 ई०), रेवंत-गिरि रास (1231), नेमिनाथ रास (1238 ई०), गयसुकुमाल रास (1250 ई० लगभग) आदि रचनाएँ भी मिलती हैं जो रासो-परम्परा के क्रमिक विकास को सूचित करती हैं। अतः इसमें कोई संदेह नहीं कि 'भरतेश्वर बाहुबलि रास' के रचयिता शालिभद्र सूर को उपर्युक्त तथ्यों के आधार पर हिन्दी का प्रथम कवि माना जा सकता है तथा उनके रचना-काल के आधार पर सन् 1184 (या 1241 वि०) से हिन्दी साहित्य का आविर्भाव-काल निश्चित किया जा सकता है। यह काल हिन्दी के विकास की दृष्टि से तथा राष्ट्र की राजनीतिक, सामाजिक एवं सांस्कृतिक दृष्टि से भी उपयुक्त प्रतीत होता है। इस समय तक मुसलमान भारत में आगे तक बढ़ आये थे, हिन्दू राष्ट्र का विघटन एवं पतन हो चुका था जिसके कारण राज्याश्रय में पलने-वाले धर्म एवं साहित्य को जनता का संरक्षण एवं जनता की भाषा का माध्यम स्वीकार करने के लिए विवश होना पड़ा था। परम्परागत भाषाएँ—संस्कृत, प्राकृत, अपभ्रंश आदि साहित्य और व्याकरण के ढाँचे में रूढ़ हो चुकी थीं तथा उनका स्थान परवर्ती लोकभाषाएँ ले चुकी थीं। अस्तु, इन सभी दृष्टियों से बारहवीं शती के अंतिम चरण से हिन्दी-साहित्य का आविर्भाव मानना तर्क-संगत प्रतीत होता है। इससे पूर्व का समय जिसे हिन्दी के इतिहासकार आदिकाल, वीरगाथाकाल या चारण-काल आदि में स्थान देते रहे हैं और जो हिन्दी की प्रामाणिक रचनाओं की दृष्टि से शून्य है, हिन्दी-साहित्य की काल-सीमाओं के बाहर समझा जाना चाहिए। अतः इन तथ्यों के आधार पर हिन्दी-साहित्य के इतिहास की आरम्भिक सीमा भी इसी समय से अर्थात् सन् 1184 ई० से ही माननी उचित होगी।

—o—

4

हिन्दी साहित्य के इतिहास का काल-विभाजन

किसी भी विषय-वस्तु का बौद्धिक एवं वैज्ञानिक अध्ययन करने के लिए उसे किन्हीं काल्पनिक पक्षों, खंडों, वर्गों या तत्त्वों में विभक्त कर लिया जाता है जिससे कि उसके विभिन्न अवयवों को सम्यक् रूप में ग्रहण किया जा सके। ऐसा न केवल सैद्धान्तिक क्षेत्र में, अपितु व्यावहारिक क्षेत्र में भी किया जाता है। एक बहुत बड़े राज्य को सुशासित करने के लिए एक शासक उसे विभिन्न प्रदेशों एवं मंडलों में विभाजित कर देता है, यद्यपि यह विभाजन कृत्रिम ही होता है, इसी प्रकार अन्य क्षेत्रों में भी संबंधित विषय को विभिन्न रूप में विभक्त कर लिया जाता है। इतिहास में हम मुख्यत: देश के स्थान पर काल का अध्ययन करते हैं, अत: अध्ययन की सुव्यवस्था की दृष्टि से उसे विभिन्न काल-खंडों में बाँट लेना सुविधाजनक एवं उपयोगी सिद्ध होता है।

काल-विभाजन का लक्ष्य अंतत: इतिहास की विभिन्न परिस्थितियों के संदर्भ में उसकी घटनाओं एवं प्रवृत्तियों के विकास-क्रम को स्पष्ट करना होता है। साहित्येतिहास पर भी यह बात लागू होती है। साहित्य की अंतर्निहित चेतना के क्रमिक विकास, उसकी परम्पराओं के उत्थान-पतन एवं उसकी विभिन्न प्रवृत्तियों के दिशा-परिवर्तन आदि के काल-क्रम को स्पष्ट करना ही काल-विभाजन का लक्ष्य होता है, अन्यथा उसकी कोई उपयोगिता नहीं है। जहाँ काल-विभाजन उपर्युक्त लक्ष्य की पूर्ति में साधक के स्थान पर बाधक बनता हो, वहाँ यही उचित है कि उसके अभाव में ही काम चलाया जाय। उदाहरण के लिए, प्रसिद्ध इतिहास-लेखक कीथ ने अपने संस्कृत-साहित्य के इतिहास में ऐसा ही किया है। संस्कृत-साहित्य में अनेक धाराएँ एवं अनेक काव्य-प्रवृत्तियाँ एक ही साथ समानान्तर रूप में उचित एवं विकसित होती हुई दृष्टिगोचर होती हैं, जिनका विश्लेषण काल-क्रमानुसार करने की अपेक्षा काव्य-रूप-भेद एवं काव्य-प्रवृत्तियों के आधार पर करना अधिक सुविधाजनक प्रतीत होता है, कदाचित् इसी परिस्थिति के कारण कीथ ने अपने इतिहास में काल-विभाजन करने का प्रयास नहीं किया। इसका तात्पर्य यह नहीं है कि संस्कृत-साहित्येतिहास को काल-खंडों में विभक्त करना असंभव है, अपितु हमारा लक्ष्य यहाँ केवल यह बताने का है कि असंगत रूप में काल-विभाजन करने की अपेक्षा यह अधिक अच्छा है कि उसके बिना ही काम चलाया जाए। इस तथ्य पर यहाँ विशेष बल देने की आवश्यकता इसलिए है कि हिन्दी-साहित्येतिहास का क्षेत्र अभी

तक परम्परागत काल-विभाजन की अनेक असंगतियों एवं त्रुटियों के परिणामस्वरूप विभिन्न भ्रांतियों एवं गुत्थियों से ग्रसित है, जिनके कारण इतिहास के वैज्ञानिक अध्ययन का मार्ग अवरुद्ध हो रहा है। अस्तु, आगे परम्परागत काल-विभाजन के विभिन्न प्रयासों पर पुनर्विचार करते हुए उसे परिशोधित रूप देने का प्रयास किया जायगा।

परम्परागत काल-विभाजन पुर्नविचार—हिन्दी-साहित्य के प्रारम्भिक इतिहासकारों—गार्सा द तॉसी एवं शिवसिंह सेंगर—का तो इस ओर ध्यान ही नहीं गया, अतः उनकी चर्चा यहाँ अनावश्यक है। इस संबंध में सबसे पहला प्रयास करने का श्रेय जार्ज ग्रियर्सन को है। पर जैसा कि उन्होंने स्वयं अपने ग्रंथ की भूमिका में स्वीकार किया है, उनके सामने अनेक ऐसी कठिनाइयाँ थीं, जिससे वे काल-क्रम एवं काल-विभाजन के निर्वाह में पूर्णतः सफल नहीं हो सके। वे लिखते हैं—"सामग्री को यथासंभव काल-क्रमानुसार प्रस्तुत करने का प्रयास किया गया है। यह सर्वत्र सरल नहीं रहा है और कतिपय स्थलों पर तो यह असंभव सिद्ध हुआ है। अतएव वे कवि जिनका समय मैं किसी भी प्रकार स्थिर नहीं कर सका, अंतिम अध्याय में वर्णानुक्रम से एक साथ दे दिये गये हैं।··· प्रत्येक अध्याय सामान्यतया एक काल का सूचक है। भारतीय भाषा-काव्य के स्वर्णयुग 16वीं एवं 17वीं शती पर मलिक मुहम्मद की प्रेम कविता से आरम्भ करके, ब्रज के कृष्णभक्त कवियों व तुलसीदास के ग्रंथों और केशवदास द्वारा स्थापित कवियों में रीति-सम्प्रदाय को सम्मिलित करके कुल 6 अध्याय हैं, जो पूर्णतया समय की दृष्टि से विभक्त नहीं हैं, बल्कि कवियों के विशेष वर्गों की दृष्टि से बँटे हैं।"

उपर्युक्त उदाहरण से स्पष्ट है कि स्वयं जार्ज ग्रियर्सन को अपने काल-विभाजन की अपूर्णता एवं न्यूनता का पता था, फिर भी उन्होंने विभिन्न कालों की कतिपय प्रवृत्तियों को स्पष्ट करने का प्रयास अवश्य किया है। उनका काल-विभाजन इस प्रकार है—(1) चारण-काल (702-1300 ई०), (2) पन्द्रहवीं शती का धार्मिक पुनर्जागरण, (3) जायसी की प्रेम कविता, (4) ब्रज का कृष्ण-संप्रदाय, (5) मुगल दरबार, (6) तुलसीदास, (7) रीति-काव्य, (8) तुलसीदास के अन्य परवर्ती, (9) अठारहवीं शताब्दी, (10) कम्पनी के शासन में हिन्दुस्तान, (11) महारानी, विक्टोरिया के शासन में हिन्दुस्तान। इस प्रकार उनका ग्रंथ इन ग्यारह काल-खंडों में विभक्त है, जो वस्तुतः युग-विशेष के द्योतक कम हैं, अध्यायों के शीर्षक अधिक हैं। इसके अतिरिक्त काल-क्रम का प्रवाह भी इसमें अविच्छिन्न रूप से नहीं चलता—यथा, चारण-काल (700-1300 ई०) के बाद एकाएक वे पन्द्रहवीं शती में पहुँच जाते हैं, पूरी चौदहवीं शताब्दी को वे इतिहास में से निकाल देते हैं, कालों का नामकरण भी सर्वत्र किसी एक आधार पर नहीं है—कहीं किसी धार्मिक संप्रदाय को इसका आधार बताया गया है तो कहीं किसी शासक-विशेष को और कहीं शताब्दी का ही उल्लेख

मात्र है। साथ ही तथ्यों की दृष्टि से इसमें सबसे बड़ी भ्रान्ति यह है कि सातवीं शती से लेकर तेरहवीं शती तक के समय को इसमें हिन्दी-साहित्येतिहास का एक युग माना गया है, पर यह भ्रांति तो उनके पहले और बाद भी बहुत समय तक चलती रही है, अतः इसके लिए केवल उन्हें ही दोष नहीं दिया जा सकता। अस्तु, ग्रियर्सन का यह प्रयास प्रारम्भिक प्रयास मात्र है, जिसमें विभिन्न न्यूनताओं, असंगतियों एवं त्रुटियों का होना स्वाभाविक है।

आगे चलकर मिश्रबन्धुओं ने अपने 'मिश्रबन्धु-विनोद' (1913 ई०) में काल-विभाजन का नया प्रयास किया, जो प्रत्येक दृष्टि से ग्रियर्सन के प्रयास से बहुत अधिक प्रौढ़ एवं विकसित कहा जा सकता है। उनका विभाजन इस प्रकार है—

1. आरम्भिक काल— पूर्वारंभिक काल (700-1343 वि०)
   उत्तरारंभिक काल (1344-1444 वि०)
2. माध्यमिक काल— पूर्व माध्यमिक काल (1445-1560 वि०)
   प्रौढ़ माध्यमिक काल (1561-1680 वि०)
3. अलंकृत काल— पूर्वालंकृत काल (1681-1790 वि०)
   उत्तरालंकृत काल (1791-1889 वि०)
4. परिवर्तन काल— (1890-1952 वि०)
5. वर्तमान काल—(1926 वि० से अब तक)

जहाँ तक पद्धति की बात है, यह वर्गीकरण बहुत सम्यक् एवं स्पष्ट है, किन्तु तथ्यों की दृष्टि से इसमें भी अनेक असंगतियाँ विद्यमान हैं। सबसे पहले तो उन्होंने भी ग्रियर्सन की भाँति 700 से 1300 ई० तक के युग को हिन्दी-साहित्य के साथ सम्बद्ध कर दिया है जो वस्तुतः अपभ्रंश का युग है। यह भी विचित्र बात है कि जहाँ वे मध्यकाल में लगभग दो सौ वर्ष के समय को भी साहित्य की प्रौढ़ता के आधार पर दो अवान्तर भेदों—पूर्व माध्यमिक काल एवं प्रौढ़ माध्यमिक काल में विभक्त करते हैं, जिसका अर्थ है कि सौ वर्षों में ही साहित्य प्रौढ़ हो गया, जबकि प्रारम्भ में सात-आठ सौ वर्षों में भी वह एक-सा रहता है। इसी प्रकार 'अलंकृत काल' के बाद 'परिवर्तन-काल' (1890-1925 वि०) के रूप में केवल 35 वर्ष के समय को अलग स्थान देना भी अस्वाभाविक प्रतीत होता है। प्रत्येक काल के बाद दूसरा काल आने से पूर्व सदा परिवर्तन होता है। अतः यदि 'परिवर्तन काल' देना होगा, जो अनावश्यक है। विभिन्न काल-खंडों के नामकरण में भी एक जैसी पद्धति नहीं अपनाई गई है, जहाँ अन्य नामकरण विकासवादिता के सूचक हैं, वहाँ 'अलंकार-काल' आन्तरिक प्रवृत्ति पर आधारित है। अस्तु, इन दोषों के होते हुए भी, मिश्र-बन्धुओं का प्रयास पर्याप्त महत्त्वपूर्ण एवं प्रौढ़ है, इनमें कोई संदेह नहीं।

आचार्य रामचन्द्र शुक्ल ने 'हिन्दी-साहित्य का इतिहास' (1929 ई०) प्रस्तुत करते हुए काल-विभाजन का नया प्रयास किया, जो इस प्रकार है—

1. आदिकाल (वीरगाथा काल, सं० 1050-1375)
2. पूर्व मध्यकाल (भक्तिकाल, 1375-1700)
3. उत्तर मध्यकाल (रीतिकाल, 1700-1900)
4. आधुनिक काल (गद्यकाल, 1900-1984)

आचार्य शुक्ल के काल-विभाजन की यदि मिश्र-बंधुओं के काल-विभाजन से तुलना करें तो इसकी कई विशेषताएँ सामने आएँगी। एक तो इन्होंने मिश्र-बंधुओं के प्रारंभिक काल की पूर्वारम्भिक सीमा 700 वि० के स्थान पर 1050 वि० को मान कर उसे यथार्थ सीमा के थोड़ा निकट ला दिया। दूसरे, इन्होंने मिश्र-बंधुओं के द्वारा किए गए भेदोपभेदों की कुल संख्या को दस से घटाकर चार तक सीमित कर दिया। इससे इनके काल-विभाजन में अधिक सरलता, स्पष्टता एवं सुबोधता आ गई। अपनी इसी विशेषता के कारण वह आज तक बहुमान्य एवं बहुप्रचलित है।

शुक्लोत्तर इतिहासकारों में से अनेक ने आचार्य शुक्ल के उपर्युक्त काल-विभाजन की तीव्र आलोचना तो की तथा उनके अनेक दोषों को भी स्पष्ट किया, किन्तु उसे संशोधित करके नया रूप देने में सफलता किसी को नहीं मिली। केवल मात्र डा० रामकुमार वर्मा का ही नाम इस प्रसंग में उल्लेखनीय है, जिन्होंने नया काल-विभाजन प्रस्तुत किया जो इस प्रकार है—

1. संधिकाल (750-1000 वि०)
2. चारण-काल (1000-1375 वि०)
3. भक्तिकाल (1375-1700 वि०)
4. रीतिकाल (1700-1900 वि०)
5. आधुनिक काल (1900 से अब तक)

डा० वर्मा के इस विभाजन के अंतिम चार काल-खंड तो आचार्य शुक्ल के ही विभाजन के अनुरूप हैं, केवल 'वीरगाथाकाल' के स्थान पर 'चारणकाल' नाम अवश्य दे दिया गया है, किन्तु इसमें एक विशेषता 'संधिकाल' की है जो वस्तुतः गुण-वृद्धि का सूचक कम एव दोष-वृद्धि का द्योतक अधिक है। जैसा कि अन्यत्र स्पष्ट किया जा चुका है, हिन्दी साहित्य का आरम्भ सातवीं-आठवीं शताब्दी से मानना एक विशेष भ्रांति का परिणाम है तथा डा० वर्मा का यह 'संधिकाल' भी उसी भ्रांति से संबंधित है, अतः इसे शुक्लजी के काल-विभाजन का परिष्कृत रूप नहीं कहा जा सकता फिर भी उन्होंने किन्हीं अंशों में आचार्य शुक्ल की रूढ़ि को त्यागने का साहस अवश्य किया है, जो इस युग के लिए कम महत्त्व की बात नहीं है।

इसी बीच डा० रामबहोरी शुक्ल एवं डा० भगीरथ प्रसाद मिश्र का 'हिन्दी-साहित्य का उद्भव और विकास' ग्रंथ भी प्रकाश में आया है, जो प्रारंभिक काल की सीमाओं में किंचित् परिवर्द्धन संशोधन करने के अतिरिक्त सामान्यतः आचार्य शुक्ल के ही अनुरूप है तथा इधर काशी नागरी प्रचारिणी सभा द्वारा अठारह-उन्नीस जिल्दों

में 'हिन्दी साहित्य का बृहत् इतिहास' तैयार हो रहा है, जिसके कुछ भाग प्रकाशित भी हो गये हैं। वस्तुतः इसका स्थूल ढांचा आचार्य शुक्ल के ही इतिहास के अनुरूप है, जिसके गुण दोषों को इसमें अधिक विस्तृत एवं विकसित रूप में प्रस्तुत किया जा रहा है। आचार्य विश्वनाथ प्रसाद मिश्र ने अपने 'हिन्दी-साहित्य के अतीत' में भी रीति-काल के नामकरण एवं अंतर्विभाजन के क्षेत्र में नया प्रयास करते हुए भी शेष बातों में पूर्ववर्ती परम्परा का निर्वाह किया है।

इस प्रकार इस समय आचार्य शुक्ल के ही काल-विभाजन को सर्वमान्य कहा जा सकता है, किन्तु इसका यह तात्पर्य नहीं कि वह सर्वथा संगत एवं निर्दोष है। आचार्य शुक्ल ने जिन परिस्थितियों में इतिहास लिखा था, उस दृष्टि से वह ठीक है, किन्तु विगत वर्षों में हिन्दी के क्षेत्र में पर्याप्त अनुसंधान एवं चिंतन हुआ है, जिसे ध्यान में रखकर विचार करने से आचार्य शुक्ल के प्रयास की अनेक न्यूनताएँ एवं त्रुटियाँ स्पष्ट रूप में दृष्टिगोचर होती हैं। अतः किसी भी नये इतिहासकार के लिए यदि वह आचार्य शुक्ल की परम्परा का अन्धानुसरण न करके अपने प्रयास को वैज्ञानिक एवं सुसंगत रूप देना चाहता है, तो यह अनिवार्य है कि पूर्ववर्ती इतिहास-ग्रंथों की निम्नांकित त्रुटियों एवं असंगतियों का निराकरण करके इस क्षेत्र में आगे बढ़े—

(क) पूर्ववर्ती इतिहासकारों ने तथा आचार्य शुक्ल ने अपभ्रंश-साहित्य के सम्बन्ध में किसी स्पष्ट नीति का अनुसरण नहीं किया, कभी वे अपभ्रंश को 'प्राकृताभास हिन्दी,' 'पुरानी हिन्दी' आदि संज्ञाओं से अभिहित करते हुए उसे हिन्दी से अभिन्न मानते रहे, तो कभी दोनों की स्वतन्त्र सत्ताएँ स्वीकार करते रहे। शुक्लोत्तर इतिहासकारों की नीति तो इस संबंध में और भी अस्पष्ट एवं विचित्र रही है। वे एक ओर तो यह स्पष्ट घोषणा करते हैं कि अपभ्रंश हिन्दी से भिन्न है पर दूसरी ओर अपभ्रंश की रचनाओं को हिन्दी-साहित्य के अंतर्गत समाविष्ट करते रहे हैं, वस्तुतः इस संबंध में हमें अब एक स्पष्ट नीति का अनुसरण करना होगा—या तो अपभ्रंश और हिन्दी को सिद्धांत और व्यवहार- दोनों में एक मानना होगा, अन्यथा अपभ्रंश रचनाओं को हिन्दी-साहित्य में स्थान देने का लोभ संवरण करना पड़ेगा जैसा कि अन्यत्र स्पष्ट किया जा चुका है, हम दूसरे पक्ष का समर्थन करते हुए अपभ्रंश और हिन्दी को दो पृथक् भाषाओं के रूप में स्वीकार करना उचित समझते हैं।

(ख) जिन रचनाओं के आधार पर आचार्य शुक्ल तथा अन्य इतिहासकारों ने हिन्दी-साहित्य के आरंभिक काल, वीरगाथाकाल या आदिकाल की स्थापना की थी, अब वे अस्तित्वहीन, अप्रामाणिक या परवर्तीकाल की सिद्ध हो गई हैं यथा 'जय मयंक-जस चन्द्रिका,' 'जयचंद्र प्रकाश' अस्तित्वहीन हैं, 'पृथ्वीरासो', 'बीसलदेव रासो' आदि का रचनाकाल संदिग्ध है, 'खुमानरासो' परवर्ती काल (18वीं शती) का सिद्ध हो गया है, अमीर खुसरो की पहेलियों की भाषा भी संदिग्ध है तथा कुछ अन्य रचनाएँ

हिन्दी की न होकर अपभ्रंश की हैं। यह भी उल्लेखनीय है कि कुछ कवियों को जान-बूझ कर भी पीछे ठेल दिया गया है, जैसे विद्यापति का रचना-काल स्वयं शुक्ल जी ने संवत् 1460 के लगभग माना है, फिर भी उन्होंने विद्यापति को उस वीरगाथाकाल में स्थान दिया है, जो 1375 ई० में ही समाप्त हो जाता है। इस प्रकार रचनाओं की दृष्टि से आचार्य शुक्ल का 'वीरगाथाकाल' बिल्कुल आधार-शून्य सिद्ध होता है। कुछ विद्वानों ने इस स्थिति को सुधारने के लिए इस काल के नये नामकरण—आदिकाल—का सुझाव दिया, किन्तु हमारे विचार से केवल नाम बदल देने मात्र से इस असंगति का निराकरण नहीं हो सकेगा। जिस वस्तु का अस्तित्व ही नहीं है उसका नामकरण कैसा ? और यदि कोई नामकरण किया ही जाता है तो 'आदि-काल' की अपेक्षा शून्य-काल' नाम कहीं अधिक अच्छा रहेगा, क्योंकि इससे हमारे विद्यार्थियों और शोध-कर्त्ताओं के सामने यह स्थिति तो स्पष्ट हो जायगी कि रचनाओं की दृष्टि मे यह शून्य है। पर हमारे विचार से वर्तमान स्थिति में सबसे अच्छा प्रयास यह होगा कि हम पूर्ववर्ती इतिहासकारों की रूढ़ धारणाओं से सर्वथा मुक्त होकर हिन्दी-साहित्य का प्रारम्भ वहाँ से मानें, जहाँ से वस्तुतः वह आरम्भ होता है या जब से इसकी प्रथम प्रामाणिक रचना उपलब्ध होती है तथा उसी के अनुसार प्रारम्भिक काल की सीमाएँ एवं प्रवृत्तियाँ निर्धारित करते हुए उसकी स्थापना वास्तविक रचनाओं के आधार पर करें।

(ग) परम्परागत इतिहास-ग्रंथों में प्रचलित विभिन्न काल-खण्डों का नामकरण एवं उनका अंतर्विभाजन भी हिन्दी-साहित्य की विभिन्न परम्पराओं एवं प्रवृत्तियों के अध्ययन में साधक बनने के स्थान पर बाधक अधिक सिद्ध होता है। 'वीरगाथा काल' की असंगति तो ऊपर स्पष्ट की जा चुकी है, भक्तिकाल एवं रीतिकाल नाम भी दोष-शून्य नहीं हैं। ये नाम अपने युग की किसी एक धारा या एक प्रवृत्ति को ही सूचित करते हैं, जबकि इन युगों में अनेक धाराएँ एवं अनेक प्रवृत्तियाँ साथ-साथ विकसित होती रही हैं। एक प्रवृत्ति को ही प्रधानता देने एवं शेष को गौण मानकर 'फुटकल खाते' अर्थात् रद्दी की टोकरी में डाल देने का परिणाम यह हुआ कि इस समय विभिन्न युगों का अधूरा एवम् एकपक्षीय रूप ही हमारे सामने आ पाता है। एक प्रवृत्ति को ही सर्वप्रमुख मान लेने का दृष्टिकोण अपने लिए तथा पाठकों के लिए सुविधाजनक भले ही प्रतीत हो, किन्तु वह इतिहास की एकांगी एवं अधूरी व्याख्या प्रस्तुत करता है, जिसे वैज्ञानिक नहीं कहा जा सकता। वस्तुतः यह प्रयास उस अंध-गज-न्याय का स्मरण कराता है, जिसमें हाथ आए अंग को ही प्रमुख मानकर पूरे हाथी का बोधक मान लिया गया था। अस्तु, इसमें विभिन्न अंगों का नामकरण इस प्रकार किया जाना चाहिए कि जिससे युग की विभिन्न प्रवृत्तियों के साथ न्याय हो सके।

(घ) नये अनुसंधान से अनेक नयी रचनाओं एवम् काव्य-परम्पराओं का भी

उद्घाटन हुआ है, जिन्हें हिन्दी-साहित्य के इतिहास में स्थान देना आवश्यक है। इसके लिए 'भक्ति-काल' की केवल चार काव्य-परम्पराओं (निर्गुण ज्ञानाश्रयी, निर्गुण प्रेम-मार्गी, कृष्ण-भक्ति एवं रामभक्ति सम्बन्धी काव्य-धाराएँ) से काम नहीं चलेगा। अब हमें नये वर्गीकरण के अनुसार इस काल में लगभग आठ-नौ परम्पराओं का अस्तित्व स्वीकार करते हुए उन्हें उचित स्थान देना होगा। इन परम्पराओं का परिचय आगे दिया जायगा।

(ङ) 'भक्तिकाल' में प्रवर्तित होने वाली सभी काव्य-परम्पराएँ आधुनिक काल के आरम्भ तक अखण्ड रूप से चलती रहती हैं, अतः भक्तिकाल को रीतिकाल से सर्वथा विच्छिन्न मानना भी ठीक नहीं है।

अस्तु, हम उपर्युक्त तथ्यों एवं विभिन्न परिस्थितियों को ध्यान में रखते हुए काल-विभाजन का नया प्रयास करने की आवश्यकता समझते हैं, अतः यहाँ ऐसा ही किया जायगा।

काल-विभाजन का नया प्रयास—यहाँ हमें सबसे पूर्व यह स्पष्ट कर लेना चाहिए कि हमारे काल-विभाजन का आधार क्या होगा या वह किन तथ्यों पर आधारित रहेगा। इस संबंध में सामान्यतः दो मत प्रचलित हैं—एक मत के अनुसार साहित्येतिहास का काल-विभाजन सर्वथा स्वतंत्र रूप में—विशुद्ध साहित्यिक प्रवृत्तियों के आधार पर होना चाहिए, जबकि दूसरे मत के अनुसार साहित्य समाज की प्रवृत्तियों का प्रतिबिम्ब है, अतः तत्सम्बन्धी समाज की विभिन्न परिस्थितियों—विशेषतः राष्ट्रीय परिस्थितियों—के आधार पर साहित्येतिहास का काल-विभाजन किया जाना चाहिए। पहले मत का स्पष्टीकरण प्रो० नलिन विलोचन शर्मा के शब्दों में कहा जा सकता है—'यदि हम यह मानते हैं कि मनुष्य के राजनीतिक, सामाजिक, बौद्धिक या भाषा-वैज्ञानिक विकास से संयुक्त रहते हुए साहित्य का स्वतंत्र विकास होता है और दूसरा पहले का निष्क्रिय प्रतिबिम्ब नहीं है तो हम अनिवार्यतः इस निष्कर्ष पर पहुँचते हैं कि साहित्यिक युग विशुद्ध साहित्यिक मानदण्ड के सहारे निर्धारित होने चाहिए। यह मत स्पष्टतः इस भ्रांत धारणा पर आधारित है कि साहित्य का विकास स्वतंत्र रूप से—समाज और राष्ट्र की परिस्थितियों से अप्रभावित रहते हुए होता है। वैज्ञानिक दृष्टिकोण के अनुसार साहित्य का विकास पूर्ववर्ती परंपराओं एवं युगीन वातावरण के मेल से होता है तथा युगीन वातावरण का निर्माण राष्ट्र की राजनीतिक, सामाजिक, आर्थिक आदि परिस्थितियों के प्रभाव से होता है। अतः साहित्य के स्वतंत्र विकास की धारणा को स्वीकार नहीं किया जा सकता। फिर भी इतना अवश्य है कि साहित्य के इतिहास में परम्पराओं एवं परिस्थितियों का आधार उसी सीमा तक ग्रहण किया जाना चाहिए, जहाँ तक वे साहित्यिक प्रवृत्तियों के विकास को स्पष्ट करने में सहायक सिद्ध होती हैं, अन्यथा उनका असम्बद्ध एवं स्वतंत्र विवरण अनावश्यक भार सिद्ध

होगा। इस प्रकार के भार का उदाहरण काशी नागरी प्रचारिणी सभा से प्रकाशित होने वाले 'हिन्दी साहित्य के वृहत् इतिहास' के कुछ खंडों में देखा जा सकता है जिनमें सांस्कृतिक एवं राजनीतिक परिस्थितियों के विवरण साहित्येतिहास के अंग नहीं, अपितु ऊपर से जोड़े हुए किसी अन्य पुस्तक के अंश से लगते हैं। वस्तुतः हमारा लक्ष्य सांस्कृतिक परम्पराओं एवं बाह्य परिस्थितियों के प्रकाश में साहित्य की प्रवृत्तियों का अनुशीलन करना है। अतः काल-विभाजन में भी इसी तथ्य को ध्यान में रखना उचित होगा।

साथ ही हमें यह भी नहीं भूलना चाहिए कि हिन्दी का साहित्यिक क्षेत्र इतना व्यापक एवं विस्तृत है कि उसमें एक ही युग में अनेक प्रवृत्तियाँ एक साथ चलती हुई दृष्टिगोचर होती हैं। जिस समय राजस्थान के चारण वीरता के गीत गाने में संलग्न थे, उसी समय मिथिला के कवि सौन्दर्य, प्रेम और विरह के भावों की अभिव्यक्ति में लीन थे। जिस समय अकबर के दरबार में अनेक कवि नायिका के सौन्दर्य की व्याख्या रसिकतापूर्ण शब्दों में कर रहे थे, उसी समय तुलसी की लेखनी भक्ति रस से ओतप्रोत पंक्तियाँ लिख रही थीं। अस्तु, जिस वीरता, भक्ति एवं श्रृंगारिकता को हम तीन अलग-अलग युगों की प्रवृत्तियों के रूप में मानते चले आ रहे हैं, वे वस्तुतः एक ही युग में साथ-साथ विकसित होने वाली तीन प्रवृत्तियाँ हैं। जहाँ राज-दरबारों में रसिकता और वीरता का पोषण हो रहा था, वहाँ धर्माश्रय एवं लोकाश्रय में भक्ति-भावना एवं शुद्ध प्रणय की प्रवृत्तियाँ पनप रही थीं। अस्तु, जैसा कि आगे विभिन्न काव्य-परम्पराओं के अध्ययन से स्पष्ट होगा, हिन्दी-साहित्य के विभिन्न केन्द्रों के आश्रय में एक ही साथ विभिन्न प्रवृत्तियाँ पनप रही थीं। इस केन्द्र-भेद या आश्रय-भेद को युग-भेद समझ लेना बहुत बड़ी भूल होगी।

उपर्युक्त मान्यताओं को ध्यान में रखते हुए, सबसे पहले हिन्दी-साहित्य के इतिहास को दो बड़े काल-खण्डों में विभक्त किया जा सकता है; एक 1857 ई० के पहले का समय और दूसरा, उसके बाद का समय। जिस प्रकार हमारे राजनीतिक इतिहास 1857 ई० एक ऐसी विभाजक रेखा है, जिससे मुस्लिम राज्य की समाप्ति तथा ब्रिटिश शासन का आरम्भ होता है, उसी प्रकार हिन्दी-साहित्य के इतिहास में भी यह पुराने युग की समाप्ति एवं नये युग के आरम्भ का सूचक है। नये युग के प्रवर्त्तक भारतेन्दु हरिश्चन्द्र का जन्म 1857 ई० में हुआ था तथा सात-आठ वर्ष की अवस्था में ही उन्होंने अपनी पहली कविता लिख डाली थी, अतः नये युग का आरम्भ, राजनीतिक इतिहास के अनुकूल 1857 से माना जा सकता है। आचार्य शुक्ल ने भी इसी समय के आस-पास (सन् 1843 ई० या 1900 वि०) से नये युग का आरम्भ माना है, जिसे उन्होंने 'आधुनिक काल' का नाम दिया है। यदि इस नये युग को यह नाम दिया जाता है तो इनके समकक्ष समस्त पुराने युग को 'प्राचीन-काल' या 'पूर्व-आधुनिक काल' नाम दिया जाना अपेक्षित है। यद्यपि 'प्राचीन-काल' नाम समय की

दृष्टि से बहुत दूरी का सूचक है, अतः एकाएक अनुपयुक्त-सा लग सकता है, किन्तु काव्य की विषय-वस्तु एवं काव्य-प्रवृत्तियों को देखते हुए 1857 ई० के पहले के समस्त हिन्दी-काव्य को 'प्राचीन काल' का साहित्य कह दिया जाए तो अनुचित नहीं होगा। फिर भी जिन्हें यह नाम कम पसन्द है, वे इसे हिन्दी साहित्य के 'प्रथम उत्थान काल' या 'पूर्व-आधुनिक काल' की संज्ञा दे सकते हैं।

इस 'प्राचीन काल' (1184-1857 ई०) को भी इसकी दीर्घता को देखते हुए दो खण्डों में विभक्त किया जा सकता है—(1) प्रारम्भिक काल—1184-1350 ई०, (2) मध्य काल – 1350-1857 ई०। यद्यपि हमारे विचार से सारा मध्यकाल एक ही प्रकार की काव्य-प्रवृत्तियों से अनुप्राणित है, फिर भी इसे दो खण्डों में विभक्त किया जा सकता है—पूर्व मध्यकाल; 1350-1600 ई० तथा उत्तर मध्यकाल 1600-1857 ई०। इस प्रकार नूतन काल-विभाजन तालिका रूप में इस प्रकार प्रस्तुत किया जा सकता है—

हिन्दी साहित्य का इतिहास

प्राचीन काल			आधुनिककाल
प्रारम्भिक काल	मध्यकाल: पूर्व मध्य	मध्यकाल: उत्तर मध्य	
1184 ई० – 1350 ई०	1350 ई० – 1600 ई०	1600 ई० – 1857 ई०	1857 ई० – 1969 ई० (अब तक)

उपर्युक्त तालिका को और अधिक संक्षेप में इस प्रकार प्रस्तुत कर सकते हैं—

1. प्रारम्भिक काल (1184-1350 ई०)
2. पूर्व मध्यकाल (1350-1600 ई०)
3. उत्तर मध्यकाल (1600-1857 ई०)
4. आधुनिक काल (1857 ई०—अब तक)

परम्परागत काल-विभाजन से इसकी तुलना करने पर दो बातें स्पष्ट रूप में दृष्टिगोचर होती हैं—एक तो इसमें नामकरण सामान्य रूप में किया गया है तथा दूसरे काल-सीमाओं में परिवर्तन किया गया है। नामकरण में किसी एक ही प्रवृत्ति—जैसे 'भक्ति', 'रीति' आदि को प्रमुखता दे देने से अन्य प्रवृत्तियाँ गौण हो जाती हैं तथा उससे युग का एकांगी बोध प्राप्त होता है, अतः हमने विकासक्रम के आधार पर ही नामकरण करना उचित समझा है। इसी प्रकार सीमा-निर्धारण में भी विभिन्न कालों की नूतन काव्य-परम्पराओं के उद्भव-काल को ध्यान में रखा गया है। इसका विस्तृत विवेचन हम अपने 'हिन्दी-साहित्य का वैज्ञानिक इतिहास' में कर चुके हैं, अतः यहाँ उसका संकेत कर देना पर्याप्त होगा।

काल-विभाजन पर विचार करते समय इस तथ्य को भी ध्यान में रखना होगा कि पुराने इतिहासकारों के सामने हिन्दी-साहित्य का अधूरा चित्र था, बहुत-सी काव्यधाराओं के अस्तित्व का भी उन्हें पता नहीं था, जो कि अब अनुसंधान द्वारा प्रकाश में आई हैं। परम्परागत इतिहास-ग्रंथों के अनुसार मध्यकाल में केवल इन पाँच धाराओं का अस्तित्व था—(1) निर्गुण ज्ञानाश्रयी शाखा, (2) निर्गुण प्रेममार्गी शाखा, (3) सगुण कृष्णभक्ति शाखा, (4) सगुण रामभक्ति शाखा, (5) रीति-काव्य, किन्तु नये अनुसंधान से पूरे मध्यकाल में निम्नांकित धाराओं का अस्तित्व प्रमाणित होता है—(क) मध्यकाल में उद्भूत काव्य-धाराएँ—

(अ) धर्माश्रय में विकसित—

1. सन्त काव्य-परम्परा (निर्गुण ज्ञानाश्रयी)
2. पौराणिक गीति परम्परा (कृष्ण-भक्ति काव्य)
3. पौराणिक प्रबन्ध परम्परा (राम-भक्ति काव्य)
4. रसिक भक्ति-काव्य-परम्परा।

(आ) राज्याश्रय में विकसित—

5. मैथिली गीति-काव्य परम्परा
6. वीर-काव्य परम्परा
   (1) ऐतिहासिक रास-काव्य
   (2) ऐतिहासिक चरित्र-काव्य
   (3) ऐतिहासिक मुक्तक काव्य
7. शास्त्रीय मुक्तक परम्परा (रीति-काव्य)

(इ) लोकाश्रय में विकसित —

8. रोमांटिक काव्य-परम्परा
   (1) रोमांटिक कथा-काव्य (प्रेमाख्यान-काव्य)
   (2) रोमांटिक गीति-काव्य (रीतिमुक्त काव्य)

उपर्युक्त काव्य-परम्पराओं में निम्नलिखित की चर्चा आचार्य शुक्ल के इतिहास में नहीं है, जबकि ये परम्पराएँ बहुत दीर्घ, सशक्त एवं प्रभावशाली हैं। इनमें से प्रत्येक परम्परा में शताधिक काव्य आते हैं, जिन्हें इतिहास में स्थान नहीं दिया गया—

1. रसिक-भक्ति काव्य-परम्परा।
2. मैथिली गीति-परम्परा।
3. ऐतिहासिक रास-परम्परा।
4. ऐतिहासिक चरित-परम्परा।

5. ऐतिहासिक मुक्तक-परम्परा ।

6. रोमांटिक गीति-काव्य-परम्परा ।

यहाँ यह भी उल्लेखनीय है कि आचार्य रामचन्द्र शुक्ल के विचार से कृष्ण-भक्त कवियों ने गीति-शैली को अपनाया, जबकि राम-भक्त कवियों ने प्रबन्ध शैली को, किन्तु तथ्य यह है कि कृष्ण-भक्त कवियों ने राम-भक्त कवियों की अपेक्षा अधिक प्रबन्ध काव्य लिखे हैं तथा दूसरी ओर राम-भक्त कवियों ने गीति-काव्य भी पर्याप्त संख्या में लिखे हैं साथ ही यह भी ध्यातव्य है कि भक्त कवियों ने केवल राम और कृष्ण के ही चरित्र को नहीं अपितु अन्य अवतारों तथा प्रह्लाद, सुदामा, हरिश्चन्द्र, भरत, दुर्गा, शिव, पार्वती भक्त ध्रुव, अर्जुन, युधिष्ठिर आदि की पौराणिक गाथाओं को लेकर शताधिक काव्य लिखे जिन्हें 'राम-काव्य' या 'कृष्ण-काव्य' के अन्तर्गत स्थान देना कठिन है। इसीलिए इन परम्पराओं का नामकरण क्रमशः 'पौराणिक प्रबन्ध-काव्य' एवं 'पौराणिक गीति-काव्य' के रूप में करना आवश्यक है। सच पूछें तो भक्त कवियों का लक्ष्य संस्कृत के समस्त पौराणिक साहित्य को हिन्दी में प्रस्तुत कर देने का था—एक प्रकार से 'पौराणिक भक्ति' का नवजागरण करने का था—अतः इस काव्य की मूल चेतना को समझने के लिए भी इनके नामकरण में 'पौराणिक' विशेषण को स्थान देना आवश्यक है।

अस्तु, पिछले चालीस वर्षों में आचार्य शुक्ल के इतिहास-लेखन के अनन्तर—हिन्दी-साहित्य की इतनी प्राचीन एवं मध्यकालीन सामग्री प्रकाश में आई है कि उससे इसके इतिहास का परम्परागत चित्र बहुत कुछ परिवर्तित हो जाता है तथा उसे देखते हुए उसके काल-विभाजन, सीमा-निर्धारण, परम्पराओं के वर्गीकरण एवं नामकरण में पर्याप्त परिवर्तन, संशोधन एवं परिवर्तन करना आवश्यक हो जाता है। हो सकता है, जो विद्वान् पुराने ढाँचे के अभ्यस्त हैं, वे नये वर्गीकरण एवं नामकरण को ग्रहण करने में थोड़ी कठिनाई अनुभव करें, पर यदि सरलता से गृहीत भ्रान्तियों की अपेक्षा कठिनाई में उपलब्ध यथातथ्य विचार का महत्त्व अधिक है, तो उन्हें इस कठिनाई का भी सामना साहस एवं धैर्य के साथ करना चाहिए ताकि हम हिन्दी-साहित्य की अधूरी तस्वीर के स्थान पर उसके एक परिपूर्ण रूप का बोध प्राप्त कर सकें।

—o—

5

साहित्येतिहास-दर्शन और आचार्य रामचन्द्र शुक्ल

'साहित्येतिहास-दर्शन' का सामान्य रूप में अर्थ है—'साहित्य का इतिहास संबंधी दर्शन'। इसके अन्तर्गत भी मुख्यतः तीन अवधारणाएँ गुम्फित हैं—'साहित्य' क्या है ? 'इतिहास' क्या है ? और 'दर्शन' क्या है ? वस्तुतः ये तीनों ही संज्ञाएँ अपने-आप में इतनी व्यापक, गंभीर एवं महत्त्वपूर्ण हैं कि इनमें से प्रत्येक के स्वरूप को स्पष्ट करने के लिए विभिन्न भाषाओं के विभिन्न चिन्तकों ने सहसाधिक ग्रंथ लिखे हैं, फिर भी अभी तक इनके सम्बन्ध में हम किसी एक सर्वमान्य निष्कर्ष तक नहीं पहुँच पाये हैं। यह तथ्य जहाँ इन विषयों की महत्ता और गहनता का परिचायक है वहाँ वह इस क्षेत्र में प्रवृत्त होने वाली विद्वानों की दृष्टि, सूझ-बूझ, कार्य-प्रणाली एवं उनकी चिंतन-प्रक्रिया की सीमाओं का भी द्योतक है। वस्तुतः किसी भी विषय का अनुभव एवं बोध कलात्मक अभिव्यक्ति का साधन बन सकता है, किन्तु उसका सर्वांगीण, सार्वजनीन, सार्वभौमिक एवं सर्वमान्य संतुलित विवेचन-विश्लेषण वैज्ञानिक पद्धति द्वारा ही संभव है पर दुर्भाग्य से कला साहित्य और दर्शन के क्षेत्र में अभी तक अध्ययन की वैज्ञानिक पद्धतियाँ सम्यक् रूप में विकसित व प्रतिष्ठित नहीं हो पाई जिसके फलस्वरूप हमारे कला एवं साहित्य सम्बन्धी निर्णय भी कलात्मक ही होते हैं। रोचकता, मनोरंजकता एवं आह्लादकता की दृष्टि से उनमें कोई न्यूनता नहीं होती, किन्तु यथातथ्यपरकता, वास्तविकता एवं प्रामाणिकता का उनमें प्रायः अभाव दृष्टिगोचर होता है। इसी स्थिति का परिणाम है कि अनेक शताब्दियों के प्रयास के बाद भी हम अभी तक 'साहित्य' की कोई एक सर्वसम्मत परिभाषा तक नहीं दे पाये।

यदि हम अनावश्यक ऊहात्मकता से बचकर 'साहित्येतिहास-दर्शन' का अर्थ स्पष्ट करने की चेष्टा करें तो संक्षेप में कहा जा सकता है कि कोई भी लेखक या चिंतक साहित्य के इतिहास को जिस दृष्टि या दृष्टिकोण से देखता है उसी का प्रतिफलन 'साहित्येतिहास-दर्शन' है। निश्चय ही इस 'देखने की प्रक्रिया' में प्रत्यक्ष या अप्रत्यक्ष में द्रष्टा की वे सब धाराणाएँ, अवधारणाएँ एवं मान्यताएँ भी प्रतिबिम्बित हो जायेंगी जिन्हें लेकर वह आगे बढ़ना है। कहता न होगा कि इसके अन्तर्गत उन सब धारणाओं का समावेश हो जायगा जिनका संबंध साहित्येतिहास की प्रकृति, प्रक्रिया और उसकी उपयोगिता से संबंधित हैं। दूसरे शब्दों में 'साहित्येतिहास-दर्शन'

द्रष्टा की उन सब अवधारणाओं को प्रत्यक्ष या अप्रत्यक्ष में व्यक्त करता है, जिनका सम्बन्ध साहित्य के स्वरूप, इतिहास की प्रक्रिया एवं उसके प्रयोग से सम्बधित हैं। साहित्य का प्रत्येक इतिहासकार जब भाषा-विशेष के साहित्य का इतिहास प्रस्तुत करता है तो उसके माध्यम से वह एक ओर तो साहित्य के स्वरूप, वर्ग, प्रकार, प्रवृत्ति एवं मूल्य को लेकर चलता है तो दूसरी ओर इतिहास की गति, क्रिया-प्रक्रिया तथा उसमें योग देने वाली स्थितियों, परिस्थितियों, परम्पराओं एवं प्रवृत्तियों का गुम्फन करता है। दूसरे शब्दों में 'साहित्य-रचना' एक स्थिर तत्त्व है तो 'इतिहास' गत्यात्मक वस्तु है; एक की स्थिति 'देश' (Space) में है तो दूसरे की 'काल' (Time) में है; इतिहासकार देश और काल (देश × काल) के गुणनफल को ही अपनी कृति में प्रस्तुत करता है, किन्तु इस गुणनफल की सत्यता के लिए यह आवश्यक है कि उसे इसके दोनों पक्षों—देश और काल का सम्यक् रूप से बोध हो। इसीलिए साहित्य का इतिहास लिखना साहित्य की शुद्ध आलोचना से कहीं अधिक कठिन एवं महत्त्वपूर्ण कार्य है; यह दूसरी बात है कि इतिहासकार की सफलता के लिए सशक्त आलोचक होना और आलोचना की सफलता के लिए इतिहास का बोध अनिवार्य है, किन्तु फिर भी दोनों के आधारभूत कार्य, लक्ष्य एवं प्रयोजन में सूक्ष्म अन्तर है। किसी भी इतिहास की रचनाओं की कालक्रमानुसार की गई आलोचनाओं के संकलन को जिस प्रकार 'इतिहास' नहीं कहा जा सकता, उसी प्रकार किसी भी इतिहास से संचित की गई साहित्यकारों की समीक्षाएँ, समीक्षा के सही लक्ष्य को पूरा नहीं करतीं। वस्तुतः हमें इस संदर्भ में इस तथ्य को नहीं भुला देना चाहिए कि विवेचन, विश्लेषण और आलोचना दोनों ही करते हैं, किन्तु एक का कार्य मूलतः काल-विशेष के संदर्भ में होता है तो दूसरे के लिए यह आवश्यक नहीं है। इतना ही नहीं, इतिहासकार के लिए कृति-विशेष के मूल्यांकन की अपेक्षा तत्सम्बन्धी परम्परा, धारा या प्रवृत्ति विशेष के विकास को स्पष्ट करना या उसके उद्गम-स्रोतों या उसके मूल उत्सों को उद्घाटित करना उसका प्राथमिक कार्य है, जबकि आलोचक के लिए कृति का मूल्यांकन भले ही वह कुछ विशेष संदर्भों से जुड़ा हुआ प्रमुख है, यदि वह इतिहास की सामग्री का भी उपयोग करता है तो वह उसके लिए साध्य नहीं, साधनमात्र है। अतः हमें 'साहित्येतिहास' एवं साहित्यालोचना की इन विभाजक रेखाओं को ध्यान में रखकर चलना होगा, किन्तु हिन्दी में अनेक यशस्वी इतिहासकार ही यशस्वी आलोचक माने जाते हैं या यों कहिए कि हमारे अनेक साहित्य-मनीषियों ने इतिहास और आलोचना लिखने का कार्य साथ-साथ किया, जिससे कभी-कभी यह भ्रान्ति उत्पन्न हो जाती है कि मानो साहित्येतिहास-कार साहित्यालोचक दोनों के कार्य-क्षेत्र, प्रयोजन एवं लक्ष्य एक ही हो।

उपर्युक्त बात आचार्य रामचन्द्र शुक्ल पर विशेष रूप में लागू होती है क्योंकि उन्होंने इन दोनों क्षेत्रों में ही शीर्षस्थ स्थान प्राप्त किया; इसलिए कई बार

यह कहना भी कठिन हो जाता है कि वे मुख्यतः इतिहासकार या आलोचक अथवा उनकी महत्ता इतिहासकार के रूप में अधिक है या आलोचक के रूप में ? प्रस्तुत लेख का सम्बन्ध उनके इतिहास-दर्शन से है, अतः हम यहाँ इन प्रश्नों पर तो विचार नहीं करेंगे किन्तु फिर भी संभव है कि प्रस्तुत विषय के विवेचन से अन्ततः यह ध्वनित हो जाए कि आचार्य शुक्ल की रुचि, प्रतिभा एवं प्रवृत्ति किस क्षेत्र में अधिक प्रवृत्त हो पाई है—आलोचना में या इतिहास में ? अस्तु, यहाँ सर्वप्रथम आचार्य शुक्ल की इतिहास सम्बन्धी अवधारणाओं के विवेचन-विश्लेषण का प्रयास किया जाता है।

(2)

आचार्य रामचन्द्र शुक्ल के साहित्येतिहास-दर्शन पर विचार करते समय हमें इस बात को विशेष रूप से ध्यान में रखना चाहिए कि उन्होंने अपने तद्विषयक दर्शन का सैद्धान्तिक प्रतिपादन प्रायः नहीं किया है— इसका अपवाद केवल उनके इतिहास के आरम्भ में प्रस्तुत एक अनुच्छेद मात्र है, जिसमे उन्होंने साहित्येतिहास की परिभाषा करते हुए कहा है—"जबकि प्रत्येक देश का साहित्य वहाँ की जनता की चित्तवृत्ति का संचित प्रतिबिम्ब होता है तब यह निश्चित है कि जनता कि चित्त-वृत्ति के परिवर्तन के साथ-साथ साहित्य के स्वरूप में भी परिवर्तन होता चला जाता है। आदि से अन्त तक इन्हीं चित्तवृत्तियों की परंपरा को परखते हुए साहित्य-परम्परा के साथ उनका सामंजस्य दिखाना ही 'साहित्य का इतिहास' कहलाता है। उपयुक्त उद्धरण से स्पष्ट है कि आचार्य शुक्ल के मतानुसार जनता की चित्तवृत्तियों या दूसरे शब्दों में जन-समाज की बदलती हुई प्रवृत्तियों के संदर्भ में साहित्य के स्वरूप-परिवर्तन की व्याख्या करना ही 'साहित्य का इतिहास' है। इस संदर्भ में आगे चलकर उन्होंने यह भी स्पष्ट किया है—"जनता की चित्तवृत्ति बहुत-कुछ राजनीतिक, सामाजिक, सांप्रदायिक तथा धार्मिक परिस्थिति के अनुसार होती है, अतः कारण स्वरूप इन परिस्थितियों का किंचित् दिग्दर्शन भी साथ-साथ में आवश्यक होता है। इस दृष्टि से हिन्दी साहित्य का विवेचन करने में यह बात ध्यान में रखनी होगी कि किसी विशेष समय में लोगों में रुचिविशेष का संचार और पोषण किधर से और किस प्रकार हुआ।"

यदि हम उपर्युक्त समूचे अनुच्छेद का विश्लेषण करें तो संभवतः उन नियामक सिद्धांतों या तत्त्वों का उद्घाटन हो सकता है जिन्हें आचार्य शुक्ल साहित्येतिहास के लिए आवश्यक मानते थे या जो उनकी इतिहास सम्बन्धी मान्यताओं के आधार-स्तम्भ के रूप में स्थित थे। संक्षेप में वे इस प्रकार बताये जा सकते हैं—

(1) प्रत्येक देश का साहित्य वहाँ की जनता की चित्तवृत्ति का प्रतिबिम्ब होता है।

(2) जनता की चित्तवृत्ति बहुत-कुछ राजनीतिक, सामाजिक, सांप्रदायिक

तथा धार्मिक परिस्थिति के अनुसार बदलती रहती है।

(3) जनता की चित्तवृत्तियों के परिवर्तन के अनुसार ही साहित्य के स्वरूप (या उसकी प्रवृत्तियों) में परिवर्तन आता है।

(4) इतिहासकार का कार्य जनता की परिवर्तित परंपराओं के साथ साहित्य की परंपराओं का सामंजस्य दिखाना है।

(5) जनता की चित्तवृत्तियों के परिवर्तन का कारण स्पष्ट करने के लिए उन राजनीतिक, सामाजिक, सांप्रदायिक तथा धार्मिक परिस्थितियों का किंचित्, दिग्दर्शन भी आवश्यक है।

निश्चय ही उपर्युक्त मान्यताओं को आचार्य शुक्ल के समस्त इतिहास-दर्शन की आधारभूत स्थापनाओं के रूप में ग्रहण किया जा सकता है। यह दूसरी बात है कि इनमें भी अनेक तत्वों जैसे 'जनता', 'चित्तवृत्ति', साहित्य का 'स्वरूप', 'सामंजस्य' आदि को और अधिक स्पष्ट किये जाने की अपेक्षा है किन्तु ऐसा करने से पूर्व हमें कुछ और पक्षों पर भी विचार कर लेना चाहिए।

सर्वप्रथम विचारणीय बात तो यह है कि क्या साहित्येतिहास-दर्शन के समूचे रूप का दिग्दर्शन उपर्युक्त स्थापनाओं से हो जाता है ? क्या शुक्ल जी का इतिहास-दर्शन केवल जनता की चित्तवृत्तियों और साहित्य की प्रवृत्तियों के बीच सामंजस्य दिखाने तक ही सीमित है ? यदि ऐसा ही है तो और बहुत-सी प्रक्रियाएँ, प्रवृत्तियाँ व विशेषताएँजि नके लिए आचार्य शुक्ल का इतिहास अधिक सम्मानित एवं प्रचलित हुआ है, वे सर्वथा गौण और अनावश्यक हो जाती हैं। उदाहरण के लिए आचार्य शुक्ल ने अपने इतिहास में विभिन्न युगों का निर्धारण, उनकी प्रवृत्तियों का विवेचन एवं उनकी रचनाओं के मूल्यांकन का जो भारी-भरकम कार्य किया है, उसका संकेत उपर्युक्त स्थापनाओं में कहीं भी दृष्टिगोचर नहीं होता। ऐसी स्थिति में क्या यह समझा जाय कि यह सब-कुछ इतिहास-दर्शन से असम्बद्ध है ? मैं यहाँ उन बातों का उल्लेख नहीं कर रहा हूँ, जिनका सम्बन्ध साहित्येतिहास दर्शन से न होकर साहित्येतिहास लेखन की पद्धति से होता है—यद्यपि दोनों में भी परस्पर थोड़ा-बहुत सम्बन्ध अवश्य होता है क्योंकि दर्शन और पद्धति दोनों एक-दूसरे के पूरक हैं। पर यदि पद्धति को छोड़ भी दिया जाय तो भी विभिन्न युगों, काव्यधाराओं, प्रवृत्तियों एवं काव्य-मूल्यों से सबंधित विवेचन-विश्लेषण को साहित्येतिहास-दर्शन की सीमा से बाहर नहीं माना जा सकता। किन्तु आचार्य शुक्ल ने इनका निरूपण सैद्धान्तिक रूप में तो प्राय: नहीं किया है, अत: उनकी तत्संबंधी व्यावहारिक दृष्टि, विधि एवं उपलब्धि के आधार पर ही उनका संधान करना होगा, अन्यथा उनके साहित्येतिहास-दर्शन के अनेक पक्ष अनुद्घाटित रह जाते हैं।

उपर्युक्त अभाव की पूर्ति में एक बहुत बड़ा साधन उन उक्तियों के रूप में उपलब्ध हो जाता है जो कि शुक्ल जी ने पूर्ववर्ती इतिहासकारों की आलोचना करते

हुए निषेधात्मक रूप में कही है। अर्थात् इन उक्तियों में वे यह तो नहीं बताते कि साहित्य का इतिहास क्या है किन्तु वह क्या नहीं है—इसका संकेत स्पष्ट रूप में अवश्य कर देते हैं; अतः ऐसी स्थिति में 'नेति नेति' की प्रक्रिया द्वारा भी शुक्ल जी के साहित्येतिहास-स्वरूप के बोध से सहायता प्राप्त हो सकती है। इस संदर्भ में उनकी निम्नांकित उक्तियाँ विशेष रूप से विचारणीय हैं—

(क) आचार्य शुक्ल ने अपने इतिहास की भूमिका में ठाकुर शिवसिंह सेंगर के द्वारा रचित 'शिवसिंह सरोज' के सम्बन्ध में लिखा है—"हिन्दी कवियों का एक **वृत्तसंग्रह** ठाकुर शिवसिंह सेंगर ने सन् 1883 में प्रस्तुत किया था।"

(ख) इसी प्रकार आगे चलकर वे डा० ग्रियर्सन के इतिहास के सम्बन्ध में लिखते हैं—"सन् 1889 में डाक्टर (अब सर) ग्रियर्सन ने 'माडर्न वर्नाक्युलर लिट्रेचर ऑफ नार्दर्न हिन्दुस्तान' के नाम से एक वैसा ही **बड़ा कविवृत्त संग्रह** निकाला।"

(ग) आगे चलकर के मिश्रबन्धुओं के भारी-भरकम प्रयास का परिचय देते हुए आचार्य शुक्ल लिखते हैं—"सन् 1913 में इस सारी सामग्री का उपयोग करके मिश्रबंधुओं (श्रीयुत् पं० श्याम बिहारी मिश्र आदि) ने अपना **बड़ा भारी कविवृत्त संग्रह** 'मिश्रबन्धु-विनोद' जिसमें वर्तमान काल के कवियों और लेखकों का भी समावेश किया गया, तीन भागों में प्रकाशित किया।"

उपर्युक्त तीनों उद्धरणों में विशेष रूप से ध्यान देने की बात यह है कि आचार्य शुक्ल के 'शिवसिंह सरोज' या ग्रियर्सन के 'माडर्न वर्नाक्यूलर लिट्रेचर' अथवा 'मिश्रबन्धु-विनोद'—इन तीनों में से किसी को भी इतिहास मानना तो दूर रहा उन्हें 'इतिहास' की संज्ञामात्र से विभूषित करने के लिए तैयार नहीं हैं। वे इन्हें क्रमशः 'वृत्तसंग्रह', 'बड़ा कविवृत्त संग्रह' एवं 'बड़ा भारी कविवृत्त संग्रह' की संज्ञाएँ देते हैं। जहाँ तक 'शिवसिंह सरोज' की बात है उसे 'वृत्त-संग्रह' कहने की बात जंचती है क्योंकि उसमें न तो कवियों का काल-क्रम से विवरण है और न ही युगों का निर्धारण, किन्तु शेष दो ग्रन्थों को—एक ग्रियर्सन के इतिहास को व मिश्रबन्धुओं के विनोद को—केवल 'बड़ा कविवृत्त-संग्रह' एवं 'बहुत बड़ा कविवृत्त-संग्रह' कहने का क्या औचित्य है? कौन-सी ऐसी त्रुटियाँ या न्यूनताएँ थीं जिनके कारण आचार्य शुक्ल इन्हें 'इतिहास' की संज्ञा न देने के लिए विवश थे? संभवतः इस प्रश्न के उत्तर से हमें ऐसे कई नये तत्त्वों की उपलब्धि हो सकती है जो कि आचार्य शुक्ल की इतिहास सम्बन्धी अवधारणा के समझने में सहायक सिद्ध हो सकते हैं।

कदाचित् इस संदर्भ में कहा जा सकता है कि पूर्ववर्ती ग्रन्थों में आचार्य शुक्ल की पूर्वोक्त अवधारणाओं के अनुसार जनता की चित्तवृत्तियों, सामाजिक परिस्थितियों एवं साहित्यिक प्रवृत्तियों के बीच सामंजस्य नहीं दिखाया गया होगा जिससे वे इन्हें 'इतिहास' की श्रेणी में स्थान देने को प्रस्तुत नहीं हुए। किन्तु वास्तव में ऐसा नहीं है। 'शिवसिंह सरोज' पर तो यह बात लागू होती है, किन्तु डा०

ग्रियर्सन ने अपने इतिहास में विस्तार से विभिन्न काव्य-परम्पराओं एवं युगों के संदर्भ में उन्हें प्रभावित करने वाली धार्मिक, सामाजिक व राजनीतिक स्थितियों का विवेचन प्रायः किया है। इसी प्रकार 'मिश्रबन्धु-विनोद' में भी विभिन्न युगों की विशेषताओं एवं प्रवृत्तियों के उद्‌घाटन का प्रयास पूरी तरह किया गया है, यह दूसरी बात है कि उन्हें आचार्य शुक्ल के तुल्य सफलता न मिली हो या उनके निष्कर्ष आचार्य शुक्ल की दृष्टि में गौण या अमान्य हों। किन्तु इसी से हम डा० ग्रियर्सन एवं मिश्रबन्धुओं के महत्त्वपूर्ण ग्रन्थों को इतिहास की कोटि से बाहर नहीं रख सकते जबकि उनका ऋण स्वयं आचार्य शुक्ल ने स्थान-स्थान पर स्वीकार किया है।

वस्तुतः पूर्ववर्ती ग्रन्थों को 'इतिहास' की संज्ञा से वंचित करने का एक स्पष्ट कारण जो स्वयं आचार्य शुक्ल के ही शब्दों में उपलब्ध होता है, वह इस प्रकार हैं—"सारे रचना-काल को केवल आदि, मध्य पूर्व, उत्तर इत्यादि खंडों में आँख मूंदकर बाँट देना—यह भी न देखना कि किस खंड के भीतर क्या आता है, क्या नहीं, किसी वृत्त-संग्रह को इतिहास नहीं बना सकता।" इसी प्रकार वे एक अन्य प्रसंग में भी लिखते हैं—"···सुसंगत काल-विभाग के बिना साहित्य के इतिहास का सच्चा अध्ययन कठिन दिखाई पड़ता था।"

उपर्युक्त उद्धरणों से स्पष्ट है कि आचार्य शुक्ल के इतिहास-दर्शन या उनकी इतिहास-परिकल्पना के अनुसार 'सुसंगत काल-विभाजन' भी साहित्येतिहास का अनिवार्य अंग है, अन्यथा उसके अभाव में वे पूर्ववर्ती (और संभवतः परवर्ती) किसी भी प्रयास को 'इतिहास' की श्रेणी में स्थान देने को प्रस्तुत नहीं हैं—अधिक से अधिक उसे वे उसके परिमाण के अनुसार 'कविवृत्त-संग्रह' या 'बड़ा कविवृत्त-संग्रह' भले ही कह दें। वैसे आचार्य शुक्ल की यह धारणा इतिहास-लेखन की पद्धति के लिए तो महत्त्वपूर्ण मानी जा सकती है, किन्तु समूचे इतिहास-दर्शन के लिए यह अत्युक्तिवादी दृष्टिकोण की ही परिचायक है क्योंकि संस्कृत में डा० ए० बी० कीथ जैसे विद्वान ऐसे 'संस्कृत साहित्य के इतिहास' की रचना कर चुके हैं, जिसमें काल-विभाजन नहीं है फिर भी उसे एक स्तरीय इतिहास के रूप में मान्यता प्राप्त है।

आचार्य शुक्ल के ही इतिहास की भूमिका से उनके इतिहास-दर्शन की ओर भी कई अवधारणाओं पर प्रकाश पड़ता है। उन्होंने अपनी इतिहास-सम्बन्धी महत्त्वपूर्ण स्थापना में जहाँ यह स्वीकार किया है कि प्रत्येक देश का साहित्य वहाँ की जनता की चित्तवृत्ति का प्रतिबिम्ब होता है, किन्तु वहाँ यह स्पष्ट नहीं है कि 'जनता' से उनका क्या अभिप्राय है। इसे उन्होंने अपनी भूमिका में भली-भाँति स्पष्ट कर दिया है कि जनता से उनका अभिप्राय 'शिक्षित जनता' से है। अपने ग्रन्थ के प्रथम संस्करण के वक्तव्य के अन्तर्गत ही उन्होंने लिखा है—"शिक्षित जनता की जिन-जिन प्रवृत्तियों के अनुसार हमारे साहित्य में जो-जो परिवर्तन हुए हैं ·····" या आगे चलकर उन्होंने लिखा है—"परिस्थिति के अनुसार शिक्षित जन-समूह की

बदलती हुई प्रवृत्तियों···" जिससे स्पष्ट है कि साहित्येतिहास-लेखन के समय उनके मन में साहित्य का तात्पर्य 'शिक्षित जनता' या 'शिक्षित जन-समूह' की प्रवृत्तियों से सम्बन्धित साहित्य से ही था और इसमें भी कोई संदेह नहीं कि लोक-साहित्य से परिष्कृत साहित्य को पृथक् करने के लिए इस प्रकार की किसी न किसी सीमारेखा की कल्पना करना स्वाभाविक था, किन्तु हिन्दी का पाठक यह नहीं भूल सकता कि हमारे यहाँ कबीर, रैदास जैसे संतों और भक्तों ने अशिक्षित होते हुए भी उच्चकोटि के साहित्य की रचना की है। अतः साहित्य के गुणों की अपेक्षा साहित्यकार की शिक्षा पर अधिक बल देने का परिणाम यह हुआ कि हमारे अनेक आरंभिक एवं मध्यकालीन कवि जैसे नाथपंथी योगी, निर्गुण संत एवं अशिक्षित वर्ग से आने वाले अनेक भक्त आचार्य शुक्ल से अपेक्षित सहानुभूति प्राप्त करने में सफल नहीं हुए।

इतिहास के लिए सुसंगत काल-विभाजन को अनिवार्य मानते हुए आचार्य शुक्ल ने शुद्ध प्रजातांत्रिक दृष्टिकोण का परिचय दिया। उनके सामने समस्या यह थी कि जब एक ही काल-खंड में अनेक विषयों या प्रवृत्तियों की रचनाएँ उपलब्ध हों तो उस स्थिति में उस काल की मुख्य प्रवृत्ति (या व्यावहारिकता की दृष्टि से उसके एक मात्र नाम) का निर्धारण कैसे किया जाये ? इस सम्बन्ध में वे अपना स्पष्टीकरण प्रस्तुत करते हुए लिखते हैं—"जिस काल खंड के भीतर किसी विशेष ढंग की रचनाओं की प्रचुरता दिखाई पड़ी है वह एक अलग काल माना गया है और उसका नामकरण उन्हीं रचनाओं के स्वरूप के अनुसार किया गया है।······किसी एक ढंग की रचना की प्रचुरता से अभिप्राय यह है कि दूसरे ढंग की रचनाओं में से चाहे किसी (एक) ढंग की रचना को लें वह परिमाणों में प्रथम के बराबर न होगी; यह नहीं कि और सब ढंगों की रचनाएँ मिलकर भी उसके बराबर नहीं होंगी। जैसे, यदि किसी काल में पाँच ढंग की रचनाएँ 10, 5, 6, 7 और 2 के क्रम में मिलती हैं तो जिस ढंग की रचना की 10 पुस्तकें हैं उसकी प्रचुरता कही जाएगी, यद्यपि शेष और ढंग की सब पुस्तकें मिलकर 20 हैं।" इस प्रकार स्पष्ट है कि शुक्ल जी के मतानुसार एक काल खंड की कुल 30 रचनाओं में से 10 रचनाएँ भी एक विषय या प्रवृत्ति की हुई तो उन्हीं आधार पर उस काल का लक्षण या नाम-निर्धारण किया जाएगा। वैसे आधुनिक प्रजातंत्र में भी 30 में से 10 मत प्राप्त करने वाला प्रत्याशी अल्पमत का प्रतिनिधि होता हुआ भी प्रजातंत्रीय गणित के अनुसार विजयी घोषित किया जाता है, वैसे ही आचार्य शुक्ल ने आज से लगभग अर्द्धशताब्दी पूर्व इस सिद्धान्त को अपना कर अपनी सच्ची प्रजातांत्रिक भावना का परिचय दिया है।

पर एक बात और भी है, यदि आचार्य शुक्ल सभी जगह अपने इस प्रजातंत्रीय गणित को लागू कर देते तो वे अपने ही अनेक श्रद्धास्पद एवं बहुप्रिय कवियों को काल-विशेष के क्षेत्र में ऊँचा मंच देना तो दूर रहा, उन्हें प्रवेश की अनुमति देने में ही कठि-

नाई उत्पन्न हो जाती। उदाहरण के लिए उन्हीं के इतिहास के अनुसार जहाँ प्रेममार्गी शाखा के जायसी के अनुयायियों की संख्या जैसे-तैसे सात तक पहुँच पायी वहाँ ज्ञान-मार्गी कबीर की शाखा में आने वाले कवियों की संख्या इससे कई गुनी अधिक थी, उनमें से शुक्ल जी ने 16 का तो नामोल्लेख किया है, किन्तु उनके अतिरिक्त भी कई और थे। इसी प्रकार तुलसी की रामभक्ति शाखा के अन्तर्गत पाँच ही कवियों का उल्लेख है जबकि कृष्णभक्ति शाखा के अन्तर्गत आने वाले कवियों की संख्या 17 है। अस्तु, ऐसी स्थिति में आचार्य शुक्ल ने अपने 'रचनाओं की प्रचुरता' के मानदंड का एक विकल्प और प्रस्तुत करते हुए लिखा –"दूसरी बात है ग्रंथों की प्रसिद्धि। किसी काल के भीतर जिस एक ही ढंग के बहुत अधिक ग्रन्थ प्रसिद्ध चले आते हैं उस ढंग की रचना उस काल के लक्षण के अन्तर्गत मानी जाएगी।" वस्तुत: इस 'प्रसिद्धि वाले' मान-दंड से आचार्य शुक्ल का कार्य बहुत सुगम हो गया किन्तु प्राचीन और आधुनिक काल के साहित्यकारों की प्रसिद्धि के अनुमापन का क्या साधन है? फिर आधुनिक युग में तो जबकि प्रचार और विज्ञापन के असंख्य साधन उपलब्ध हैं, 'प्रसिद्धि' का निर्णय कैसे किया जा सकता है? अस्तु, जो भी हो शुक्ल जी ने काल विभाजन, युगों की प्रवृत्तियों एवं लक्षण-निर्धारण को अपनी इतिहास विषयक अवधारणा का अनिवार्य बिन्दु मानते हुए उसका निर्वाह उपर्युक्त दोनों पद्धतियों से या उनके मिश्रित रूप से किया है, यह दूसरी बात है कि तार्किक दृष्टि से उनका यह प्रयास सबको संतुष्ट न कर सका।

(3)

अब तक हमने मुख्यत: उन तत्वों एवं तथ्यों पर विचार किया है जो कि स्वयं आचार्य शुक्ल के द्वारा ही उनके इतिहास में यत्र-तत्र उल्लिखित हैं तथा जिनके आधार पर उनके इतिहास-दर्शन की रूप-रेखा प्रस्तुत की जा सकती है। इसमें कोई संदेह नहीं कि आचार्य शुक्ल ने अपने ग्रन्थ की भूमिका में अपनी दृष्टि एवं पद्धति को स्पष्ट करने का पूरा यत्न किया है जिससे उनके कृतित्व को समझने में पर्याप्त सहा-यता मिलती है। जहाँ तक उनके इतिहास-दर्शन की बात है, यह उन्होंने भलीभाँति स्पष्ट कर दिया है कि वे जहाँ साहित्य को जनता की चित्तवृत्तियों का बिम्ब मानते हैं वहाँ जनता की प्रवृत्तियाँ अपने युग की राजनीतिक, सामाजिक, धार्मिक आदि परि-स्थितियों से प्रभावित होती हैं। इस प्रकार साहित्य का स्वरूप एक विशेष कार्य-कारण शृंखला से आबद्ध है अर्थात् युगीन परिस्थितियों का प्रभाव जनता की चित्तवृत्तियों पर पड़ता है और उन चित्तवृत्तियों का साहित्य के स्वरूप या उसकी प्रवृत्तियों पर। निश्चय ही आचार्य शुक्ल का यह दृष्टिकोण जहाँ उनकी वैज्ञानिक दृष्टि का परिचायक है वहाँ वह उस युग के बहुमान्य विकासवादी सिद्धान्त के प्रभाव को भी प्रमाणित करता है। डारविन के विकासवाद के अनुसार भी प्राणियों का विकास बाल भौतिक परिस्थि-तियों के प्रभाव से होता है तथा जो प्राणी बाल परिस्थितियों से सामंजस्य स्थापित

करने में जितना अधिक सफल सिद्ध होता है, वही प्रकृति का संरक्षण प्राप्त करता है। दूसरे शब्दों में वे ही जातियाँ कालजयी होती हैं जो कि प्रतिकूल परिस्थितियों में भी अपने-आपको तदनुसार परिवर्तित करने व उनसे सामंजस्य स्थापित करने में सफल होती हैं। यदि डारविन की इन स्थापनाओं के प्रकाश में शुक्ल जी के इतिहास सम्बन्धी सिद्धान्तों को देखने की चेष्टा करें तो यह स्पष्ट रूप में भासित होगा कि साहित्य के संदर्भ में भी वे बहुत-कुछ डारविन के युगीन परिस्थितियों के प्रभाव से विकसित जनता की मनोवृत्तियों के साथ साहित्य की स्वरूपगत विशिष्टताओं एवं आन्तरिक प्रवृत्तियों के सामंजस्य को स्पष्ट करना ही इतिहासकार का मुख्य कार्य मानते हैं। रचनाओं की प्रसिद्धि को भी एक गुण मानना विकासवाद की 'प्राकृतिक चयन' एवं 'सर्वोत्तम का संरक्षण' आदि स्थापनाओं के प्रभाव का द्योतक समझा जा सकता है। इस संदर्भ में यह भी उल्लेखनीय है कि आचार्य शुक्ल ने अपने इतिहास के प्रथम संस्करण को जो कि 'हिन्दी शब्द-सागर' की भूमिका के रूप में प्रस्तुत हुआ था 'हिन्दी साहित्य का विकास' की ही संज्ञा दी थी, किन्तु अगले संस्करण में उन्होंने इसे क्यों परिवर्तित कर दिया—इसका स्पष्टीकरण उन्होंने संभवतः कहीं नहीं किया। फिर भी प्रथम सस्करण में प्रयुक्त 'विकास' शब्द उनके इतिहास-विषयक दृष्टिकोण से सर्वथा असम्बद्ध नहीं कहा जा सकता।

अस्तु, इसमें कोई संदेह नहीं कि आचार्य शुक्ल का इतिहास सम्बन्धी दृष्टिकोण मूलतः विकासवाद की धारणाओं पर आधारित है तथा इतिहास के विभिन्न युगों, धाराओं एवं प्रवृत्तियों भी व्याख्या में भी उन्होंने तद्युगीन परिस्थितियों का जैसा विशद विवेचन करते हुए उनसे साहित्य की धाराओं के प्रवर्तन, उत्थान-पतन आदि की जैसी सूक्ष्म विवेचना की है, उसे देखते हुए यह कहना अनुचित न होगा कि इतिहास की व्याखया में उनका विकास सम्बन्धी दृष्टिकोण ही प्रमुख रहा है, किन्तु इसका यह भी अर्थ नहीं है कि वे पूर्णतः विकासवादी हैं या वे पूरी तरह विकासवाद के अनुयायी बन चुके थे। विकासवाद का सिद्धांत उनके दर्शन का एक पक्ष तो है किन्तु वही सब-कुछ नहीं है। उन्होंने स्वयं इस सिद्धान्त को प्रयुक्त करने से पूर्व उसे अपनी रुचि, प्रतिभा एवं शक्ति के अनुसार संशोधित, परिवर्तित एवं परिवर्द्धित कर लिया था या यों कहिए कि उनके ज्ञान-क्षेत्र की व्यापकता एवं चिन्तन की गंभीरता में लीन होकर डारविन का विकासवादी सिद्धान्त भी उनके इतिहास में बहुत-कुछ परिवर्तित एवं परिवर्द्धित रूप में ही प्रयुक्त हो पाया है। इसका सबसे बड़ा कारण तो यह है कि आचार्य शुक्ल एक स्वतंत्र-चेता चिन्तक थे, अतः उन्होंने किसी भी क्षेत्र में किसी भी परम्परागत सिद्धांत या अवधारणा का, चाहे वह भारतीय हो या पाश्चात्य, पूर्णतः अनुसरण नहीं किया। भारतीय रस-सिद्धांत जिसके वे सबसे बड़े समर्थक माने जाते थे, उसे भी उन्होंने अपने निजी दृष्टि से पर्याप्त परिवर्तित, परिष्कृत एवं परिवर्द्धित किया है। रस की विभिन्न कोटियों या रसानुभूति के विभिन्न स्तरों एवं रूपों की

परिकल्पना उनकी इसी दृष्टि की परिचायक है। इसी प्रकार, इतिहास की व्याख्या में भी उन्होंने डारविन के युगीन परिस्थितियों के प्रभाव को तो पर्याप्त महत्त्व दिया, किन्तु साथ ही उन्होंने उसमें लोक-धर्म, लोक-मंगल, समाज-व्यवस्था, भारतीय संस्कृति, रस-व्यंजना आदि के प्रतिमानों का भी यथास्थान प्रयुक्त किया। ऐसा करना उनके लिए आवश्यक भी था क्योंकि वे एक वैज्ञानिक की दृष्टि से सृष्टि के प्राणियों के विकास की व्याख्या का कार्य नहीं कर रहे थे अपितु एक साहित्य-समीक्षक की दृष्टि से साहित्य के विकास-क्रम का अध्ययन प्रस्तुत कर रहे थे। अतः विज्ञान के सिद्धांत को साहित्य में लागू करते समय यह परिवर्तन-परिवर्द्धन आवश्यक था।

डारविन के विकास-सिद्धांत का अध्ययन आचार्य शुक्ल ने किया था। इसका प्रमाण उनके साहित्येतिहास के अतिरिक्त अन्य स्रोतों से भी उपलब्ध होता है। उन्होंने 'अंग्रेजी की एक पुस्तक' (Riddles of Universe) का हिन्दी में अनुवाद 'विश्व-प्रपंच' के शीर्षक से किया था और उसकी एक लम्बी भूमिका भी लिखी थी, जिससे यह प्रमाणित होता है कि आचार्य शुक्ल आधुनिक ज्ञान-विज्ञान की नवीनतम उपलब्धियों एवं द्वन्द्वात्मक भौतिक विकासवाद जैसी नई दार्शनिक स्थापनाओं से परिचित थे। इतना ही नहीं, डा० रामविलास शर्मा जैसे विद्वानों ने तो इस पुस्तक की भूमिका के आधार पर आचार्य शुक्ल को हिन्दी का प्रथम वैज्ञानिक चिन्तक भी घोषित किया है।

मेरे विचार से आचार्य शुक्ल का अध्ययन निश्चय ही गहन था तथा वे ज्ञान-विज्ञान और दर्शन की तद्युगीन उपलब्धियों से अवगत भी थे, किन्तु उन सबको उन्होंने अपना लिया होगा या उनसे वे पूर्णतः प्रभावित हो गये होंगे—ऐसा मानना शुक्ल जी की प्रतिभा के साथ अन्याय होगा। वस्तुतः 'जानना' और 'मानना' में बहुत अन्तर है, इसे हमें न भूलना चाहिए।

आचार्य शुक्ल के इतिहास-लेखन के समय ही पश्चिम में 'युग-चेतना' (Spirit of Age) का सिद्धांत भी बहुमान्य था। संभव है कि उसने भी न्यूनाधिक रूप में शुक्ल जी को प्रभावित किया हो।

यहाँ यह भी स्पष्ट कर देना आवश्यक है कि कारण जो भी रहा हो, आचार्य शुक्ल ने अपने इतिहास में युगीन-परिस्थितियों को जो अत्याधिक महत्त्व दिया, वह अनेक स्थलों पर उनके कार्य-क्षेत्र के लिए प्रगति का सूचक न होकर गतिरोधक भी सिद्ध हुआ है। इसी स्थिति का परिणाम है कि उन्होंने आदिकाल और मध्यकाल के साहित्य की अनेक महत्त्वपूर्ण प्रवृत्तियों का उत्स उन्हीं कालों की राजनीतिक, सामाजिक या धार्मिक परिस्थितियों की सीमा में ही खोजने का प्रयास किया, उस सीमा का उल्लंघन करके आगे-पीछे जाने का यत्न नहीं किया, जिसका परिणाम यह हुआ कि इन युगों की विभिन्न धाराओं का साहित्यिक विवेचन-विश्लेषण एवं मूल्यांकन तो अत्यन्त सशक्त बन पाया किन्तु जहाँ तक उनके उद्गम-स्रोतों या मूल उत्सों के खोज

की बात है, वे उसमें बहुत कम सफल हो पाये। निर्गुणमार्गी संतों की परम्परा को या प्रेममार्गी कथा-काव्य रचयिताओं को मुस्लिम एकेश्वरवाद अथवा सूफी रहस्यवाद की देन बता देना या पूरे भक्ति आन्दोलन को इस्लाम की विजय एवं हिन्दू जाति की पराजय से उत्पन्न निराशा की प्रतिक्रिया घोषित कर देना उनके युगवादी दृष्टिकोण की पराकाष्ठा का सूचक है। जैसा कि परवर्ती इतिहासकारों ने जिनमें आचार्य हजारीप्रसाद द्विवेदी का नाम विशेष रूप से उल्लेखनीय है, स्पष्ट किया है, हिन्दी की उपर्युक्त धाराओं, प्रवृत्तियों एवं आन्दोलनों का सारा श्रेय उस युग की राजनीतिक परिस्थितियों को देना एक बहुत बड़ी भ्रांति है, जबकि इन सबके मूलाधार संस्कृत, प्राकृत एवं अपभ्रंश के साहित्य में उस समय से उपलब्ध हैं जबकि इस्लाम ने इस देश में प्रवेश भी नहीं किया था या यह भी कहा जा सकता है कि जबकि इस्लाम का प्रादुर्भाव तक इस धरती पर नहीं हुआ था। अस्तु, भले ही हमारे मध्यकाल की राजनीतिक परिस्थितियों ने भी तद्युगीन साहित्य की प्रेरक एवं गतिवर्द्धक शक्तियों को उद्दीप्त करने में थोड़ा-बहुत योग दिया हो किन्तु यह एक तथ्य है कि आज भी हम अपभ्रंश में रचित सिद्धों और नाथ-पंथियों की परम्परा को जाने बिना हिन्दी की निर्गुण-संत परम्परा को, संस्कृत और प्राकृत में रचित प्रेमकथा साहित्य का अध्ययन किये बिना दाउद, मंझन, जायसी आदि की प्रेमाख्यानक काव्यधारा को, संस्कृत के विशाल पौराणिक काव्य का अवगाहन किये बिना राम, कृष्ण, नृसिंह, प्रह्लाद, ध्रुव, हरिश्चन्द्र जैसे पात्रों पर रचित पौराणिक प्रबन्ध काव्यों की परम्परा को—जिसे शुक्ल जी ने केवल 'राम भक्ति काव्य एवं कृष्ण भक्ति काव्य' तक सीमित कर दिया है—एवं प्राकृत के गाथा सप्तशतीकार से लेकर अमरूक, भर्तृहरि, गीतगोविन्द आदि की परम्परा को समझे बिना हम हिन्दी के तथाकथित रीतिबद्ध मुक्तक काव्य एवं गीतिकाव्य के विकास को स्पष्ट नहीं कर सकते। कहने का तात्पर्य यह है कि आचार्य शुक्ल ने इतिहास की विभिन्न काव्यधाराओं एवं प्रवृत्तियों के उद्गम एवं विकास की व्याख्या के लिए अपनी पूरी दृष्टि युगीन परिस्थितियों पर ही केन्द्रित कर दी जबकि तथ्य यह है कि हिन्दी के मध्यकाल का अधिकांश साहित्य तद्युगीन परिस्थितियों की अपेक्षा संस्कृत, प्राकृत एवं अपभ्रंश की पूर्ववर्ती परम्पराओं पर आधारित है। वस्तुतः विकास का जो नवीनतम सिद्धांत प्रतिपादित हुआ है, उसके अनुसार न केवल साहित्य अपितु, किसी भी वस्तु की विकास-प्रक्रिया की व्याख्या के लिए परम्परा और युगीन वातावरण—दोनों पर पूरी तरह विचार करना आवश्यक है किन्तु आचार्य शुक्ल इनमें से दूसरे तत्त्व पर ही अधिक ध्यान केन्द्रित कर सके, जिसके फलस्वरूप उनकी तत्सम्बन्धी कतिपय अवधारणाओं व स्थापनाओं का एकांगी एवं एकपक्षीय सिद्ध हो जाना स्वाभाविक था। किन्तु उनके कुछ परवर्ती विद्वानों ने शुक्ल जी की ही त्रुटि की पुनरावृत्ति दूसरे प्रकार से की है। उन्होंने पहले तत्त्व, परम्परा पर इतना अधिक बल दिया कि जिससे दूसरे तत्त्व की पूर्णतः उपेक्षा हो गयी।

वस्तुतः साहित्य का इतिहास ही नहीं उसके लेखन की प्रक्रिया भी एक दीर्घ-

कालीन विकासोन्मुख प्रक्रिया है। अतः इस दृष्टि से हमें यहाँ यह मानकर चलना चाहिए कि ज्यों-ज्यों मानव-सभ्यता, संस्कृति, दर्शन एवं चिन्तन-पद्धति का विकास होता जाता है त्यों-त्यों हर नये युग में नये व्याख्याता अवतरित होकर पूर्ववर्ती चिन्तकों एवं लेखकों की अवधारणाओं को परिष्कृत एवं परिवर्द्धित करते हुए ज्ञान की गंगा को प्रवहमान बनाये रखने में अपना योग देते हैं। आचार्य शुक्ल का भी महत्त्व इसी दृष्टि से है। उनका इतिहास-दर्शन या साहित्येतिहास-दर्शन अपने युग की पृष्ठभूमि में अत्यधिक व्यापक, गंभीर एवं विकसित था। यह स्वीकार करने में हमें कोई संकोच नहीं होना चाहिये। उन्होंने विभिन्न स्रोतों से उपलब्ध ज्ञान का पूरी तरह उपयोग करते हुए इस क्षेत्र में अपना एक स्वतन्त्र दृष्टिकोण निर्मित या विकसित किया, जिसमें ज्ञान-विज्ञान से लेकर धर्म दर्शन एवं साहित्यशास्त्र के तत्त्वों को सुसमन्वित करते हुए एक व्यापक साहित्येतिहास-दर्शन की अवधारणा को विकसित किया और उसे हिन्दी साहित्य पर लागू करके दिखाया। यद्यपि उन्होंने अलग से अपने साहित्येतिहास-दर्शन पर कोई लेख या ग्रन्थ नहीं लिखा, उसकी सत्ता प्रायः प्रच्छन्न रूप में ही है, जिसका आभास उनके द्वारा की गई व्याख्याओं में ही मिलता है, किन्तु फिर भी उसकी सत्ता को अस्वीकार नहीं किया जा सकता तथा **हमारे विचार से उसे 'विकासवादी', 'भौतिकतावादी', 'रसवादी' या किसी और 'वादी' की संज्ञा देने की अपेक्षा समन्वय-मूलक' ही कहना अधिक उचित होगा, फिर भी जिन्हें 'वादी' विशेषण से विशेष लगाव है, वे उसे 'शुक्लवादी'** कहें तो अनुचित न होगा।

—o—

6

हिन्दी साहित्य के इतिहास–लेखन की परम्परा में आचार्य हजारीप्रसाद द्विवेदी का योगदान

इतिहास चाहे समाज का हो या साहित्य का, उसके लेखक को कई प्रक्रियाओं में से गुजरना पड़ता है। सर्वप्रथम इतिहासकार आधारभूत तथ्यों का संकलन करता है, फिर वह उन्हें काल-क्रम से व्यवस्थित एवं वर्गीकृत करता हुआ प्रत्येक वर्ग की विशिष्ट प्रवृत्तियों के उद्‌गम एवं विकास की विवेचना करता है तथा तत्कालीन युग के परिप्रेक्ष्य में उनका मूल्यांकन करता है। इस प्रकार इतिहास-लेखन का कार्य एक वैज्ञानिक शोध जैसा कार्य है जिसमें सामग्री-संकलन, वर्गीकरण, विश्लेषण एवं संश्लेषण की विभिन्न प्रक्रियाओं का अवलम्बन करना पड़ता है। हिन्दी जैसी व्यापक भाषा के इतिहास-लेखन में इन सभी प्रक्रियाओं को सम्पन्न कर लेना एक ही व्यक्ति के बस की बात नहीं थी—अतः अलग-अलग विद्वानों ने क्रमशः लगकर इन्हें सम्पन्न किया। गार्सा द तॉसी एवं शिवसिंह सेंगर जैसे विद्वानों ने मुख्यतः सामग्री संकलित की तो जार्ज ग्रियर्सन एवं मिश्रबन्धुओं ने उस सामग्री को मुख्यतः व्यवस्थित एवं वर्गीकृत करने का कार्य किया तथा आगे चलकर आचार्य रामचन्द्र शुक्ल ने उसकी विभिन्न प्रवृत्तियों के स्पष्टीकरण एवं सम्यक् मूल्यांकन का कार्य सम्पन्न किया। इस प्रकार इतिहास-लेखन की विभिन्न प्रक्रियाएँ आचार्य शुक्ल तक सम्पन्न हो चुकी थीं, किन्तु अभी एक कार्य और शेष था—वह था, विभिन्न काव्यधाराओं एवं काव्य प्रवृत्तियों के मूल उत्सों एवं उद्‌गम-स्रोतों की शुद्ध एवं स्पष्ट व्याख्या करने का तथा प्राचीन काव्य का तत्कालीन युग की चेतना के आधार पर सम्यक् मूल्यांकन करने का। आचार्य हजारी प्रसाद द्विवेदी ने हिन्दी साहित्य के इतिहास-लेखन के क्षेत्र में अवतीर्ण होकर इस कार्य को पूरा करने का प्रयास किया—इसमें वे कहाँ तक सफल हुए हैं, इस पर हम आगे विचार करेंगे।

यहाँ हम एक बात और स्पष्ट कर देना चाहते हैं—वह यह कि उपर्युक्त विद्वानों के अतिरिक्त और भी अनेक विद्वानों ने हिन्दी साहित्य के इतिहास के रूप को सुधारने एवं सँवारने में पर्याप्त योग दिया है, जिनमें डा० श्यामसुन्दर दास, डा० रामकुमार वर्मा, डा० लक्ष्मीसागर वार्ष्णेय, डा० श्रीकृष्णलाल प्रभृति विद्वानों का नाम उल्लेखनीय है। ऐसी स्थिति में हम इतिहास-लेखन का श्रेय किसी एक विद्वान को नहीं दे सकते और न ही किसी के महत्त्व को हम अधिक या न्यून कह सकते

हैं। हमारा लक्ष्य केवल यहाँ उपर्युक्त परिस्थितियों के सन्दर्भ में इतिहासकार द्विवेदी के योगदान का विश्लेषण एवं मूल्यांकन करना मात्र है।

(2)

साहित्येतिहास लेखन की परम्परा में आचार्य द्विवेदी के योगदान को हम मुख्यतः तीन वर्गों में विभाजित कर सकते हैं—(1) दृष्टिकोण की नवीनता, (2) विभिन्न काव्य-धाराओं के उद्भव एवं विकास के संबंध में प्रचलित भ्रान्तियों का निराकरण एवं तत्संबंधी नये तथ्यों का निदर्शन और (3) प्राचीन काव्य का नया मूल्यांकन। इनमें से प्रत्येक पर यहाँ क्रमशः विचार किया जाता है।

हिन्दी साहित्येतिहास के क्षेत्र में आचार्य द्विवेदी नया दृष्टिकोण लेकर अवतरित हुए। जहाँ पूर्ववर्ती इतिहासकार विभिन्न काव्य-धाराओं के विकास पर विचार करते समय मुख्यतः तत्कालीन परिस्थितियों पर ही ध्यान देते थे, उससे संबंधित पूर्ववर्ती परम्पराओं की प्रायः उपेक्षा कर देते थे, वहाँ आचार्य द्विवेदी ने पूर्ववर्ती परम्पराओं पर तत्कालीन परिस्थितियों या वातावरण की अपेक्षा अधिक ध्यान दिया है। फलस्वरूप उन्होंने हिन्दी-साहित्य को इस्लाम प्रवेश की प्रतिक्रिया या हारी हुई जाति की कुण्ठा के रूप में न देखकर उसे पूर्ववर्ती परम्पराओं के सहज विकसित रूप में देखा। आचार्य द्विवेदी ने पूर्ववर्ती विद्वानों के दृष्टिकोण का तीव्र विरोध करते हुए लिखा है—"मैं इन दोनों बातों का प्रतिवाद करता हूँ। ऐसा करके मैं इस्लाम के महत्त्व को भूल नहीं रहा हूँ लेकिन जोर देकर कहना चाहता हूँ कि अगर इस्लाम न आया होता तो भी इस साहित्य का बारह आना वैसा ही होता जैसा आज है।" उन्होंने पूर्ववर्ती धर्म-संप्रदायों एवं साहित्यिक परम्पराओं के विश्लेषण के द्वारा अपने दृष्टिकोण को स्पष्ट करते हुए लिखा—"इस प्रकार महायान सम्प्रदाय या यों कहिए कि भारतीय बौद्ध सम्प्रदाय सन् ईसवी के आरम्भ से ही लोकमत की प्रधानता स्वीकार करता गया, यहाँ तक कि अन्त में जाकर लोकमत में घुल-मिलकर लुप्त हो गया। सन् ईसवी के हजार वर्ष बाद तक यह अवस्था सभी संप्रदायों शास्त्रों और मतों की हुई। मुसलमानी संसर्ग से उसका कोई सम्पर्क नहीं है। हजार वर्ष पहले से वे ज्ञानियों और पण्डितों के ऊँचे आसन से नीचे उतर कर अपनी उसी असली प्रतिष्ठा-भूमि लोकमत की ओर आने लगे। उसी की स्वाभाविक परिणति इस रूप में हुई। मैं प्रस्ताव करता हूँ कि हमारे पाठक आगे के सहस्राब्दक की साहित्यिक चेतना को जाति की स्वाभाविक चेतना के रूप में देखें। स्वाभाविक अधोगति के रूप में नहीं। अवश्य ही जो अंश उसमें अस्वाभाविक भाव से बाधा-ग्रस्त और विकृत है, उसे मैं भूल जाने को नहीं कहता। (हिन्दी साहित्य की भूमिका, पृष्ठ 8-10)। यहाँ कहने की आवश्यकता नहीं कि आचार्य द्विवेदी का यह दृष्टिकोण जहाँ नया था वहाँ स्वस्थ एवं वैज्ञानिक भी था। हिन्दी साहित्य की तर्क-संगत व्याख्या एवं उसके सम्यक् मूल्यांकन के लिए इसी दृष्टिकोण की अपेक्षा थी—इसे आगे स्पष्ट करेंगे।

(3)

हिन्दी साहित्य की विभिन्न काव्य-धाराओं के विकास की परम्परा ऊपर से देखने पर आठ-नौ सौ वर्ष से अधिक पुरानी प्रतीत नहीं होती, किन्तु यदि हम उनके मूल उत्स का अनुसंधान करें तो हमें बहुत पीछे लौटना पड़ेगा। भक्तिकाल की अनेक काव्य-धाराएँ तो वैदिक युग से लेकर दसवीं शती तक के भारतीय साहित्य की अनेक दीर्घ परम्पराओं के प्रभाव से ओत-प्रोत हैं। अतः उन्हें समझने के लिए केवल हिन्दी-साहित्य का ज्ञान ही पर्याप्त नहीं है—पूर्ववर्ती भाषाओं के साहित्य का अध्ययन भी अपेक्षित है। आचार्य द्विवेदी इन अपेक्षाओं की पूर्ति के लिए पर्याप्त समर्थ थे। इसीलिए वे हिन्दी की अनेक काव्य-धाराओं के उद्‌गम-स्रोतों के संबंध में प्रचलित विभिन्न भ्रान्तियों का निराकरण करने में तथा उनके उद्‌भव की नई व्याख्या करने में सफल हो सके। विशेषतः आदिकाल और भक्तिकाल की काव्य-धाराओं के विकास पर उन्होंने बहुत-कुछ नये ढंग से विचार किया है।

आदिकालीन एवं भक्तिकालीन साहित्य के संबंध में पूर्ववर्ती विद्वानों की धारणाएँ संक्षेप में इस प्रकार थीं—(1) अपभ्रंश एवं लोक भाषाओं का साहित्य हिन्दू राज्यकाल में सर्वथा उपेक्षित था, मुसलमानों के आगमन से लोक-भाषाओं के साहित्य की प्रतिष्ठा सम्यक् रूप में हुई। (2) आदिकाल एवं भक्तिकाल की विभिन्न काव्य-धाराएँ मुसलमानी प्रभाव से विकसित धाराएँ हैं। आचार्य द्विवेदी ने सबल तर्कों एवं पुष्ट प्रमाणों के आधार पर इन धारणाओं को भ्रान्त एवं निराधार सिद्ध किया। अपभ्रंश एवं लोक भाषाओं के संबंध में उन्होंने स्पष्ट किया कि मुसलमानों के आगमन के पूर्व भी हिन्दू राजाओं के दरबार में उन्हें सम्मानपूर्ण स्थान प्राप्त था, यह दूसरी बात है कि संस्कृत का महत्त्व इनसे अधिक समझा जाता था। अपने मत की पुष्टि के लिए उन्होंने राज-शेखर एवं भोज के ग्रंथों से कतिपय उद्धरण प्रस्तुत किए हैं, जिनसे भली-भाँति स्पष्ट है कि अपभ्रंश के कवियों को राज-दरबारों में निश्चित स्थान प्राप्त था। वे लिखते हैं—"सस्कृत का आदर इस देश में हमेशा से ही रहा है, पर इससे यह निष्कर्ष निकालना अन्याय है कि मुसलमानों के आगमन के पहले अपभ्रंश या लोकभाषा का स्थान उपेक्षणीय समझा जाता था।" मेरी दृष्टि में सही बात तो यह है कि मुसलमानी शासन के प्रभाव से अवस्था चाहे जो कुछ भी क्यों न रही हो उसके पहले प्राकृत और अपभ्रंश की कविताएँ संस्कृत के समान ही आदर पाती थीं।"

इसी प्रकार उन्होंने इन युगों की काव्य-धाराओं को भी मुख्यतः छह अंगों में विभाजित करते हुए उन्हें अपभ्रंश काव्य से ही विकसित सिद्ध किया है। इस संबंध में उनका कथन है—आधुनिक युग के आरम्भ होने के पहले हिन्दी कविता के प्रधानतः छः अंग थे—डिंगल कवियों की वीर गाथाएँ, निर्गुणियाँ की वाणियाँ, कृष्ण-भक्त या रागानुगा मार्ग के साधकों के पद, रामभक्त या वैधी भक्ति मार्ग के

उपासकों की कविताएँ, सूफी साधना से पुष्ट मुसलमान कवियों के तथा ऐतिहासिक हिन्दू कवियों के रोमांस और रीतिकाव्य। हम इन छहों धाराओं की आलोचना अलग-अलग करें तो देखेंगे कि ये छहों धाराएँ अपभ्रंश कविता का स्वाभाविक विकास है।"

हिन्दी साहित्य के पूर्व मध्य-काल की सर्वाधिक महत्त्वपूर्ण चेतना भक्ति की है—इसे प्रायः सभी इतिहासकारों ने स्वीकार किया है, किन्तु यह भक्ति की चेतना किस प्रकार आई, और क्यों आई—इसका सम्यक् समाधान पूर्ववर्ती इतिहासकार नहीं कर पाए थे। डाक्टर ग्रियर्सन जैसे विद्वान ने जहाँ इसे ईसाइयत का प्रभाव सिद्ध करने का प्रयास किया तो आचार्य रामचन्द्र शुक्ल ने पराजित हिन्दुओं की निराशा में इसका प्रेरणा स्रोत ढूंढ़ा। आचार्य द्विवेदी ने इन दोनों ही मतों का खंडन करते हुए स्पष्ट रूप में इसे दक्षिण के परम्परागत वैष्णव मतवाद से संबंधित किया। उनके शब्दों में—"जो लोग इस युग के वास्तविक विकास को नहीं सोचते उन्हें आश्चर्य होता है कि ऐसा अचानक कैसे हो गया।...स्वयं डा० ग्रियर्सन का अनुमान है कि वह ईसाइयत की देन है। यह बात अत्यन्त उपहासास्पद है और यह कहना तो और भी उपहासास्पद है कि जब मुसलमान हिन्दू मन्दिरों को नष्ट करने लगे तो निराश होकर हिन्दू लोग भजन-भाव में जुट गए।...असल में दक्षिण का वैष्णव मतवाद ही भक्ति आन्दोलन का मूल प्रेरक है।"

भक्ति-आन्दोलन की ही भाँति सन्त मत और संत-साहित्य को भी इस्लाम से प्रेरित मान लिया गया था, जबकि आचार्य द्विवेदी ने इसका संबंध भारतीय परम्परा से स्थापित किया। वे स्वीकार करते हैं कि अनेक संत कवि जन्म से मुसलमान थे, फिर भी उनका दृष्टिकोण, उनके संस्कार, उनकी विचारधारा, साधना-पद्धति एवं अभिव्यंजना-शैली विशुद्ध भारतीय थी, जो लोग इन्हें इस्लाम से प्रेरित मानते थे, उनका कहना था कि इन्होंने वर्ण-व्यवस्था, जाति-भेद एवं मूर्ति-पूजा आदि का विरोध इस्लाम के अनुसार ही किया है। पर आचार्य द्विवेदी ने इसके प्रतिवाद में पूर्ववर्ती सिद्धों की वाणियों से ऐसे उदाहरण प्रस्तुत किए जिनसे पता चलता है कि सन्तों की ये प्रवृत्तियाँ सिद्धों में भी थीं। वस्तुतः क्या भाव, क्या भाषा, क्या अलंकार क्या छन्द और क्या खंडन-मंडन की पद्धति—इन सभी के आधार पर उन्होंने यह स्पष्ट कर दिया कि हिन्दी का सन्त-काव्य पूर्ववर्ती सिद्धों एवं नाथ-पन्थियों के साहित्य का सहज विकसित रूप है, उसे इस्लाम से प्रेरित मानने की आवश्यकता नहीं।

तथाकथित सूफी कवियों के प्रेमाख्यानों को भी हमारे अनेक विद्वानों ने फारसी मसनवियों की अनुकृतियों के रूप में स्वीकार किया है। आचार्य द्विवेदी ने इन प्रबन्ध-काव्यों की प्रतिपादन-शैली एवं इनकी कथानक-रूढ़ियों की सूक्ष्म छान-बीन करते हुए प्रमाणित किया है कि ये आख्यान भी भारतीय साहित्य की परम्परा

से सर्वथा अविच्छिन्न नहीं हैं। उन्होंने अपने मत को स्पष्ट शब्दों में प्रस्तुत करते हुए लिखा है—"कुछ लोगों को भ्रम है कि पद्मावत आदि में दोहे और चौपाइयों में प्रबन्ध-काव्य लिखने की जो प्रथा है वह सूफी कवियों का अपना आविष्कार है। यह बात नितान्त भ्रमजन्य है। सहजयान के सिद्धों में से सरहपाद और कृष्णाचार्य के ग्रंथों में से दो-दो चार-चार चौपाइयों के बाद दोहा लिखने की प्रथा पाई जाती है।···इस प्रकार यह पद्धति अर्थात् कड़वक के बाद छेदात्मक उल्लाला या कब्ब छन्द देकर धारावाहिक रूप से प्रबन्ध-काव्य लिखना सूफी कवियों की ईजाद नहीं है।" इसी प्रकार "अधिकांश कवियों के काव्यों का मूल आधार भारतीय लोक कथाएँ हैं।"

उपर्युक्त विवेचन से स्पष्ट है कि आचार्य द्विवेदी ने हिन्दी काव्य की अनेक धाराओं के उद्भव के संबंध में प्रचलित मतों का खंडन करते हुए अपनी नई स्थापनाएँ प्रस्तुत की हैं, जो कि आज प्राय: सर्वमान्य हो चुकी हैं। काव्य-धाराओं के अतिरिक्त उन्होंने विभिन्न काव्य-रचनाओं के मूल उत्सों के संबंध में भी नया प्रकाश डाला है, जैसे कि पृथ्वीराज रासो, कीर्तिलता, पद्मावत आदि के संबंध में। अस्तु, इस संबंध में उनका योगदान महत्त्वपूर्ण है, इसमें कोई सन्देश नहीं।

इतिहासकार जहाँ एक ओर परम्पराओं के मूल-उत्सों और उनके प्रेरणा-स्रोतों को खोजता हुआ उनके विकास को स्पष्ट करता है वहाँ वह उन्हें काल-विशेष की पृष्ठभूमि में रखकर उनका मूल्यांकन भी करता है। प्राचीन साहित्य के मूल्यांकन के समय समीक्षक को विशेष सावधानी बरतनी पड़ती है। जब तक वह प्राचीन युग के सांस्कृतिक वातावरण, उस युग की लोक-चेतना एवं मनोवृत्तियों को भली भाँति हृदयंगम नहीं कर लेता तब तक वह उसे सम्यक् रूप से समझने एवं समझाने में सफल नहीं हो पाता। ऐसी स्थिति में वह उस साहित्य के साथ न्याय नहीं कर पाता। आचार्य द्विवेदी इस दृष्टि से प्राचीन हिन्दी-काव्य के लिए सर्वाधिक उपयुक्त समीक्षक सिद्ध होते हैं। प्राचीन भाषाओं एवं साहित्य के ज्ञान के कारण वे हिन्दी के प्रारम्भिक काल की उन कृतियों को जिन्हें पूर्ववर्ती विद्वान् असाहित्यिक एवं साम्प्रदायिक ग्रंथ मात्र घोषित कर चुके थे, पुन: साहित्य के क्षेत्र में प्रतिष्ठित करने में सफल हो सके। आचार्य शुक्ल का यह एक विचित्र दृष्टिकोण था कि एक ओर वे तुलसी, सूर की रचनाओं को उत्कृष्ट साहित्य की कोटि में रखते थे, तो दूसरी ओर वे जैन मुनियों, सिद्धों, नाथ-पन्थियों के साहित्य को 'सांप्रदायिक शिक्षा मात्र' मानते थे। अवश्य ही इनके काव्य में सांप्रदायिक शिक्षा है—जैसे कि तुलसी के काव्य में भक्ति का उपदेश है, किन्तु इसी से हम इन्हें काव्य-क्षेत्र से बहिष्कृत नहीं कर सकते। इनमें धार्मिक उपदेश केवल मस्तिष्क के शुष्क चिन्तन के बल पर नहीं दिया गया है, अपितु उसके पीछे हृदय की भी अनुभूति है। जैन कवियों ने तो न केवल धर्म संबंधी अनुभूतियों का अपितु प्रेम, करुणा, शौर्य जैसे लौकिक भावों एवं

सांसारिक प्रसंगों का भी निरूपण उत्कृष्ट काव्यात्मक शैली में किया है। अतः यदि इस साहित्य को केवल धर्म-संप्रदाय से सम्बद्ध होने के कारण ही साहित्य के क्षेत्र से पृथक् किया जाता है तो फिर भक्तिकाल का सारा साहित्य असाहित्यिक माना जाएगा। आचार्य द्विवेदी ने जैन-सिद्ध कवियों के साहित्य को अपने सन्तुलित दृष्टिकोण से देखते हुए स्पष्ट रूप में उनकी साहित्यिकता का समर्थन किया है। वे लिखते हैं— "ऊपर जिस सामग्री की चर्चा की गई है, उनमें कई रचनाएँ ऐसी हैं जो धार्मिक तो हैं, किन्तु उनमें साहित्यिक सरसता बनाए रखने का पूरा प्रयास है। धर्म यहाँ कवि को केवल प्रेरणा दे रहा है। जिस साहित्य में केवल धार्मिक उपदेश हों उससे वह साहित्य निश्चित रूप से भिन्न है जिसमें धर्म-भावना प्रेरक शक्ति के रूप में काम कर रही हो और साथ ही जो हमारी सामान्य मनुष्यता को आन्दोलित, मथित और प्रभावित कर रही हो। इस दृष्टि से अपभ्रंश की कई रचनाएँ जो मूलतः जैन-धर्म-भावना से प्रेरित होकर लिखी गई हैं, निस्सन्देह उत्तम काव्य है।···यही बात बौद्ध सिद्धों की कुछ रचनाओं के बारे में भी कही जा सकती है। इधर कुछ ऐसी मनो-भावना दिखाई पड़ने लगी है कि धार्मिक रचनाएँ साहित्य में विवेच्य नहीं है। कभी-कभी शुक्ल जी के मत को भी इस मत के समर्थन में उद्धृत किया जाता है। मुझे यह बात बहुत उचित नहीं मालूम होती।" (हिन्दी साहित्य का आदिकाल, पृ० 11)।

सन्तों एवं भक्तों के साहित्य के सम्यक् मूल्यांकन के लिए भी उनकी परम्पराओं, साधना-पद्धतियों, उनके जीवन-दृष्टिकोण एवं भीतरी सांप्रदायिक वातावरण का ज्ञान अपेक्षित था। इसके अभाव में उनके सबंध में अनेक भ्रांतियाँ उत्पन्न हो सकती थीं ओर वस्तुतः ऐसा हुआ भी। संतों के द्वारा प्रयुक्त शब्दा-वलियों को देखकर एक ओर कुछ विद्वानों ने उन्हें कृच्छ-साधना में प्रवृत्त नाथ-पंथी योगियों के समकक्ष स्थान प्रदान किया तो दूसरी ओर कुछ लोगों ने उन्हें ज्ञान-मार्गी मानकर उनकी काव्य-धारा को 'ज्ञानाश्रयी शाखा' कहा। वस्तुतः ये दोनों ही बातें भ्रामक थीं। कबीर आदि ने सिद्धों और योगियों की शब्दावली का प्रयोग नये अर्थों में किया था, जिनसे उनका मूल अर्थ ही बदल जाता है। जनता के हृदय में जो शब्द-अन्ध-विश्वास एवं रूढ़ि के रूप में गहराई से बैठ गये थे, उन्हें निकाल फेंकना एकाएक संभव नहीं था। अतः सन्तों ने उन्हीं शब्दों में ऐसा अर्थ भरा जिससे कि अन्ध-विश्वासों के स्थान पर सच्चे ज्ञान की प्रतिष्ठा हो सके। पूर्ववर्ती परम्परा के अनुसार जनता यदि 'आसन मारकर', 'योग-समाधि' लगाने में विश्वास रखती थी तो संतों ने इसके स्थान पर आशाओं (तृष्णाओं) को मारकर प्रेम समाधि या सहज समाधि लगाने का उपदेश दिया। इस प्रकार यदि हम संतों की शब्दावली के सूक्ष्म अर्थ तक पहुँचें तो ज्ञात होगा कि उन्होंने अपने काव्य में योग की जटिल साधनाओं का नहीं, अपितु ईश्वर-प्रेम की सहज-साधना का ही प्रतिपादन किया है। जो सन्त-काव्य की गहराई में न उतरकर ऊपर से ही झाँककर चले जाते हैं,

वे भले ही इस तथ्य को न समझ सकें। इसी प्रकार सन्तों ने पोथियों के ज्ञान की अपेक्षा प्रम के अढ़ाई अक्षरों का ही महत्त्व अधिक स्वीकार किया है। उन्होंने बार-बार घोषित किया है—"पोथी पढ़ि पढ़ि जग मुआ पण्डित भया न कोय, ढाई अक्षर प्रेम का पढ़ै सो पण्डित होय।" न केवल उन्होंने इसकी घोषणा की है, अपितु इसी मार्ग पर वे चले भी हैं। प्रिय का पंथ जोहती हुई कबीर की विरहिणी आत्मा को, आने-जाने वाले प्रत्येक पथिक से प्रिय का एक शब्द पूछने वाली विरहणी को, प्रिय के वियोग में चुपचाप जलने वाली प्रेयसी को और प्रिय का साक्षात्कार हो जाने पर प्रेम से गद्गद्, लाज से विभोर एव हर्ष से आप्लावित हो जाने वाली संतों की प्रणय-विभोर आत्मा को 'ज्ञान-मार्गी' या 'ज्ञानाश्रयी' कहना, न केवल उनका उपहास है अपितु उनकी प्रणयानुभूतियों का अपमान भी है। आचार्य द्विवेदी ने पूर्ववर्ती विद्वानों की उपर्युक्त दोनों ही भ्रान्तियों का निराकरण दृढ़तापूर्वक किया है। संतों की साधना-पद्धति एवं शब्दावली के संबंध में उन्होंने लिखा है—"इस प्रकार यह बात स्पष्ट है कि कबीर आदि ने अनेक बातें पूर्ववर्ती साधकों से ग्रहण की थीं फिर भी कबीर की साधना वही नहीं थी जो इन योगियों या सहजयानियों की थी। कबीर आदि ने योगियों और सहजयानियों के पारिभाषिक शब्दों की अपने ढंग पर व्यारुया की। जिस प्रकार वैष्णव शास्त्रों से गृहीत होकर भी उनके राम 'दशरथ-सुत' नहीं थे, ठीक उसी प्रकार उनका सहज-शून्य, षट-चक्र, समाधि, इड़ा, पिंगला आदि भी सहजयानियों और योगियों के इन्हीं शब्दों से भिन्न अर्थ रखते थे। इतना ही नहीं, सूफियों की साधना से गृहीत शब्दों की भी उन्होंने अपने ढंग पर व्याख्या की थी।" (हिन्दी-साहित्य की भूमिका, पृ० 44)

संतों को प्रेममार्गी न मानकर ज्ञानमार्गी मानने की बात का भी खंडन करते हुए उन्होंने कहा है—"प्रेम पर इन सन्तों ने इतना अधिक जोर दिया है कि भक्ति के बिना भगवान को भी अपूर्ण बताया है।...यदि उन्हें विशुद्ध ज्ञानमार्गी मान लिया जाएगा तो उक्त बात अबोध्य हो जाएगी। जिन पण्डितों ने इन सन्तों को ज्ञानाश्रयी कहा है वे सचमुच चक्कर में पड़ गये हैं और तात्विक दृष्टि से विचार करने पर यह कहने को बाध्य हुए हैं कि न तो हम इन्हें पूरे अद्वैतवादी कह सकते हैं और न एकेश्वरवादी।" (वही, पृ० 46)

कुछ आलोचकों ने संतकवियों के शास्त्रीय-ज्ञान पर भी सन्देह प्रकट करते हुए उन्हें उपेक्षापूर्ण दृष्टिकोण से देखा है। वे सोचते हैं, शायद संत कवि शास्त्र-निष्णात् होते तो साहित्य की या समाज की अधिक सेवा कर सकते थे। किन्तु एक-दूसरा दृष्टिकोण भी हो सकता है—शास्त्रीय ज्ञान से मुक्त होने के कारण ही वे परम्परागत रूढ़ियों को अधिक मुक्त या स्वतन्त्र दृष्टि से देख सके। निश्चित ही वे शास्त्रों में पारगत नहीं थे, किन्तु इससे साहित्य को हानि नहीं लाभ ही हुआ है। यह दूसरा दृष्टिकोण आचार्य द्विवेदी का है। वे अपने इस नूतन दृष्टिकोण को प्रस्तुत

करते हुए लिखते हैं—"कभी-कभी हास्यास्पद भाव से कबीरदास को शास्त्र-ज्ञान-हीन, सुनी-सुनाई बातों का गढ़ने वाला आदि कह दिया जाता है, मानो उस युग में जुलाहे, मोची, धुनिये और अन्यान्य नीची कही जाने वाली जातियों के लिए शास्त्र और वेद थे। सच पूछा जाए तो शास्त्र-ज्ञान तत्त्वज्ञान के मार्ग में सब समय सहायक ही नहीं होता और कभी-कभी तो युग की तथोक्त नीच जातियों में से आए हुए महापुरुषों का शास्त्रीय तर्क-जाल से मुक्त होना श्रेयस्कर जान पड़ता है।" (हिन्दी साहित्य की भूमिका, पृ. 42)

संत-काव्य की विषय-वस्तु की भाँति उसकी भाषा-शैली के भी अनेक महत्व-पूर्ण पक्षों पर आचार्य द्विवेदी ने नया प्रकाश डाला है। जहाँ पहले कबीर आदि की भाषा को केवल विभिन्न प्रान्तीय शब्दों के मिश्रण के कारण 'सधुक्कड़ी' कह दिया गया था, वहाँ आचार्य द्विवेदी ने उसमें अन्तर्निहित अभिव्यंजना-शक्ति एवं उसके सूक्ष्म रूप-वैभव का उद्‌घाटन करते हुए, उसे साहित्य के इतिहास में महत्त्वपूर्ण स्थान दिलाया। उनके विचार से इस 'सधुक्कड़ी भाषा' या 'खिचड़ी भाषा' में ही अभिव्यंजना की ऐसी सहजता, शक्तिमता एवं प्रभावोत्पादकता छिपी हुई है कि जिसके बल पर उसके प्रयोक्ता को 'वाणी का डिक्टेटर' कहा जा सकता है। सन्तों की शैली के इस सबल पक्ष को अब प्रायः सभी विद्वानों ने स्वीकार कर लिया है।

इस प्रकार हम देखते हैं कि आचार्य द्विवेदी ने न केवल हिन्दी साहित्य के इतिहास की विभिन्न काव्य-धाराओं के उद्‌गम-स्रोतों एवं उद्‌भव को स्पष्ट करने में योग दिया है अपितु विभिन्न वर्गों के साहित्य की भी नई व्याख्या और नये मूल्यांकन के कार्य को आगे बढ़ाया है। जहाँ उन्होंने प्रारम्भिक लोक-भाषा के साहित्य की पृष्ठभूमि, उसके प्रेरणा-स्रोतों एवं उसके अन्तर्निहित साहित्यिक-तत्त्वों का उद्‌घाटन स्पष्ट रूप में किया है वहाँ उन्होंने नाथ-पन्थी योगियों की साधना-पद्धति, संतों की अनुभूति एवं भक्त कवियों की भक्ति-भावना का भी विवेचन एवं विश्लेषण नूतन ढग से किया है। यहाँ हम उनके वैष्णव-भक्ति संबंधी विवेचन की मौलिकता पर अधिक प्रकाश नहीं डाल सके, किन्तु संक्षेप में इतना ही कहना पर्याप्त होगा कि आदिकालीन साहित्य की सूक्ष्म विशेषताओं एवं मध्यकाल की विभिन्न काव्य-धाराओं के विभिन्न पक्षों पर—उनसे सम्बन्धित धर्म संप्रदायों, उनके प्रेरक पूर्ववर्ती ग्रंथों, उनकी साधना पद्धतियों, उनकी भाव-भूमियों एवं उनकी अभिव्यंजना-शैलियों का—जितनी गहराई से आचार्य द्विवेदी ने विचार किया है तथा जितनी स्पष्टता से वे उसे समझ सके एवं समझा सके हैं, वह अपूर्व है। वस्तुतः हिन्दी के संत-काव्य एवं भक्ति-काव्य के लिए एक ऐसे ही विद्वान् की अपेक्षा थी जो कि अपने धर्म-परम्पराओं के ज्ञान, संत-स्वभाव एवं भक्त-हृदय के बल पर भक्तियुगीन साहित्य के रचयिताओं की आत्मा से तादात्म्य स्थापित करता हुआ उनकी अन्तरचेतना की

बात हमें बता सकता। इस अपेक्षा की पूर्ति बहुत-कुछ आचार्य द्विवेदी के द्वारा हुई है—'हिन्दी-साहित्य की भूमिका' से लेकर 'संतों का सूक्ष्म-वेद' तक उनकी रचनाएँ हमारे कथन को प्रमाणित करती हैं। इतिहासकार के रूप में उन्होंने उसकी वाह्य चार-दीवारियों एवं उसके स्थूल ढाँचे में भले ही कोई परिवर्तन न किया हो किन्तु उसकी आधारभूत परम्पराओं, उसके अन्तर्हित तत्त्वों एवं उसके विकास की सूक्ष्म रेखाओं में उन्होंने अपेक्षित परिवर्तन, परिवर्द्धन एवं संशोधन करते हुए उसे नया रूप एवं नया वैभव प्रदान किया है—इसमें कोई संदेह नहीं।

—o—

7

हिन्दी साहित्य का वैज्ञानिक इतिहास : नयी स्थापनाएं

प्रत्येक वस्तु का अपना इतिहास होता है, यहाँ तक कि इतिहास का भी एक इतिहास होता है। कोई भी इतिहास एकाएक अपने विकास की चरम स्थिति तक नहीं पहुँच पाता— इसके लिए एक या अनेक इतिहासकारों को क्रमशः सामग्री-संकलन, वर्गीकरण, विश्लेषण, संश्लेषण आदि की विभिन्न प्रक्रियाओं में से गुजरना पड़ता है। यदि इस दृष्टि से हिन्दी साहित्य के इतिहास पर दृष्टिपात करें तो ज्ञात होगा कि उसका भी विकास क्रमशः अनेक विद्वानों द्वारा हुआ है। प्रारम्भ में गार्सा द तॉसी, शिवसिंह सेंगर प्रभृति ने मुख्यतः सामग्री-संकलन का कार्य किया तो जार्ज ग्रियर्सन एवं मिश्र-बन्धुओं ने वर्गीकरण की ओर ध्यान दिया तथा आचार्य रामचन्द्र शुक्ल ने उसकी विभिन्न प्रवृत्तियों का विश्लेषण किया। आचार्य शुक्ल के अनन्तर आचार्य हजारीप्रसाद द्विवेदी ने उसके विभिन्न सांस्कृतिक स्रोतों के आख्यान की दृष्टि से तथा डॉ० रामकुमार वर्मा ने उसके विभिन्न पक्षों के साहित्यिक मूल्यांकन की दृष्टि से महत्त्वपूर्ण कार्य किया। इनके अनन्तर भी डॉ० नगेन्द्र, आ० विश्वनाथप्रसाद मिश्र, डॉ० लक्ष्मीसागर वार्ष्णेय, डॉ० भगीरथप्रसाद मिश्र, डॉ० श्रीकृष्णलाल तथा अन्य अनेक लेखकों एवं शोधकर्त्ताओं ने उसके विभिन्न काल-खण्डों, काव्य-रूपों एवं काव्य-धाराओं पर नूतन प्रकाश डालकर उसे और अधिक स्पष्ट किया। इस प्रकार हिन्दी-साहित्य का इतिहास तॉसी से लेकर अब तक निरन्तर विकासोन्मुखी रहा है। 'हिन्दी साहित्य का वैज्ञानिक इतिहास' भी विकास की इस दीर्घ शृंखला में एक नूतन कड़ी है। यह प्रयास किन प्रेरणाओं एवं प्रयोजनों से प्रेरित है, इसी का थोड़ा स्पष्टीकरण करते हुए इसमें प्रतिपादित नयी स्थापनाओं पर आगे प्रकाश डाला जाएगा।

हिन्दी-साहित्य के इतिहास-लेखन की उपर्युक्त दीर्घ परम्परा में आचार्य रामचन्द्र शुक्ल का कार्य उसका वह मध्यवर्ती प्रकाश-स्तम्भ है, जिसके समक्ष सभी पूर्ववर्ती प्रयास आभा-शून्य प्रतीत होते हैं तो साथ ही सभी परवर्ती प्रयास उसके आलोक से आलोकित हैं। वस्तुतः इस समय तक हिन्दी-साहित्य के इतिहास का जो ढांचा, रूप-रेखा, काल-विभाजन एवं वर्गीकरण प्रचलित है, वह बहुत कुछ आचार्य शुक्ल के द्वारा ही प्रस्तुत एवं प्रतिष्ठित है। किन्तु उनके इतिहास-लेखन के अनन्तर विगत तीस-पैंतीस वर्षों में हिन्दी साहित्य के क्षेत्र में पर्याप्त अनुसंधान-कार्य हुआ है

जिससे बहुत-सी ऐसी नयी सामग्री, नये तथ्य और नये निष्कर्ष प्रकाश में आये हैं जो आचार्य शुक्ल के वर्गीकरण-विश्लेषण आदि के सर्वथा प्रतिकूल पड़ते हैं। उदाहरण के लिए, जिन रचनाओं के आधार पर उनका वीरगाथा काल स्थापित था, वे अब अस्तित्वहीन अप्रामाणिक या परवर्ती-काल की सिद्ध हो गई हैं। उनका वीरगाथा काल—वीरगाथाओं के रचना-काल की दृष्टि से—खिसक कर अब भक्ति काल में आ गया है। इसी प्रकार ऐसी रचनाएँ भी मिली हैं जिनके रीति काल की प्रारंभिक सीमा बहुत पहले सिद्ध हो जाती है। वस्तुत: जिसे आचार्य शुक्ल एवं उनके अनुयायी वीरगाथा काल, भक्तिकाल एवं रीतिकाल—तीन अलग-अलग काल कहते हैं, वे एक ही काल में साथ-साथ बहने वाली तीन धाराएँ हैं। जिस समय राजस्थानी राजाओं के आश्रम में वीरता काव्य लिखा जा रहा था उसी समय वृन्दावन-मथुरा के मंदिरों में भक्ति के पदों का गुञ्जार हो रहा था तथा अकबर के दरबार में नायिका के नख-शिख, हाव-भाव एवं प्रणय-प्रसंगों का आख्यान लगभग उसी कवित्त-छप्पय पद्धति में हो रहा था, जिसे रीतिकाल की विशिष्टता के रूप में स्वीकार किया जाता है। इसी प्रकार आचार्य शुक्ल ने मध्यकाल (भक्तिकाल एवं रीतिकाल) में केवल पाँच धाराओं का अस्तित्व स्वीकार किया है जबकि नये अनुसंधान से इस काल में एकादश पुष्ट एवं सुविकसित धाराओं का अस्तित्व सिद्ध होता है जिनका परिचय प्रस्तुत इतिहास में देखा जा सकता है। विभिन्न काव्य-धाराओं के उद्गम-स्रोतों, प्रेरक तत्त्वों एवं प्रवृत्तियों के सम्बन्ध में भी अनेक नये निष्कर्ष स्थापित हुए हैं। अस्तु, इसमें कोई सन्देह नहीं कि आचार्य शुक्ल का प्रयास अपने-आप में अत्यन्त महत्त्वपूर्ण होते हुए भी आज की स्थिति के अनुकूल नहीं है। अवश्य ही यह बात कुछ मित्रों को अरुचिकर लगेगी, पर कभी-कभी अरुचिकर तथ्यों को भी स्वीकार करना आवश्यक होता है।

(2)

'हिन्दी साहित्य का वैज्ञानिक इतिहास' नयी स्थिति के कहाँ तक अनुकूल है, इसका उत्तर तो भविष्य ही दे सकेगा, किन्तु मैं अपने दृष्टिकोण, लक्ष्य एवं निष्कर्षों के सम्बन्ध में किंचित् संकेत कर देना यहाँ आवश्यक समझता हूँ—

दृष्टिकोण—इतिहास का सम्बन्ध अतीत की व्याख्या से है तथा प्रत्येक व्याख्या के मूल में व्याख्याता का दृष्टिकोण अनुस्यूत रहता है। प्रस्तुत इतिहास में प्रयुक्त दृष्टिकोण को 'वैज्ञानिक दृष्टिकोण' की संज्ञा दी जा सकती है। इस दृष्टिकोण के अनुसार किसी पुष्ट सिद्धांत या प्रतिष्ठित नियम के आधार पर वस्तु की तथ्यपरक, सर्वांगीण एवं बौद्धिक व्याख्या सुस्पष्ट शैली में प्रस्तुत करने का प्रयास किया जाता है।

विकासवादी सिद्धांत—विज्ञान के अनुसार सृष्टि की रचना एकाएक नहीं हुई अपितु उसका क्रमशः विकास हुआ है। अतः इतिहास की वैज्ञानिक व्याख्या में भी विकासवादी सिद्धांतों को आधार बनाया जाता है। पर विकासवाद के सिद्धांत भी

अनेक हैं—भौतिक विज्ञान, जीवविज्ञान, मनोविज्ञान, समाज-शास्त्र आदि विभिन्न क्षेत्रों में विभिन्न सिद्धांत प्रचलित हैं। दूसरी ओर साहित्य के क्षेत्र में अभी तक कोई विकासवादी सिद्धांत सुप्रतिष्ठित नहीं है। ऐसी स्थिति में मेरे सामने समस्या थी कि मैं किस सिद्धांत का अनुगमन करूँ—इसके लिए मैंने विभिन्न क्षेत्रों के प्रतिनिधि सिद्धांतों के तुलनात्मक अध्ययन के आधार पर एक ऐसे सिद्धांत की प्रतिष्ठा का प्रयास किया है जिसे विकासवाद का सामान्य या सार्वभौमिक (यूनिवर्सल) सिद्धांत कहा जा सके तथा जिसे अन्य क्षेत्रों के साथ-साथ साहित्य पर भी लागू किया जा सके। यह नव प्रतिष्ठित सिद्धांत पाँच सूत्रों में प्रस्तुत है—(1) प्राकृतिक सर्जन-शक्ति, (2) परम्परा, (3) वातावरण, (4) द्वन्द्व, (5) संतुलन। संक्षेप में, विकास की प्रत्येक क्रिया के मूल में कोई न कोई **प्राकृतिक सर्जन-शक्ति** निहित रहती है जो **परंपरागत तत्त्वों** एवं सामयिक **वातावरण** के पारस्परिक **द्वन्द्व** से उद्दीप्त एवं प्रेरित होकर तब तक सक्रिय रहती है जब तक कि द्वन्द्व के उभय पक्षों में **संतुलन** स्थापित नहीं हो जाता। संतुलन-स्थापना ही विकास प्रक्रिया का चरम लक्ष्य है जिसकी उपलब्धि के अनन्तर विकास की एक आवृत्ति पूर्ण हो जाती है तथा सर्जन-शक्ति तब तक के लिए शांत एवं निष्क्रिय हो जाती है जब तक कि परिस्थिति-भेद से उसका संतुलन पुनः भंग न हो जाए।

विकासवाद का उपर्युक्त सिद्धांत जहाँ डारविन, मार्क्स, स्पेंसर, बर्गसाँ एवं टवायनबी जैसे विभिन्न चिन्तकों के विकासवादी सिद्धांतों में समन्वय स्थापित करता है, वहाँ वह विभिन्न विषय-क्षेत्रों की विकास-प्रक्रिया पर भी भली-भाँति लागू होता है। यह दूसरी बात है कि विषय-क्षेत्र की विशिष्टता के अनुसार उपर्युक्त शब्दावली के भी विशिष्ट अर्थ को समझ लेना आवश्यक है। जहाँ तक साहित्य का सम्बन्ध है, इसे विस्तार से स्पष्ट कर दिया गया है।

साहित्य का विकास मुख्यतः तीन दिशाओं में होता है—साहित्य-रूपों का विकास, साहित्य की आन्तरिक प्रवृत्तियों का विकास एवं साहित्य के गुणों (विशुद्ध साहित्यिक तत्त्वों या मूल्यों) का विकास। इस दृष्टि से साहित्य के विकास के तीन विशिष्ट भेदों का भी विवेचन-विश्लेषण अलग-अलग अध्यायों में करते हुए **अनेक नए निष्कर्षों एवं सिद्धांतों** की स्थापना की गई है। वस्तुतः इस कृति के प्रथम खण्ड में प्रस्तुत साहित्य के विकासवादी सिद्धांत मेरे निजी चिन्तन पर आधारित हैं, अतः संभव है कि कुछ बिन्दुओं पर किसी का मत-भेद हो, किन्तु जहाँ तक इस प्रयास की मौलिकता का प्रश्न है, मैं विनम्रतापूर्वक यह कहने का साहस कर सकता हूँ कि प्रस्तुत कृति में स्थापित विकासवाद का सामान्य सिद्धांत तथा साहित्य के विकास सम्बन्धी विभिन्न स्थापनाएँ और साहित्य के रूपात्मक, प्रवृत्यात्मक एवं गुणात्मक विकास सम्बन्धी विभिन्न निष्कर्ष न केवल हिन्दी के इतिहास-लेखन क्षेत्र के लिए अपितु विश्व के इतिहास-लेखन क्षेत्र के लिए भी नए हैं।

हिन्दी साहित्य का आविर्भाव-काल— हिन्दी-साहित्य के आविर्भाव-काल के सम्बन्ध में विभिन्न मत प्रचलित हैं किन्तु वे अनेक भ्रांतियों पर आधारित हैं; यथा – कुछ विद्वानों ने अपभ्रंश को हिन्दी से अभिन्न मानते हुए हिन्दी साहित्य का आविर्भाव-काल लगभग सातवीं शती से माना है जो वस्तुतः अपभ्रंश-साहित्य का आविर्भाव-काल है। अनेक विद्वानों ने इस सम्बन्ध में अपना निर्णय ऐसी रचनाओं के आधार पर दिया है जो अब अप्रामाणिक, अस्तित्वहीन या परवर्ती सिद्ध हो चुकी हैं। इसी प्रकार कुछ ने हिन्दी साहित्य का आविर्भाव-काल हिन्दी भाषा के उद्भव-काल से भी दो-तीन शताब्दियों पूर्व माना है। भाषा के उद्भव से पूर्व ही उसके साहित्य का आविर्भाव मानना एक विचित्र कल्पना है। अस्तु, इस सम्बन्ध में विभिन्न तथ्यों के आधार पर पुनर्विचार करने पर मैं इस निष्कर्ष पर पहुँचा हूँ कि हिन्दी का पहला प्रामाणिक काव्य मुनि शालि भद्र सूरी कृत 'भरतेश्वर बाहुबली रास' है जो सन् 1184 ई० (1241 वि०) में रचा गया था तथा इसी से हिन्दी में धार्मिक रास-कव्यों की भी एक अविच्छिन्न परम्परा का सूत्रपात होता है। अतः मैंने इसी समय (1184 ई०) को हिन्दी साहित्य का आविर्भाव-काल माना है। ऐतिहासिक, सांस्कृतिक एवं भाषा-वैज्ञानिक दृष्टि से भी यही समय नव परिवर्तन के अनुकूल सिद्ध होता है।

काल-विभाजन एवं नामकरण—हिन्दी-साहित्य का प्रचलित काल-विभाजन एवं उसके विभिन्न युगों का नामकरण किसी निश्चित सिद्धान्त पर आधारित न होने के कारण, अनेक असंगतियों से युक्त है, जिन्हें देखते हुए मैंने उसे नया रूप देने का प्रयास किया है—संक्षेप में मैंने समस्त हिन्दी-साहित्य को तीन काल-खंडों में विभक्त किया है—(1) प्रारम्भिक काल (1184-1350 ई०), (2) मध्यकाल (1350-1857 ई०), (3) आधुनिक काल (1857 से अब तक)। पूर्ववर्ती इतिहास-कारों ने प्रत्येक युग की एक प्रवृत्ति को प्रमुखता देते हुए उसी के आधार पर उसका नामकरण कर दिया, जिससे उस युग की अन्य प्रवृत्तियाँ सर्वथा उपेक्षित एवं तिरोहित हो गई हैं। संभव है, इससे अध्यापकों एवं विद्यार्थियों को सुविधा रही हो किन्तु वैज्ञानिक दृष्टि से यह प्रयास एकांगिता एवं अधूरेपन का सूचक है। प्रमुख प्रवृत्ति को प्रमुख स्थान देना तो उचित है किन्तु गौण प्रवृत्तियों की सर्वथा उपेक्षा करना —उन्हें गौण स्थान भी न देना—अनुचित है। उदाहरण के लिए यदि एक टोकरी में पचास आम, बीस केले और दस संतरे हों, तो प्रमुखता के आधार पर उसे 'आम की टोकरी' कहना अवैज्ञानिक है, वैज्ञानिक दृष्टि से 'फलों की टोकरी' कहना उचित होगा। 'भक्तिकाल', 'रीति-काल' जैसी संज्ञाएँ पहले प्रकार के दृष्टिकोण की सूचक हैं। एक ही प्रवृत्ति को प्रमुखता देने की एकांगी दृष्टि के कारण ही तथाकथित भक्तिकाल में लिखे गये शताधिक वीर-रसात्मक काव्यों को तथा रीति-काल के रीतिमुक्त कवियों को, जिनमें घनानन्द जैसे रस-सिद्ध कवि भी हैं, फुटकल खाते में ही शरण लेनी पड़ी। अस्तु, मैंने इन काल-खण्डों के नामकरण में ऐसी सामान्य संज्ञाओं का प्रयोग किया

है जिससे हिन्दी-साहित्य को संपूर्ण एवं व्यापक रूप में तथा उसकी विभिन्न प्रवृत्तियों को सर्वांगीण रूप में प्रस्तुत किया जा सके।

नयी काव्य-परम्पराएँ— किसी काल-खंड को पहले से ही 'वीरगाथा काल', 'भक्तिकाल' या 'रीतिकाल' मान लेने का एक दुष्परिणाम यह भी हुआ कि प्रत्येक काल-खंड की ऐसी काव्य परम्पराओं को जो इस नामकरण के प्रतिकूल पड़ती थीं, इतिहास में स्थान नहीं दिया जा सका। यदि हम पूर्वाग्रहों से मुक्त होकर मध्यकाल के सारे साहित्य को उसके वास्तविक रूप में देखें तो ज्ञात होगा कि इस काल में केवल पाँच ही काव्य-परम्पराओं (ज्ञान-मार्गी, प्रेम-मार्गी, राम-काव्य, कृष्ण-काव्य, रीति-काव्य) का नहीं, अपितु एकादश काव्य-धाराओं का अस्तित्व है। वे काव्य-धाराएँ ये हैं—(1) संत-काव्य परम्परा, (2) पौराणिक प्रबन्ध-काव्य-परम्परा, (3) पौराणिक गीति-काव्य-परम्परा, (4) रसिक भक्ति-काव्य-परम्परा, (5) ऐतिहासिक रासो काव्य-परम्परा, (6) ऐतिहासिक चरित काव्य-परम्परा, (7) ऐतिहासिक मुक्तक काव्य-परम्परा, (8) मैथिली गीति परम्परा, (9) शास्त्रीय मुक्तक परम्परा, (10) रोमांसिक कथा-काव्य-परम्परा, (11) स्वच्छन्द मुक्तक काव्य-परम्परा।

मध्यकाल की इन एकादश काव्य-परंपराओं को मैंने तीन प्रकार के आश्रय-केन्द्रों में विभक्त किया है—धर्माश्रय, राज्याश्रय एवं लोकाश्रय। मध्यकाल का हिन्दी-साहित्य इन्हीं तीन प्रकार के आश्रय-केन्द्रों में रचित एवं विकसित होने के कारण ही उनमें रुचि एवं प्रवृत्तियों का भेद मिलता है। यथा, धर्माश्रय में विकसित होने वाली काव्य-परंपराओं में जहाँ धर्म, दर्शन एवं भक्ति सम्बन्धी प्रवृत्तियाँ प्रमुख हैं, वहाँ राज्याश्रय में वीरता, प्रशस्ति, शृंगार एवं शास्त्रीयज्ञान-प्रदर्शन की तथा लोकाश्रय में साहस, कौतूहल, आश्चर्य एवं स्वच्छन्द प्रेम से सम्बन्धित प्रवृत्तियाँ दृष्टिगोचर होती हैं। अस्तु, जैसा कि मैंने पीछे भी संकेत किया है, वीरता, भक्ति एवं शृंगार की प्रवृत्तियाँ अलग-अलग आश्रय-केन्द्रों में साथ-साथ विकसित होने वाली प्रवृत्तियाँ हैं, जबकि हमारे इतिहासकारों ने इन्हें तीन अलग-अलग युगों की प्रवृत्तियाँ मानकर इतिहास को इसी मान्यता के अनुसार काट-छाँट दिया है। वस्तुतः इतिहासकार का लक्ष्य अतीत की सामग्री को उसके यथार्थ रूप में ग्रहण करने का होता है न कि उसे अपनी मान्यताओं के अनुसार कल्पित साँचे में ढाल देने का। यह दुर्भाग्य की बात है कि हमारे इतिहासकारों ने इस दूसरे मार्ग का अवलम्बन करते हुए इतिहास को एक ऐसे साँचे में ढाल दिया है जो वास्तविकता से बहुत दूर है। यद्यपि वीरगाथाकाल, भक्तिकाल, रीतिकाल का यह भ्रामक एवं कल्पित ढाँचा हमारे विद्वानों एवं अध्यापकों के मन में बड़ी गहराई से पैठ गया है, फिर भी हमारा हित इसी में है कि हम वस्तु-स्थिति को ध्यान में रखते हुए इस रोचक एवं बहु प्रचलित भ्रांति से शीघ्रातिशीघ्र मुक्ति पा लें।

मध्यकाल की अनेक काव्य-परम्पराओं के प्रचलित नामकरण में भी मुझे

संशोधन करना पड़ा है। उदाहरण के लिए, राम-भक्ति-काव्यधारा को लीजिए। आचार्य शुक्ल के अनुसार इस धारा की प्रतिष्ठा तुलसीदास के द्वारा हुई और यह लगभग उन्हीं के साथ समाप्त हो गई— क्योंकि बाद में किसी का साहस ही नहीं हुआ कि वह तुलसी की प्रतिद्वंद्विता में उतरता। तुलसीदास के अतिरिक्त इस धारा में तीन-चार कवियों का नाम और गिनाया जाता है जिनमें से किसी ने नाटक लिखा और किसी ने मुक्तक। इतिहास में परम्परा या धारा उसे कहते हैं जिसमें एक जैसी विषय-वस्तु, पद्धति एवं शैली में कम से कम आठ-दस रचनाएँ अवश्य मिलती हों, पर यह बात राम-काव्य परम्परा पर लागू नहीं होती। ऐसी स्थिति में इसे धारा या परम्परा कैसे माना जा सकता है! तो क्या यह माना जाय की तुलसी जैसे महाकवि अकेले हैं – उनकी कोई परंपरा नहीं है ? वस्तुतः ऐसा नहीं है। मध्यकाल में लगभग दो सौ ऐसे प्रबन्ध-काव्य मिलते हैं जिनमें राम, कृष्ण, नृसिंह, प्रह्लाद, ध्रुव, सुदामा आदि पौराणिक पात्रों की गाथाएँ प्रस्तुत की गई हैं तथा जो रचना-पद्धति एवं शैली की दृष्टि से एक ही परंपरा के हैं। इसी परंपरा को मैंने 'पौराणिक प्रबन्ध-काव्य-परंपरा' के रूप में स्वीकार करते हुए उसी में तुलसीदास को स्थान दिया है। इस परंपरा में राम की अपेक्षा कृष्ण तथा अन्य पौराणिक पात्रों पर अधिक प्रबन्ध लिखे गये हैं किन्तु इसका नामकरण दोष-पूर्ण ढंग से हो जाने के कारण एक ओर रामेतर काव्यों को फुटकल खाते में डालना पड़ा तथा दूसरी ओर तुलसी को एक परंपरा-शून्य कवि बताना पड़ा। वस्तुतः इसी प्रकार की असंगतियों के निराकरण के लिए ही विभिन्न काव्य-परंपराओं के प्रचलित नामकरण में संशोधन किया गया है।

उद्गम-स्रोतों एवं प्रवृत्तियों की नयी व्याख्या—विकासवादी सिद्धांतों के अनुसार किसी भी वस्तु का विकास परम्परा और वातावरण के संयोग से ही होता है, अतः साहित्य की धाराओं एवं प्रवृत्तियों के विकास की भी व्याख्या इन दोनों तत्त्वों के आधार पर की जानी चाहिए। पर इसके विपरीत हिन्दी के अनेक इतिहासकारों ने — जिनमें आचार्य शुक्ल का नाम विशेष रूप से उल्लेखनीय है – प्रायः वातावरण-वादी दृष्टिकोण को अपनाते हुए पूर्ववर्ती परम्पराओं की प्रायः उपेक्षा कर दी है। इसी-लिए वे भक्ति-आन्दोलन से लेकर रोमांसिक आख्यानों तक को इस्लाम की देन मान लेते हैं, जबकि वास्तविकता कुछ और ही है। आचार्य हजारीप्रसाद द्विवेदी ने सामयिक वातावरण की अपेक्षा पूर्व-परम्पराओं को अधिक महत्त्व देते हुए अनेक भ्रान्तियों का निराकरण किया है। प्रस्तुत इतिहास में परम्परा और वातावरण— दोनों को ध्यान में रखते हुए विभिन्न काव्य-धाराओं के स्रोतों और प्रवृत्तियों की व्याख्या करने का प्रयास किया गया है जिससे अनेक नये निष्कर्ष प्राप्त हुए हैं। उदाहरण के लिए तथाकथित प्रेमाख्यान-परम्परा या रोमांसिक कथा-काव्य-परम्परा की पूर्ववर्ती परम्परा को उद्घाटित करते हुए इस तथ्य को स्पष्ट किया गया है कि यह परम्परा शुद्ध भारतीय स्रोतों पर आधारित है, इसे फारसी-मसनवियों से सम्बद्ध मानना एक भ्रान्ति है। भारतीय प्रेम कथाओं की यह परम्परा सिकन्दर के साथ यूनान में पहुँच

कर सारे यूरोप में फैल गई थी, जिसे बाद में 'रोमांस' काव्य का नाम दिया गया है। वस्तुतः इससे अधिक हास्यास्पद बात कोई और नहीं हो सकती कि जिस काव्य-परम्परा को बेनफी (Benfy), कीलर (Keller) और हर्टल (Hertell) जैसे यूरोपियन विद्वान् विश्व-साहित्य को भारत की महान् देन के रूप में स्वीकार करते हैं, उसी को भारत के—मुख्यतः हिन्दी के—कतिपय विद्वान् केवल अपने पूर्वाग्रह के आधार पर विदेशी घोषित कर रहे हैं। इसी प्रकार और भी कई काव्य-परम्पराओं के उद्गम-स्रोतों और प्रवृत्तियों के सम्बन्ध में अनेक भ्रान्तियाँ प्रचलित हैं जिनके निराकरण का प्रयास इसमें किया गया है।

आधुनिक काल – आधुनिक काल में साहित्य सम्बन्धी परम्परागत परिस्थितियों में पर्याप्त परिवर्तन हो गया है। जहाँ मध्यकाल में साहित्य-रचना धर्माश्रय, राज्याश्रय एवं लोकाश्रय में होती थी वहाँ अब विभिन्न संस्थाओं, प्रकाशकों एवं पत्रिकाओं के आश्रय में होती है। मूलभूत विचारधारा, प्रेरणा-स्रोत एवं प्रयोजन की दृष्टि से आधुनिक काल के इन सभी आश्रयों को तथा उनसे सम्बन्धित साहित्यकारों को स्थूल रूप में तीन वर्गों में विभक्त किया जा सकता है—(1) आदर्शवादी, (2) स्वच्छन्दतावादी एवं (3) यथार्थवादी। आदर्शवादी वर्ग के साहित्यकार सांस्कृतिक, नैतिक एवं राष्ट्रीय प्रेरणाओं से अनुप्राणित होकर जीवन की व्यापक अनुभूतियों, गम्भीर भावनाओं एवं उदात्त मूल्यों के चित्रण में संलग्न रहे हैं, जबकि स्वच्छन्दतावादी वर्ग के साहित्यकार सौन्दर्य, प्रेम और रोमांस की अभिव्यक्ति उन्मुक्त रूप में करते रहे हैं। तीसरा वर्ग यथार्थवादियों का है, जिसे दो उपवर्गों में विभक्त किया जा सकता है—समाजपरक यथार्थवादी एवं व्यक्तिपरक यथार्थवादी। समाजपरक यथार्थवादी भौतिकतावादी विचारों से प्रभावित होते हुए भी लोक-हित का विरोध नहीं करते, जबकि व्यक्तिपरक यथार्थवादी या अति यथार्थवादी भौतिकवाद के साथ-साथ व्यक्तिवाद में भी विश्वास करते हैं। हिन्दी कविता में इन्हीं चारों वर्गों को क्रमशः द्विवेदीयुग, छायावादयुग, प्रगतिवादयुग एवं प्रयोगवादयुग की संज्ञा दी गई है। वस्तुतः ये चारों वर्ग चार भिन्न प्रकार की विचार-धाराओं, नैतिक-चेतना एवं काव्य-प्रेरणाओं का प्रतिनिधित्व करते हैं। अतः इन्हें चार युग या काल-खंड न मानकर चार धाराओं या परम्पराओं के रूप में स्वीकार करना उचित होगा। इन चारों परम्पराओं का प्रवर्त्तन क्रमशः हुआ किन्तु अभी तक ये समानान्तर रूप में प्रवाहित होती हुई अपने विकास की ओर अग्रसर हैं। जैसा कि इस इतिहास में प्रस्तुतः विवरण से स्पष्ट होगा, आदर्शवादी प्रबन्ध-काव्य, स्वच्छन्दतावादी गीत एवं यथार्थवादी व अतियथार्थवादी मुक्तक—सभी की परम्पराएँ अलग-अलग वर्गों के साहित्यकारों द्वारा विकसित होती रही हैं जबकि परम्परागत युग-विभाजन से यह भ्रान्ति उत्पन्न होती है कि छायावादी युग में द्विवेदी युग की परम्परा या परवर्ती युग में छायावादी गीतों की परम्परा लुप्त हो गई होगी या आज केवल प्रयोगवादी

काव्य ही लिखा जा रहा है। वस्तुतः साहित्य में राजनीति की भाँति एक नयी शासन परम्परा की प्रतिष्ठा के साथ ही पुरानी शासन-परम्परा एकाएक समाप्त नहीं हो जाती, अपितु उसमें अनेक परस्पर-विरोधी परम्पराओं का निर्वाह विभिन्न केन्द्रों में साथ-साथ भी हो सकता है, अतः साहित्य के किसी एक युग को एक ही परम्परा से संबद्ध मानते हुए उस युग की अन्य परम्पराओं की उपेक्षा करना उचित नहीं कहा जा सकता। कुछ परम्पराएँ साहित्यिक मूल्यों की दृष्टि से अधिक महत्त्वपूर्ण न होती हुई भी समाज के विभिन्न वर्गों के प्रतिनिधित्व एवं साहित्य की विकास-प्रक्रिया के स्पष्टीकरण की दृष्टि से पर्याप्त महत्त्वपूर्ण होती हैं, अतः साहित्य का इतिहासकार साहित्य की किसी भी परम्परा की उपेक्षा नहीं कर सकता। उसके लिए प्राचीन और नूतन तथा विकासोन्मुखी और ह्रासोन्मुखी—इन दोनों पक्षों का समान महत्त्व है।

सम्भव है, यहाँ कुछ विद्वान यह तर्क प्रस्तुत करें कि प्रत्येक नये युग में नयी प्रवृत्ति का महत्त्व होता है, पुरानी परम्पराओं का इतना मूल्य नहीं होता कि उन्हें इतिहास में स्थान दिया जाय। यह तर्क उसी स्थिति में दिया जा सकता है जबकि इतिहास और आलोचना के अन्तर को भुला दिया जाय। इतिहास का लक्ष्य अतीत की व्याख्या करना होता है, अतः वह जीवन और मृत्यु, विकास और ह्रास, विजय और पराजय—दोनों पक्षों को महत्त्व देता है जबकि आलोचक का लक्ष्य मूल्यवान होता है, अतः वह ऐसे तथ्यों की उपेक्षा कर सकता है जो उसकी दृष्टि में मूल्यांकन न हों। हम चाहे तथाकथित 'छायावादी युग' में लिखे गए आदर्शवादी काव्य 'साकेत' को या प्रगतिवादी एवं प्रयोगवादी युगों में लिखे गए छायावादी गीतों को मूल्यांकनात्मक दृष्टि से गौण समझें, किन्तु जहाँ तक इतिहास की व्याख्या का सम्बन्ध है, ये अपनी-अपनी परम्पराओं एवं प्रवृत्तियों की जीवन्तता एवं गतिशीलता के अकाट्य प्रमाण हैं, जिन्हें इतिहास से बहिष्कृत नहीं किया जा सकता। अकबर की तुलना में हेमू बनिया चाहे कितना ही गौण क्यों न हो, किन्तु जब तक उसकी चर्चा न की जायेगी, अकबर का इतिहास अपूर्ण रहेगा। अस्तु, इतिहास और आलोचना के इस अन्तर को ध्यान में रखते हुए मैंने आधुनिक काल के साहित्य का वर्गीकरण युगों के स्थान पर परम्पराओं के रूप में किया है जिससे सभी वर्गों के साहित्यकारों को समुचित स्थान दिया जा सके।

आधुनिक काल की एक समस्या यह भी है कि जहाँ आदर्शवादी साहित्यकार उच्च कोटि का साहित्य-सर्जन करते हुए भी प्रचार की दृष्टि से निष्क्रिय एवं मौन हैं, वहाँ यथार्थवादी एवं अतियथार्थवादी साहित्यकार सामूहिक एवं संगठित रूप में अपना ढोल पीटने में लगे हुए हैं। इस ढोल के कर्कश स्वर के सम्मुख सभी कोमल रागिनियाँ अश्रव्य हो गई हैं। यह राष्ट्र का दुर्भाग्य है कि आज आधुनिकता, नवीनता और यथार्थवादिता के नाम पर कुत्सित, अश्लील, कुण्ठा-ग्रस्त, आत्म-घाती, समाज-

विरोधी एवं आस्था-शून्य साहित्य को प्रोत्साहन एवं प्रश्रय दिया जा रहा है जबकि व्यापक अनुभूतियों, गम्भीर भावनाओं एवं उदात्त विचारों से अनुप्राणित साहित्य को 'आदर्शवादी', 'काल्पनिक', 'पुरातनवादी' एवं 'परम्परागत' कह कर उपेक्षित एवं तिरस्कृत किया जा रहा है। मेरे विचार में यह प्रयास विदेशी साहित्यकारों की अति आधुनिक प्रवृत्तियों से प्रेरित है, जो न केवल हमारे अपने देश के लिए अपितु विश्व के लिए भी घातक है। जैसा कि जर्मन विद्वान् स्पैंगलर ने सप्रमाण सिद्ध किया है, विदेशी साहित्य की ये प्रवृत्तियाँ पाश्चात्य संस्कृति की पतनोन्मुखी अवस्था की सूचक हैं। पश्चिम की वैज्ञानिक सफलता को देखकर ही यह मान लेना कि उसकी प्रत्येक प्रवृत्ति अनुकरणीय है—एक अन्ध-विश्वास मात्र है। वस्तुतः हम पश्चिम की राजनीतिक गुलामी से तो मुक्त हो गये हैं, किन्तु उसकी मानसिक गुलामी अब भी हम में व्याप्त है इसीलिए हम अपनी स्वस्थ परम्पराओं से च्युत होकर विदेशों की अस्वस्थ एवं आत्मघाती प्रवृत्तियों को अपनाने में गौरव का अनुभव करते हैं। यह स्थिति जहाँ साहित्य और जीवन के प्रति एकांगी दृष्टिकोण की सूचक है वहाँ वह उसके स्वतन्त्र एवं स्वस्थ विकास के लिए भी बाधक है। अतः इसके निराकरण का प्रयास करते हुए मैंने आदर्शवादी, स्वच्छन्दतावादी, यथार्थवादी आदि सभी वर्गों के साहित्यकारों को यथोचित स्थान देने का प्रयास किया है।

अस्तु, दृष्टिकोण, आधारभूत सिद्धान्त, काल-विभाजन, नयी परम्पराओं के उद्घाटन तथा उद्गम-स्रोतों व प्रवृत्तियों की व्याख्या की दृष्टि से इस इतिहास में शताधिक नये निष्कर्ष प्रस्तुत हुए हैं। सम्भव है, ये सभी निष्कर्ष सभी पाठकों को मान्य न हो, फिर भी मैं विद्वानों से इतनी आशा अवश्य कर सकता हूँ कि वे किसी भी नये निष्कर्ष को अपनी परम्परागत धारणाओं के प्रतिकूल पाकर एकाएक कुपित या चमत्कृत होने के स्थान पर धैर्यपूर्वक मेरी स्थापनाओं पर विचार करेंगे। मैंने जो भी परिवर्तन, संशोधन या परिवर्द्धन किया है, वह किसी न किसी कारण पर आधारित है, अतः उससे क्षुब्ध होने की अपेक्षा उस कारण को समझ लेना अधिक उचित होगा।[1]

—o—

1. लेखक के 'हिन्दी साहित्य का वैज्ञानिक इतिहास' के प्रथम संस्करण (1965 ई०) की भूमिका से उद्धृत।

8

इतिहास की वैज्ञानिक व्याख्या एवं विकास का नया सिद्धान्त

जब हम अतीत की घटनाओं का वैज्ञानिक दृष्टिकोण से अध्ययन करते हैं तो उससे वैज्ञानिक 'इतिहास की' उपलब्धि होती है। इस वैज्ञानिक दृष्टिकोण की सबसे बड़ी विशेषता यह है कि इसके अनुसार हम विभिन्न घटनाओं एवं क्रियाओं को स्वतन्त्र, निरपेक्ष एवं आकस्मिक कार्यों के रूप में ग्रहण नहीं करते अपितु उनके पीछे किसी न किसी प्राकृतिक सत्ता का अस्तित्व स्वीकार करते हुए उन्हें परस्पर सापेक्ष एवं सम्बद्ध रूप में देखते हैं। इस दृष्टिकोण के अनुसार संसार में जो कुछ है, वह एकाएक घटित नहीं है अपितु क्रमशः विकसित है। इसी को विकासवादी दृष्टिकोण कहते हैं तथा प्रत्येक विषय के वैज्ञानिक इतिहास में पदार्थों, व्यक्तियों, संस्थाओं एवं क्रिया-कलापों की व्याख्या करते समय इसी दृष्टिकोण का उपयोग किया जाता है। अतः इतिहास का वैज्ञानिक अध्ययन करने के लिए सर्वप्रथम विकास-प्रक्रिया एवं उसके विभिन्न सिद्धांतों को समझ लेना नितान्त आवश्यक है।

विकास : अर्थ-मीमांसा—शब्द-कोष के अनुसार 'विकास' का अर्थ है—खुलना, प्रकट होना, क्रमिक विस्तार, प्रकटित वस्तुओं का क्रम आदि। इसी प्रकार इसके आंग्ल पर्याय 'एवॉल्यूशन' (Evolution) के भी लगभग ये ही अर्थ हैं। इन अर्थों का विश्लेषण करने पर 'विकास' के मूल में चार धारणाएँ आधारभूत रूप में दृष्टिगोचर होती हैं—(1) प्राकृतिक क्रिया—'विकास' में 'करने' का भाव नहीं है, अपितु 'होने' का भाव है अर्थात् विकास किया नहीं जाता अपितु होता है। विकास का प्रयोग कर्तृवाच्य में न होकर कर्म-वाच्य में होता है—इसका अर्थ है, विकास एक प्राकृतिक प्रक्रिया है, मनुष्य के द्वारा स्वेच्छापूर्वक किया गया सचेष्ट कार्य नहीं। (2) पूर्व-विद्यमानता—विकास के विभिन्न अर्थों से यह भी स्पष्ट है कि जिस वस्तु का विकास होता है वह पहले से विद्यमान होती है, सर्वथा नूतन नहीं। इस दृष्टि से विकास नूतन सृष्टि का विपरीतार्थक भी कहा जा सकता है। (3) परिवर्तनशीलता—विकास में वस्तु की स्थिति, अवस्था या उसके रूप में कोई न कोई परिवर्तन अपेक्षित होता है, अतः परिवर्तनशीलता या गतिशीलता को विकास की आधारभूत धारणा के रूप में स्वीकार किया जा सकता है। (4) क्रमबद्धता—पदार्थों का विकास एकाएक या बिना किसी क्रम के नहीं होता अपितु क्रमशः होता है। उदाहरण के लिए

वृक्ष में पत्ते, फूल और फल एक निश्चित क्रम से आते हैं या जीवधारियों का विकास शिशु, तरुण एवं वृद्ध के रूप में क्रमशः होता है, अतः क्रमबद्धता को भी विकास का आवश्यक लक्षण माना जा सकता है।

उपर्युक्त चारों धारणाओं का समन्वय करते हुए विकास की सामान्य परिभाषा इस प्रकार प्रस्तुत की जा सकती है—विकास वह प्राकृतिक प्रक्रिया है जिससे पूर्व-विद्यमान पदार्थ या वस्तु का रूप क्रमशः विभिन्नों रूप में परिवर्तित होता रहता है।

विकासवाद के सिद्धान्त—सृष्टि के विभिन्न रूपों के विकास की व्याख्या करते हुए विभिन्न विचारकों ने विकास के विभिन्न सिद्धान्तों की स्थापना की है, जिन्हें हम मुख्यतः दो वर्गों में विभाजित कर सकते हैं—(1) अध्यात्मपरक सिद्धान्त और (2) विज्ञानपरक सिद्धान्त। प्रथम वर्ग में प्राचीन युग के उन विद्वानों के सिद्धांत आते हैं जिन्होंने आध्यात्मिक तत्त्वों के आधार पर सृष्टि के विकास की व्याख्या की जबकि दूसरे वर्ग में उन शोधकर्त्ताओं के सिद्धांत रखे जा सकते हैं जिन्होंने आधुनिक विज्ञान की गवेषणाओं के आधार पर अपने सिद्धांत प्रस्तुत किए हैं। इतिहास के वैज्ञानिक अध्ययन में दूसरे वर्ग के ही सिद्धांतों का अधिक महत्त्व है, अतः हम यहाँ इसी वर्ग के सिद्धांतों की चर्चा कर सकते हैं।

वैज्ञानिक दृष्टि से विकास की व्याख्या करने वाले विद्वानों में भी परस्पर गहरा मत-भेद मिलता है। इसका कारण यह है कि विभिन्न विद्वानों ने सृष्टि के विभिन्न क्षेत्रों की प्रक्रियाओं के आधार पर अपने सिद्धांतों की स्थापना की है। उदाहरण के लिए, डारविन का विकासवाद जीव-सृष्टि की क्रियाओं पर आधारित है तो स्पेन्सर का सिद्धांत भौतिक पिण्डों के संघटन एवं विघटन की प्रक्रियाओं के आधार पर स्थापित है। इसी प्रकार कार्ल मार्क्स का सिद्धांत आर्थिक दृष्टिकोण से प्रतिपादित है तो हेनरी बर्गसाँ का सिद्धांत मूलतः मानसिक प्रक्रियाओं पर आधारित है। इसी प्रकार स्पैंग्लर, ट्यावनबी, सोरोकिन आदि ने समाज एवं संस्कृति के विकास की दृष्टि से विभिन्न सिद्धांत प्रस्तुत किए हैं। ऐसी स्थिति में हमारे सामने यह प्रश्न है कि हम साहित्य की व्याख्या के लिए किस सिद्धांत को अपनावें? साहित्य का सम्बन्ध रचयिता के व्यक्तित्व, उसकी मानसिक प्रक्रियाओं, सामाजिक वातावरण एवं सांस्कृतिक उपलब्धियों—इन सभी से है। ऐसी स्थिति में हम किसी एक सिद्धांत का अनुगमन नहीं कर सकते। साथ ही यह भी निश्चित है कि ये सभी सिद्धांत क्षेत्रीय सीमाओं से आबद्ध होने के कारण सीमित हैं। फिर भी ये सर्वथा अनुपयोगी नहीं है। जिस प्रकार विभिन्न क्षेत्रों के व्यक्तियों का तुलनात्मक अध्ययन करके उनकी सामान्य प्रवृत्तियाँ निर्धारित की जा सकती हैं उसी प्रकार विभिन्न क्षेत्रों के सिद्धांतों की तुलना से उपलब्ध सामान्य तत्त्वों के आधार पर किसी ऐसे सामान्य सिद्धान्त की स्थापना की जा सकती है जो सभी क्षेत्रों पर समान रूप से लागू हो सके। हम भी

आगे ऐसा ही करते हुए, विभिन्न क्षेत्रीय सिद्धान्तों के आधार पर विकास का एक सामान्य या यूनिवर्सल सिद्धांत खोजने का प्रयास करेंगे।

विकासवाद के क्षेत्रीय सिद्धान्त

सृष्टि के विभिन्न क्षेत्रों में विकासवाद के विभिन्न क्षेत्रों में विभिन्न सिद्धांत स्थापित किए गए हैं जिनमें प्रमुख डारविन, स्पेन्सर, मार्क्स, बर्गसाँ, ट्वायनबी, सोरोकिन आदि के हैं। इनका संक्षिप्त परिचय यहाँ क्रमशः दिया जाता है—

1. **डारविन का सिद्धान्त**—चार्ल्स डारविन (1809-1882) ने अपने ग्रंथ 'दी ऑरिजन आफ स्पेसीज' (1859) में जीव-विज्ञान के आधार पर विकास का सिद्धान्त प्रस्तुत करते हुए बताया कि सृष्टि के प्राणियों में नव-सर्जन की अपार क्षमता है। ऐसी स्थिति में प्रकृति सभी उत्पादित प्राणियों को संरक्षण प्रदान नहीं कर सकती। परिणामस्वरूप विभिन्न प्राणियों में अपने-अपने अस्तित्व एवं पोषण के लिए संघर्ष होता है। जो प्राणी परिस्थितियों का सामना करने में जितने अधिक उपयुक्त होते हैं, वे प्रकृति का संरक्षण प्राप्त कर पाते हैं, शेष प्राणी नष्ट हो जाते हैं। परिस्थितियों या वातावरण के अनुसार ढलने के लिए विभिन्न प्राणी अपने-आप में तदनुकूल परिवर्तन की कामना करते हैं जिससे उनमें तथा उनकी संततियों में वैसा परिवर्तन या विकास हो जाता है। यदि यह परिवर्तन वस्तुतः उपयोगी हुआ तो इसे प्रकृति स्थायी रूप से स्वीकार कर लेती है। प्रकृति की इसी स्वीकृति को डारविन ने 'प्राकृतिक चुनाव' (Natural Selection) की संज्ञा दी है। वस्तुतः डारविन ने परिस्थिति एवं वातावरणजन्य तथा प्रकृति द्वारा स्वीकृत इसी परिवर्तन को विकास का आधारभूत कारण मानते हुए इसे 'प्राकृतिक चयन' के सिद्धान्त का नाम दिया है।

डारविन का यह सिद्धान्त अपूर्ण है, परवर्ती शोधकर्त्ताओं ने इसे परिवर्द्धित एवं संशोधित करते हुए इस तथ्य का उद्‌घाटन किया कि जीवों के विकास में सबसे अधिक योगदान माता-पिता के उन अंशों पर निर्भर है जिनके मेल से संतानोत्पति होती है। मैंडले ने यह प्रमाणित किया कि माता और पिता के प्रकृति-भेद एवं उनके क्षरित अंशों के अनुपात-भेद के कारण ही उनकी संतानों में परस्पर गहरा साम्य होते हुए भी अनेक बातों में वहुत बड़ा अन्तर आ जाता है। किन्तु इस अन्तर का मूल कारण माता-पिता की ही प्रकृति में निहित है। अतः विकास का श्रेय सबसे अधिक वंश-परम्परा को ही दिया जाना चाहिए। पर इसका तात्पर्य यह नहीं है कि वातावरणजन्य परिवर्तन एवं प्राकृतिक चयन का सिद्धान्त खंडित हो जाता है। वंश-परम्परा के साथ-साथ इनका भी महत्त्व है। इस प्रकार जीव-विज्ञान के क्षेत्र में वंश-परम्परा, वातावरण एवं प्राकृतिक चुनाव—इन तीनों को ही क्रिया-प्रतिक्रिया को विकास की प्रक्रिया के मूलाधार के रूप में स्वीकार किया जाता है। अतः हमें भी डारविन के सिद्धान्त को इस संशोधित रूप में ही स्वीकार करना चाहिए।

2. स्पेन्सर का सिद्धान्त[1]—हरबर्ट स्पेन्सर (1820-1903 ई०) ने विकास के सार्वभौमिक सिद्धान्त की प्रतिष्ठा करते हुए बताया कि समस्त विश्व का सार तत्त्व शक्ति (Force) है, जिसके मुख्यतः दो पक्ष हैं—द्रव्य (Matter) एवं गति (Motion)। द्रव्य शक्ति का स्थिर भौतिक रूप है जबकि गति उसी का गत्यात्मक—सूक्ष्म रूप है। द्रव्य और गति की ही प्रतिक्रियाओं के परिणामस्वरूप सृष्टि का विकास एवं ह्रास होता है। जब शक्ति द्रव्य के रूप में संघटित होती हुई निश्चित, स्पष्ट एवं विशिष्ट आकार ग्रहण कर लेती है तो उसे हम 'विकास' कहते हैं जबकि उसका विघटन हो जाने पर उसका रूप अनिश्चित, अस्पष्ट एवं सामान्य हो जाता है—यही उसका ह्रास है। द्रव्य के संघटन के साथ-साथ गति या क्रिया का फैलाव होता रहता है जबकि उसका विघटन हो जाने पर गति में भी संकोच आ जाता है। इस प्रकार स्पेन्सर के शब्दों में 'विकास द्रव्य की वह संघटनात्मकता एवं गति का व्यय (या बिखराव) है जिसमें द्रव्य अनिश्चितता, असंश्लिष्टता एवं समरूपता की स्थिति से अपेक्षाकृत निश्चितता, संश्लिष्टता एवं बहुरूपता की स्थिति की ओर अग्रसर होता है तथा साथ ही जिसकी अन्तर्निहित गति में भी समानान्तर रूप में परिवर्तन आता है।' स्पेन्सर के इस फार्मूले को यदि और संक्षेप में कहें तो द्रव्य का संघटन, शक्ति या गति की अभिव्यक्ति एवं रूपों का विस्तार ही विकास का सूचक है जबकि इसके विरोधी लक्षण ह्रास से सम्बन्धित हैं।

स्पेन्सर के विचार से विभिन्न पदार्थों के विकास एवं ह्रास का यह चक्र बराबर चलता रहता है तथा इसका मूल कारण विभिन्न शक्तियों का पारस्परिक प्रभाव है। स्पेन्सर ने अपने इस सिद्धान्त की पुष्टि भौतिक, जैविक, मानसिक, सामाजिक, सांस्कृतिक आदि सभी क्षेत्रों के आधार पर की है यथा उनका दावा है कि यह सिद्धान्त सृष्टि के सभी क्षेत्रों पर समान रूप से लागू होता है। कला और साहित्य पर भी इसे उन्होंने लागू कर दिखाया है।

3. मार्क्सवादी सिद्धान्त[2] –कार्ल मार्क्स (1818-83) तथा उसके परवर्ती अनुयायियों ने विकासवाद की व्याख्या द्वन्द्वात्मक प्रक्रिया के आधार पर की है। उनके विचार से प्रकृति के सभी उपादानों एवं कार्य-व्यापारों में परस्पर-विरोधी तत्त्व विद्यमान हैं, जिनके पारस्परिक द्वन्द्व से ही सृष्टि का विकास होता है। दूसरे, प्रकृति की प्रत्येक क्रिया सम्बद्ध वातावरण एवं परिस्थितियों से प्रभावित होती है अतः विकास की प्रक्रिया को भी इन्हीं के आधार पर समझा जा सकता है। सभी प्राकृतिक कार्य-व्यापारों की केन्द्रीय शक्ति उत्पादन-शक्ति है जो सभी क्षेत्रों को प्रभावित करती है।

---

1. Herbert Spencer : First Principle.
2. Dialectical and Historical materialism : J. Stalin (1938) के आधार पर।

इस प्रकार मार्क्सवाद के अनुसार विकास का रहस्य प्रकृति, वातावरण, द्वन्द्वात्मक प्रक्रिया एवं उत्पादनशक्ति – इन चार सूत्रों में निहित है।

4. **हेनरी बर्गसाँ का सर्जनात्मक विकासवाद**[1]—हेनरी बर्गसाँ (1895-1941) ने समस्त सृष्टि को मूलतः दो तत्त्वों में विभाजित किया—जड़ और चेतन या द्रव्य और जीवन। उसके विचार से सृष्टि का समस्त विकास इन्हीं दो सत्ताओं के पारस्परिक संघर्ष पर आधारित है। चेतन जीवन अपने-आप में एक बहुत बड़ी सर्जनात्मक शक्ति है जो भौतिक सृष्टि से निरन्तर संघर्ष करती हुई आगे बढ़ती रहती है। यह नव-सर्जन शक्ति ही विकास की आधारभूत शक्ति है। जीवनधारियों के विकास की सबसे बड़ी मंजिल मानसिक विकास है। यह मानसिक विकास भी आगे चलकर दो धाराओं में—प्रातिभ ज्ञान (Institution) और बुद्धि (Intelligence) में विभक्त हो जाता है; जहाँ पशु-पक्षियों का विकास प्रातिभ ज्ञान के ही स्तर तक रह जाता है वहाँ मनुष्य का विकास बौद्धिक विकास के रूप में होता है। इस प्रकार बर्गसाँ के विकासवाद का मुख्य क्षेत्र मानसिक क्षेत्र ही है तथा विकास का मूल आधार जड़ और चेतन के द्वन्द्व एवं शक्ति की सर्जन-प्रेरणा में ही निहित है।

5. **आर्नल्ड ट्वायनबी**[2]—ट्वायनबी (1889 ई०) ने अपने ग्रन्थ 'ए स्टडी आफ् हिस्ट्री' में विश्व की विभिन्न सभ्यताओं एवं संस्कृतियों की व्याख्या करते हुए सामाजिक विकास की प्रक्रिया का स्पष्टीकरण जाति (Race), वातावरण एवं सर्जनात्मक व्यक्तित्व के आधार पर किया है। उसके विचार से प्रत्येक समाज के अपने परम्परागत जातीय गुण होते हैं जिनमें उसके विकास की क्षमताएँ निहित होतीं हैं। किन्तु किसी भी समाज में सक्रियता बाह्य वातावरण या परिस्थितियों के दबाव के कारण आती है। परिस्थितियों के इसी दबाव को ट्वायनबी ने 'चुनौती' (Challange) एवं 'प्रत्युत्तर' (Response) की प्रक्रिया का रूप दिया है। समाज के सामने किसी भी प्रकार का—भौगोलिक, आर्थिक, राजनीतिक, धार्मिक आदि—संकट (या चुनौती) उपस्थित होने पर वह उसका निराकरण या समाधान (प्रत्युत्तर) खोजता है। समाधान का यह कार्य समाज के विशिष्ट सर्जनात्मक व्यक्तियों के द्वारा संपन्न होता है। ये सर्जनात्मक (प्रतिभाशाली) व्यक्ति ही ऐसे अवसरों पर समाज का नेतृत्व करते हुए उसे आगे बढ़ाते हैं। इस प्रकार जब तक इन विशिष्ट व्यक्तियों की प्रतिभा समाज के लोगों को आकर्षित करती रहती है तब तक उसका विकास होता रहता है किन्तु आगे चलकर जब परिस्थितियाँ बदल जाती हैं तो उनका आकर्षण भी न्यून हो जाता है और पुनः समाज में जड़ता आ जाती है। इस प्रकार ट्वायनबी के विचार से सर्जनात्मक व्यक्तियों के द्वारा दिये गये चुनौतियों के प्रत्युत्तर तथा समाज के द्वारा उनके अनुकरण

1. Creative Evolution By Henry Bergson.
2. A. J. Toynbee : A study of History.

के बल पर ही विभिन्न जातियों और सभ्यताओं का उत्थान-पतन या विकास एवं ह्रास होता है। ट्वायनबी के इस सिद्धान्त को यदि और भी संक्षेप में प्रस्तुत करना चाहें तो उसे इन चार सूत्रों में रखा जा सकता है—(1) जातीय परंपरा (2) परिस्थितियों का दबाव एवं (3) सर्जनात्मक व्यक्तियों का नेतृत्व एवं (4) समाज के द्वारा अनुकरण। ट्वायनबी ने उपर्युक्त सूत्रों के आधार पर विश्व की प्रमुख सभ्यताओं एवं संस्कृतियों के विकास की व्याख्या सफलतापूर्वक की है।

विकास-प्रक्रिया के सामान्य सूत्र

विकासवाद के विभिन्न क्षेत्रीय सिद्धान्तों के तुलनात्मक अध्ययन से हमें पाँच ऐसे सामान्य सूत्रों की उपलब्धि होती है, जिन्हें इन सभी सिद्धान्तों में किसी न किसी रूप में स्वीकार किया गया है। वे पाँच सूत्र ये हैं—(1) प्राकृतिक सर्जन-शक्ति (2) परम्परा (3) वातावरण (4) द्वन्द्व या आकर्षण-विकर्षण और (5) संतुलन-स्थापना। इन सूत्रों की संक्षिप्त व्याख्या यहाँ क्रमशः की जाती है—

1. प्राकृतिक सर्जनशक्ति—विकासवाद के प्रायः सभी सिद्धान्तों में विकास के पीछे एक ऐसी प्राकृतिक शक्ति का अस्तित्व स्वीकार किया गया है जिसमें अपार सर्जन-क्षमता है। इस शक्ति को विभिन्न विद्वानों ने विभिन्न नाम दिए हैं, किन्तु उसके सामान्य लक्षण के रूप में सभी ने **नैसर्गिक सर्जन-क्षमता** को माना है। उदाहरण के लिए डारविन ने इसे प्रकृति की अपार **प्रजनन-क्षमता** कहा है तो स्पेन्सर, मार्क्स, बर्गसाँ, ट्वायनबो आदि ने इसे क्रमशः प्राकृतिक शक्ति, उत्पादन-शक्ति, सर्जनात्मक शक्ति, सर्जनात्मक व्यक्तित्व आदि की संज्ञा दी है। वस्तुतः नामकरण का यह अन्तर क्षेत्र एवं भाषा के भेद पर आधारित है अन्यथा ये सभी संज्ञाएँ इस तथ्य को प्रमाणित करती हैं कि सृष्टि के प्रत्येक क्षेत्र का विकास उस क्षेत्र की किसी न किसी नैसर्गिक-सर्जन-शक्ति पर आधारित है, उसके अभाव में विकास की प्रक्रिया का होना असम्भव है।

2. परम्परा[1]—विकासवाद के प्रायः सभी व्याख्याताओं ने एक ऐसे तत्त्व का उल्लेख किया है जो शक्ति का केन्द्र होता है तथा उसी के गर्भ से नये तत्त्वों का

---

1. परम्परा या Tradition के सम्बन्ध में टी० एस० इलियट लिखते हैं—

"Tradition is not solely, or even primarily, the maintenance of certain dogmatic beliefs; these beliefs have come to take their living form in the course of the formation of a tradition. What I mean by tradition involves all those habitual actions, habits, and customs, from the most significant religious rite to our conventional way of greeting a stranger, which represent the blood kinship of "the same people living in the same place." Points of view : T.S. Eliot, p. 22.

आविर्भाव होता है; इसे डारविन ने 'वंश-परम्परा' का नाम दिया है तो ट्वायनबी ने 'जाति' या (Race) की संज्ञा दी है। स्पेन्सर ने इसे 'द्रव्य' तथा मार्क्स ने इसे 'विधेयात्मक' तत्त्व कहा है। ऊपरी दृष्टि से ये सब तत्त्व अलग-अलग प्रतीत होते हैं किन्तु वस्तुतः ये सभी उस आधार तत्त्व के द्योतक हैं जिस पर भावी विकास आधारित होता है। जिस प्रकार भौतिक जगत में आधारभूत या परम्परागत द्रव्य के अभाव में कोई भी नई वस्तु निर्मित नहीं की जा सकती, उसी प्रकार जैविक क्षेत्र में वंश-परम्परा तथा सामाजिक क्षेत्र में जातीय-परम्परा के अभाव में नया विकास सम्भव नहीं। इसी तत्त्व को एक सामान्य नाम—परम्परा—देते हुए, कहा जा सकता है कि यही वह बीज है जिस पर सृष्टि रूपी वृक्ष का विकास सम्भव है, यह दूसरी बात है कि इसका स्वरूप विभिन्न क्षेत्रों में विभिन्न प्रकार का हो। प्रत्येक क्षेत्र में परम्परा से कुछ न कुछ लेकर ही आगे बढ़ा जा सकता है, सर्वथा नूतन द्रव्य, वस्तु या जीव का निर्माण किसी के द्वारा भी सम्भव नहीं। सामान्य भाषा में हम जिसे 'नूतन' कहते हैं, वह वस्तुतः प्रयोग-शैथिल्य का परिणाम हैं, अन्यथा उसमें बहुत-कुछ पुरातन होता है या यों कहिए कि वह पुरातन का ही परिवर्द्धित, परिवर्तित या विकसित रूप होता है। अतः यह विकास का सार्वभौमिक नियम है कि प्रत्येक नयी वस्तु के मूल में परम्परा का अस्तित्व किसी न किसी रूप में अवश्य रहता है।

3. **वातावरण**—जहाँ परम्परा विकास के आधारभूत एवं स्थायी तत्त्वों की सूचक है वहाँ वातावरण परिवर्तनशील पक्ष को प्रस्तुत करता है। जैसा कि अन्यत्र बताया गया है, विकासवाद प्रत्येक वस्तु की परिवर्तनशीलता को स्वीकार करता है, जबकि परम्परा परिवर्तनशीलता की बाधक है। फिर भी परम्परागत तत्त्वों—या परम्पराओं—को परिवर्तित होना पड़ता है, अन्यथा उनके विकास की गति अवरुद्ध हो जाएगी। इस परिवर्तन का मूल कारण है—वातावरण। वातावरण-जन्य परिवर्तन को या बाह्य परिस्थितियों या शक्तियों के प्रभाव को डारविन, स्पेन्सर, मार्क्स, ट्वायनबी आदि ने स्पष्ट रूप में स्वीकार किया है। इतना अवश्य है कि 'वातावरण' की व्याख्या हमें प्रसंग के अनुसार करनी चाहिए। इसमें न केवल भौतिक, सामाजिक, आर्थिक, राजनीतिक, सांस्कृतिक आदि सभी परिस्थितियों का समावेश किया जाना चाहिए, अपितु उन सब तथ्यों, घटनाओं एवं क्रियाओं को लिया जाना चाहिए जो किसी अन्य सत्ता को किसी न किसी रूप में प्रभावित करती हैं। इस दृष्टि से प्रत्येक प्रकार के बाह्य प्रभाव को वातावरण के अन्तर्गत लिया जा सकता है।

4. **द्वन्द्व या आकर्षण-विकर्षण की प्रक्रिया**—उपर्युक्त तीनों तथ्य क्रमशः विकास की प्रक्रिया के सूत्रधार, उसकी आधारभूत शक्ति एवं उसके प्रेरक या उद्दीपक कारण की व्याख्या करते हैं, किन्तु इनमें स्वयं विकास की प्रक्रिया के रूप

का आख्यान नहीं किया गया। इसके सम्बन्ध में विभिन्न विद्वानों में मतभेद है। डारविन इस प्रक्रिया को 'प्राकृतिक चुनाव' के रूप में स्वीकार करता है तो मार्क्सवादी इसे द्वन्द्वात्मक प्रक्रिया के नाम से पुकारते हैं। दूसरी ओर स्पेन्सर ने इसे आकर्षण-विकर्षण की प्रक्रिया के रूप में प्रस्तुत किया है तो ट्वायनबी ने इसी को 'चुनौती और जवाब' की प्रक्रिया माना है। ऐसी स्थिति में यह समस्या है कि इनमें से किसे स्वीकार किया जाय ? विश्लेषण से हम इस निष्कर्ष पर पहुँचते हैं कि इन सभी के मूल में आकर्षण-विकर्षण की ही प्रक्रिया विद्यमान है, अन्य सभी प्रक्रियाएँ उसी की प्रतिरूप हैं। उदाहरण के लिए डारविन के 'प्राकृतिक चुनाव' के सिद्धान्त को लिया जा सकता है। प्रकृति कोई साकार प्राणी नहीं है और न ही वह नाप-जोखकर वस्तुओं का चुनाव करती है। प्रकृति के अन्तर्गत भौतिक जगत् के वे सभी जड़-चेतन पदार्थ एवं व्यक्ति आ जाते हैं जो किसी न किसी प्रकार की क्रिया करते हैं। किन्तु यह क्रिया क्या है ? भौतिक, जैविक एवं मानसिक आदि सभी क्षेत्रों में मूल क्रिया एक ही होती है—आकर्षण और विकर्षण। एक ओर भौतिक पिंड इस क्रिया के बल पर सृष्टि में चक्कर काटते हैं तो दूसरी ओर जीवधारी इसी से प्रेरित होकर सर्जन, पालन और संहार में प्रवृत्त होते हैं। डारविन ने 'यौनाकर्षण' को भी प्राकृतिक चुनाव का एक अंग माना है—किन्तु यौनाकर्षण 'चुनाव' जैसी बौद्धिक क्रिया न होकर 'आकर्षण' की ही सहज क्रिया है। इसी प्रकार हमारे समस्त मानसिक जगत् के कार्य-व्यापार एक ओर भावात्मक आकर्षण-विकर्षण (या राग-द्वेष तथा उससे व्युत्पन्न असंख्य भावों एवं प्रवृत्तियों) से संचालित होते हैं तो दूसरी ओर बौद्धिक आकर्षण-विकर्षण (जिन्हें दूसरा नाम जिज्ञासा=आकर्षण एवं तर्क=विकर्षण का दिया जा सकता है) द्वारा हमारे समस्त बौद्धिक कार्य-व्यापार घटित होते हैं, इसी प्रकार हमारी सभी शारीरिक चेष्टाएँ एवं गतियाँ श्वासोच्छ्वास एवं रक्त-प्रसार से लेकर बड़े-बड़े कार्यों तक—आकर्षण-विकर्षण की प्रक्रिया के रूप में संपन्न होती हैं। जैसा कि हम अन्यत्र स्पष्ट कर चुके हैं,[1] विश्व की सभी जड़ एवं चेतन शक्तियाँ (गुरुत्वाकर्षण, चुम्बक, विद्युत, परमाणु, जीवनी, मानसिक आदि) आकर्षण-विकर्षण की प्रक्रिया के रूप में ही कार्य करती हैं तथा चुनाव और बहिष्कार, चुनौती और जवाब, प्रेम और संघर्ष के मूल में यही प्रक्रिया विद्यमान है, अतः उपर्युक्त सभी विद्वानों की मान्यताओं का इसमें समन्वय करते हुए आकर्षण-विकर्षण को विकास-प्रक्रिया के सामान्य नियम के रूप में स्वीकार किया जा सकता है। वस्तुतः आकर्षण-विकर्षण की प्रक्रिया एक यूनिवर्सल प्रक्रिया है, जो प्रत्येक प्रकार की गति, प्रगति एवं विकास-प्रक्रिया में दृष्टिगोचर होती है।

5. सन्तुलन—विकास-प्रक्रिया का चरम लक्ष्य क्या है ? इसके उत्तर में साम्य, सन्तुलन, समन्वय, शान्ति आदि की बात विभिन्न विद्वानों ने कही है। जब

---

1. 'साहित्य-विज्ञान', प्रथम खंड, साहित्य की आत्मा।

कोई तत्त्व या शक्ति अपने चरम विकास को प्राप्त कर लेती है तो वह शान्त एवं निष्क्रिय हो जाती है। इस शान्ति या निष्क्रियता का वास्तविक कारण यह है कि शक्ति के घटक तत्त्वों में परस्पर सन्तुलन स्थापित हो जाता है जिस अभाव या वैषम्य की प्रेरणा से शक्ति गतिशील होती है। उसकी पूर्ति हो जाती है, फलतः वह चरम लक्ष्य को पाकर शान्त हो जाती है। यह बात न केवल चिन्तनशील प्राणियों में अपितु जड़ पदार्थों में भी पायी जाती है, किसी भी भौतिक पदार्थ में जब प्रोटान एवं इलैक्ट्रान के तत्त्वों की संख्या विषम रहती है तो वह तब तक क्रियाशील रहता है जब तक कि इस संख्या में साम्य या सन्तुलन स्थापित नहीं हो जाता। इसी प्रकार चुम्बक शक्ति में उत्तरी छोर व दक्षिणी छोर में पूर्ण सामंजस्य हो जाने पर उसकी आकर्षण-विकर्षण शक्ति शान्त या लुप्त हो जाती है किन्तु ज्योंही किसी कारण से यह सामंजस्य भंग हुआ कि वह पुनः उद्दीप्त एवं क्रियाशील हो जाती है। वस्तुतः यह बात सभी क्षेत्रों में पायी जाती है, इसकी विस्तृत व्याख्या हमने अन्यत्र की है।[1] अतः यहाँ इतना ही कहना पर्याप्त होगा कि प्रत्येक क्षेत्र में विकास-प्रक्रिया का लक्ष्य विरोधी तत्त्वों या विरोधी परिस्थितियों व प्रवृत्तियों में सामंजस्य एवं सन्तुलन स्थापित करना होता है, इस लक्ष्य की प्राप्ति के साथ ही विकास-प्रक्रिया शान्त एवं निश्चेष्ट हो जाती है।

उपर्युक्त पाँचों सूत्रों को यदि हम किसी एक व्यापक नियम के रूप में संघटित करना चाहें तो इन्हें 'आकर्षण-शक्ति सिद्धान्त' का नाम दिया जा सकता है, जिसकी स्थापना हम अपनी अन्य पुस्तक 'साहित्य-विज्ञान' में कर चुके हैं तथा जिसमें आकर्षण-शक्ति की आठ प्रवृत्तियों की विस्तृत व्याख्या भौतिक विज्ञान, जीव-विज्ञान, मनोविज्ञान एवं साहित्य-विज्ञान के आधार पर की जा चुकी है। संक्षेप में आकर्षण-शक्ति सिद्धान्त इस प्रकार हैं—(1) प्रत्येक क्षेत्र में शक्ति का अस्तित्व है जो आकर्षण-विकर्षण के रूप में कार्य करती है। (2) शक्ति का संगठन त्रिगुणात्मक तत्त्वों के रूप में होता है जिन्हें सामान्यतः धनात्मक (Positive), ऋणात्मक (Negative) एवं उभयात्मक (Neutral) कहा जा सकता है। (3) शक्ति के धनात्मक एवं ऋणात्मक जाति के तत्त्वों में परस्पर आकर्षण रहता है जबकि स्वजाति के प्रति विकर्षण रहता है। (4) शक्ति की दो अवस्थाएँ हैं—जागृति एवं सुषुप्ति। जब शक्ति के त्रिगुणात्मक तत्त्वों में परस्पर सन्तुलन रहता है तो शक्ति सुषुप्त एवं निष्क्रिय रहती है जबकि इनका सन्तुलन भंग होने पर वह जागृत एव सक्रिय हो जाती है। (5) सक्रिय अवस्था में शक्ति चार प्रक्रियाओं में अपना कार्य संपादित करती है—संयोजन, संप्रेषण, द्रवण और अभिव्यक्ति। (6) आकर्षण शक्ति विभिन्न स्तरों पर विभिन्न रूपों में कार्य करती है। (7) आकर्षण शक्ति सदा वक्र

1 'साहित्य-विज्ञान', प्रथम खंड।

एवं चक्राकार गति से आगे बढ़ती है। (8) शक्ति का लक्ष्य सदा अपूर्णता से पूर्णता, वैषम्य से साम्य एवं असन्तुलन से सन्तुलन की ओर अग्रसर होने का रहता है। उपर्युक्त आठों प्रवृत्तियाँ शक्ति के सभी रूपों में मिलती हैं। यह बात विकास-प्रक्रिया की मूल शक्ति प्राकृतिक सर्जन-शक्ति पर भी लागू होती है, अतः आगे हम आकर्षण-शक्ति सिद्धान्त के आधार पर विकास-प्रक्रिया और उसके विभिन्न सूत्रों की व्याख्या कर सकते हैं।

आकर्षण-शक्ति सिद्धांत और विकास-प्रक्रिया के सूत्र

विकास प्रक्रिया के उपर्युक्त पाँचों सूत्र आकर्षण-शक्ति सिद्धांत की ही विभिन्न प्रवृत्तियों से सम्बधित हैं। विकास-प्रक्रिया की मूल संचालक शक्ति को 'प्राकृतिक सर्जन-शक्ति' कहा गया है, जो शक्ति का ही एक रूप है। प्रत्येक शक्ति त्रिगुणात्मक तत्त्वों के रूप में संघटित होती है—जिनमें कुछ धनात्मक (Positive), कुछ ऋणात्मक (Negative) होते हैं तथा कुछ उभयात्मक होते हैं। सर्जन-शक्ति से सम्बन्धित दो तत्त्व —परम्परा और वातावरण, क्रमशः धनात्मक एवं ऋणात्मक जाति के तत्त्वों के सूचक हैं। धनात्मक जाति के तत्त्व स्थिर एवं चिरन्तन होते हैं जबकि ऋणात्मक जाति के तत्त्व चंचल एवं परिवर्तनशील होते हैं—ये विशेषताएँ क्रमशः परम्परा और वातावरण में भी मिलती हैं। परम्परा और वातावरण के सामंजस्य से एक तीसरे तत्त्व की उत्पत्ति होती है; जिसे उभयात्मक या समन्वयात्मक तत्त्व कहा जा सकता है। हीगल, मार्क्स आदि विचारकों ने भी द्वन्द्वात्मक पद्धति के रूप में वाद (Thesis) एवं प्रतिवाद (Antithesis) की पारस्परिक प्रतिक्रिया से तीसरे तत्त्व समवाद (Synthesis) की निष्पत्ति मानी है। हमारे विचार से ये तत्त्व आकर्षण-शक्ति सिद्धांत के तीनों तत्त्वों—धनात्मक, ऋणात्मक एवं उभयात्मक के ही सूचक हैं। वस्तुतः विकास-प्रक्रिया के पाँचवें सूत्र के रूप में हमने जिस 'सन्तुलन' का उल्लेख किया है, वह 'परम्परा और वातावरण के इसी समन्वित रूप को प्रस्तुत करता है। अस्तु, सर्जन-शक्ति के तीन घटक तत्त्वों में हम परम्परा, वातावरण एवं उनके सन्तुलन को स्थान दे सकते हैं। शक्ति सदा आकर्षण-विकर्षण के रूप में कार्य करती है—यह बात प्राकृतिक सर्जन-शक्ति पर भी लागू होती है। जहाँ एक ओर एक द्रव्य से विभिन्न जड़ पदार्थों का सर्जन (=विकास) रसायन-शास्त्र के बन्धुता के नियम से होता है तो जैविक सृष्टि का विकास यौनाकर्षण से होता है। वस्तुतः प्रकृति का कोई भी अवयव या कोई भी प्राणी सर्जन या निर्माण का जो भी कार्य करता है उसके मूल में आकर्षण-विकर्षण की प्रक्रिया किसी न किसी रूप में सदा रहती है। सृष्टि का जन्म, पालन और संहार आकर्षण-विकर्षण की प्रक्रियाओं में ही आबद्ध है। अतः इस सम्बन्ध में हम यहाँ और अधिक विस्तार में न पड़ कर संक्षेप में इतना ही कहना पर्याप्त समझते हैं कि विकास-प्रक्रिया के पाँचों सूत्र आकर्षण-शक्ति सिद्धान्त की ही विभिन्न प्रवृत्तियों के सूचक हैं—इतना ही नहीं,

आकर्षण-शक्ति की अन्य प्रवृत्तियाँ जिनका स्पष्ट संकेत इन पाँच सूत्रों में नहीं मिलता, वे भी विकास-प्रक्रिया के विभिन्न पक्षों पर पूर्णतः लागू होती हैं क्योंकि आकर्षण शक्ति सिद्धांत शक्ति के सभी रूपों पर लागू होता है तथा विकास-प्रक्रिया की संचालक शक्ति नैसर्गिक सर्जन-शक्ति भी शक्ति के विभिन्न रूपों में से एक है। अतः प्रत्येक क्षेत्र की विकास प्रक्रिया के स्पष्टीकरण में आकर्षण-सिद्धांत की विभिन्न प्रवृत्तियों का उपयोग आवश्यकतानुसार निःसंकोच किया जा सकता है। आगे साहित्य की विकास-प्रक्रिया के अध्ययन में भी ऐसा ही किया जाएगा।

—०—

9

साहित्येतिहास के नये सिद्धान्त-1

(क) साहित्य की विकास-प्रक्रिया

परम्परागत सिद्धान्त—विकास-प्रक्रिया के सामान्य सिद्धांतों की चर्चा पीछे की जा चुकी है, इनके आधार पर साहित्य की विकास-प्रक्रिया को भी समझा जा सकता है, किन्तु इससे पूर्व हमें कतिपय परम्परागत सिद्धांतों पर विचार कर लेना चाहिए। पाश्चात्य साहित्य के क्षेत्र में अनेक विद्वानों ने साहित्य की विकास-प्रक्रिया के सम्बन्ध में कुछ सामान्य सिद्धांतों की स्थापना का प्रयास किया है, जिनमें सबसे अधिक महत्त्वपूर्ण प्रयास फ्रेंच इतिहासकार तेन (Taine) का है। उसने साहित्य के विकास की व्याख्या के तीन आधारभूत सूत्र बताये हैं—(1) जाति (Race), (2) वातावरण (Milieu), (3) क्षण (Moment)। वस्तुत: ये तीनों सूत्र जातीय परम्परा, राष्ट्रीय वातावरण तथा समय-विशेष की परिस्थितियों के सूचक हैं। कुछ अन्य विद्वानों ने इन तीन सूत्रों के स्थान पर किसी एक पर ही विशेष बल दिया है। उदाहरण के लिए कुछ जर्मन इतिहासकारों ने युग-चेतना (Spirit of age) को साहित्यिक विकास का आधार माना तो कुछ अंग्रेज विचारकों ने इस सम्बन्ध में परम्परा (Tradition) को अधिक महत्त्व दिया। हडसन जैसे चिन्तकों ने इन दोनों के बीच समन्वय स्थापित करते हुए युग-चेतना और परम्परा के साथ-साथ साहित्यकार के विशिष्ट व्यक्तित्व को भी विकास का आधार बताया। इसके विपरीत मार्क्सवादी चिन्तकों ने व्यक्ति के स्थान पर समाज की आर्थिक परि-स्थितियों एवं वर्ग-संघर्ष के आधार पर साहित्य की व्याख्या की। उधर फ्रायड-वादी विचारक केवल मानसिक अन्तर्द्वन्द्व को ही साहित्यिक विकास का मूल कारण मानते हैं। कुछ लोग व्यक्ति और समाज—दोनों की महत्ता को स्वीकार करते हुए दोनों की पारस्परिक क्रिया-प्रक्रिया को ही इस सम्बन्ध में विशेष महत्त्व देते हैं। हमारे विचार से ये सभी दृष्टिकोण एकांगी हैं; इन सभी में जहाँ आंशिक सत्य है, वहाँ इनमें न्यूनता एवं आंशिक असत्य भी है। यदि हम इन सभी दृष्टिकोणों का समन्वय करते हुए इनकी उपलब्धियों को स्वीकार कर लें तो एक परिपूर्ण सिद्धांत की रूप-रेखा तैयार हो सकती है। उदाहरण के लिए, उपर्युक्त सभी विचारों एवं सिद्धान्तों को विकास-प्रक्रिया के पाँच सामान्य सूत्रों—जिनकी व्याख्या पीछे की जा चुकी है—के अन्तर्गत इस प्रकार समन्वित किया जा सकता है—

(1)	प्राकृतिक सर्जन शक्ति	=विशिष्ट व्यक्तित्व या साहित्यकार की विशिष्ट प्रतिभा।
(2)	परम्परा	=जाति (Race), परम्परा (Tradition)
(3)	वातावरण	=वातावरण, युग-चेतना, क्षण-विशेष की परिस्थितियाँ, समाज की विभिन्न परिस्थितियाँ, आर्थिक परिस्थितियाँ, आदि।
(4)	द्वन्द्व या आकर्षण-विकर्षण	=सामाजिक द्वन्द्व (=आकर्षण-विकर्षण), व्यक्ति का आन्तरिक या मानसिक द्वन्द्व। व्यक्ति और समाज की क्रिया-प्रतिक्रिया।
(5)	सन्तुलन	=× × ×

उपर्युक्त वर्गीकरण को देखने से यह स्पष्ट होता है कि बहुसंख्यक विद्वानों ने परम्परा, वातावरण एवं द्वन्द्व पर ही अधिक बल दिया है, शेष दो तत्त्वों की प्रायः उपेक्षा हुई है। वैसे सर्जन-शक्ति के रूप में साहित्यकार के व्यक्तित्व का संकेत अवश्य कुछ विचारकों ने किया है, किन्तु सन्तुलन का उल्लेख प्रायः नहीं हुआ। किन्तु जहाँ द्वन्द्व है वहाँ सन्तुलन की भी स्वीकृति अप्रत्यक्ष रूप में रहती है क्योंकि प्रत्येक प्रकार के द्वन्द्व का अंतिम लक्ष्य सन्तुलन स्थापित करना ही होता है। अस्तु, हम कह सकते हैं कि विकास-प्रक्रिया के जिन पाँच सामान्य सूत्रों की स्थापना पीछे की गई है, उन्हें साहित्य-चिन्तकों की अप्रत्यक्ष स्वीकृति पहले से ही प्राप्त है, यह दूसरी बात है कि वे अपनी एकांगी दृष्टि के कारण अलग-अलग किसी एक को मान्यता देते हैं। वस्तुतः विकास की प्रक्रिया इनमें से किसी एक ही सूत्र पर आधारित नहीं हो सकती, अतः हमें इन पाँचों सूत्रों को संश्लिष्ट रूप में स्वीकार करते हुए इन सभी के आधार पर साहित्य की विकास-प्रक्रिया के विभिन्न पक्षों को समझने का प्रयास करना चाहिए। यहाँ हम प्रत्येक सूत्र की व्याख्या साहित्य की दृष्टि से क्रमशः प्रस्तुत करते हैं।

प्राकृतिक सर्जन-शक्ति—साहित्य के विकास में सबसे अधिक योगदान प्राकृतिक सर्जन-शक्ति का रहता है जो व्यक्ति के माध्यम से कार्य करती है। प्राचीन एवं अर्वाचीन साहित्य-शास्त्रियों ने इस विशेष शक्ति को, प्रतिभा सर्जन-क्षमता, कल्पना शक्ति, सहजानुभूति आदि नामों से पुकारा है। इनमें से कौन-सा नाम अधिक उपयुक्त है—इसका निर्णय करना यहाँ कठिन है क्योंकि यह एक स्वतन्त्र शोध का विषय है, किन्तु हम इतना अवश्य कह सकते हैं कि प्रायः सभी वर्गों के चिन्तकों ने साहित्यकार में एक विशेष शक्ति का अस्तित्व अवश्य माना है, जिसके बल पर साहित्य-रचना की जाती है। कुछ लोग यह भी मानते हैं कि यह शक्ति न्यून मात्रा में तो सभी व्यक्तियों में होती है किन्तु साहित्यकार के पास अधिक मात्रा में होती

है, जिससे वह साहित्य-सर्जन में सफल हो पाता है। इस शक्ति की न्यूनाधिक मात्रा सब व्यक्तियों में हो या न हो, पर यह स्पष्ट है कि साहित्य का सर्जन एक विशिष्ट शक्ति के द्वारा होती है जो विभिन्न व्यक्तियों को विभिन्न मात्रा में नैसर्गिक रूप में प्राप्त होती है। हमारे विचार से केवल यही नहीं, साहित्यकार के अन्य मानसिक साधन भी जिन्हें वह साहित्य-सर्जन में प्रयुक्त करता है, बहुत-कुछ प्राकृतिक शक्तियों पर आधारित होते हैं। उदाहरणतः साहित्यकार की सर्जन-क्षमता विचारों, भावों, अनुभूतियों, संस्कारों आदि का सहयोग प्राप्त करती है तथा विचार, भाव, अनुभूति आदि की क्षमता भी उसे प्रकृति से ही प्राप्त होती है। इन क्षमताओं को हम समन्वित रूप में 'मानसिक शक्ति' का नाम दे सकते हैं। यद्यपि प्रत्येक व्यक्ति की मानसिक शक्तियों में मात्रा एवं स्तर की दृष्टि से पारस्परिक अन्तर होता है, किन्तु मनोविज्ञान के आधार पर यह स्वीकार किया जा सकता है कि मानसिक शक्ति की सभी प्रक्रियाएँ प्राकृतिक नियमों के अनुसार संचालित होती हैं अतः व्यापक रूप में हम साहित्य-सर्जन की मूल शक्ति को 'मानसिक शक्ति' का ही एक अंग या अंश मानते हुए उसे प्राकृतिक या नैसर्गिक शक्ति के रूप में स्वीकार कर सकते हैं।

साहित्यकार की नैसर्गिक सर्जन-शक्ति भी अपने-आप में पूर्णतः स्वतंत्र नहीं है, वह साहित्यकार के माध्यम से कार्य करती है तथा मानसिक क्षेत्र की अन्य शक्तियों से भी सहायता लेती है, अतः ऐसी स्थिति में उसका साहित्यकार की रुचियों प्रवृतियों, धारणाओं एवं उसकी अनुभूतियों से प्रभावित हो जाना स्वाभाविक है। जिस प्रकार किसी ट्रेन के चलने का कार्य उसके इंजिन के द्वारा होता है, किन्तु उसे विशेष दिशा एवं विशेष पथ पर अग्रसर करने का कार्य ड्राइवर करता है, वैसे ही साहित्यकार की सर्जन-शक्ति साहित्यकार की रुचियों एवं प्रवृत्तियों के अनुसार ही विशेष क्षेत्र में आगे बढ़ती है। इतना अवश्य है कि ट्रेन की भाँति सर्जन-शक्ति यांत्रिक शक्ति नहीं है जो जब चाहे तब सक्रिय हो सके, वह विशेष समय एवं विशेष अवस्था की अपेक्षा रखती है। अस्तु, कहने का तात्पर्य यह है कि साहित्य की सर्जन-शक्ति पर विचार करते समय साहित्यकार की वैयक्तिक रुचियों, प्रवृत्तियों, धारणाओं, अनुभूतियों आदि पर भी ध्यान देना आवश्यक है, अन्यथा हम उसकी प्रक्रिया को भली-भाँति समझने में सफल न हो सकेंगे।

परम्परा[1]—साहित्य की विकास-प्रक्रिया का दूसरा मूलाधार तत्त्व परंपरा है।

---

1. 'परम्परा' का अर्थ स्पष्ट करते हुए श्री नलिन विलोचन शर्मा ने लिखा है— 'परम्परा का व्यापकतम अर्थ है, वे सारी संस्कारगत रूढ़ियाँ, साहित्यिक मान्यताएँ, और अभिव्यंजना की प्रणालियाँ, जो एक लेखक को अतीत से प्राप्त होती हैं। हम किसी विशिष्ट साहित्यिक मान्यता की परम्परा की चर्चा कर सकते

(शेष अगले पृष्ठ पर)

जिस प्रकार कोई भूमि कितनी ही सर्जन-क्षमता से युक्त क्यों न हो फिर भी वह बीज के अभाव में पौधे का सर्जन व विकास नहीं कर सकती, उसी प्रकार कोई भी साहित्यकार अपनी अपार सृजन-क्षमता के होते हुए भी परम्परा से कुछ न कुछ ग्रहण किए बिना साहित्य के विकास में योग नहीं दे सकता। यहाँ यह प्रश्न उठ सकता है कि यदि परम्परा के अभाव में साहित्य-सर्जन सम्भव नहीं तो सर्वप्रथम परम्परा का उद्भव कैसे हुआ, यह प्रश्न वैसा ही है जैसा कि यह पूछना कि यदि बीज के बिना वृक्ष सम्भव नहीं तो पहले-पहले बीज कहाँ से आया ? वस्तुत: हर क्षेत्र के मूल बीज का रहस्य अभी तक स्पष्ट नहीं हो पाया, इसका अस्पष्ट-सा उत्तर यही है कि सृष्टि की मूलाधार शक्ति अपनी विकास-प्रक्रिया की विशिष्ट मंजिलों में समय-समय पर नए बीजों का उद्भव या विकास करती रहती है, पर ऐसा वह कब और क्यों करती है, इसका पता लगाना अभी कठिन है। फिर भी यह तथ्य है कि बीज के अभाव में वृक्ष का उद्भव सम्भव नहीं, भले ही हम उपर्युक्त प्रश्नों का उत्तर न दे सकें। अस्तु, साहित्य की आदि परम्परा के स्रोत का रहस्य न जानते हुए भी हम यह निश्चितता के साथ कह सकते हैं कि साहित्यकार की मानस-भूमि में किसी पूर्व-परम्परा का ही बीज वपित होकर नए पौधों या नयी रचनाओं का रूप धारण करता है। इसका यह तात्पर्य नहीं है कि नयी रचना बिलकुल पूर्व परम्परा का ही प्रतिरूप होती है—अपितु उसमें बहुत कुछ ऐसा भी होता है जो कि पूर्व परम्परा से पृथक् किया जा सके इसका कारण यह है कि परम्परागत तत्त्वों के साथ-साथ वातावरण से सम्बन्धित तत्त्वों का भी मिश्रण हो जाता है—अत: नयी रचना में परम्परा और वातावरण—दोनों का समन्वित रूप दृष्टिगोचर होता है, यह दूसरी बात है कि एक को दूसरे की अपेक्षा प्रमुखता प्राप्त हो जाए। अस्तु, साहित्यिक परम्पराएँ वातावरण के प्रभाव से ही विभिन्न परम्पराओं में विभक्त एवं विकसित हो जाती हैं अत: परम्परा के साथ-साथ वातावरण का भी महत्त्व है किन्तु इसकी चर्चा आगे की जाएगी, यहाँ परम्परा के ही विभिन्न पक्षों का और स्पष्टीकरण किया जाएगा।

एक साहित्यकार के सामने अनेक परम्पराएँ विद्यमान रहती हैं, फिर भी वह उन सबको न अपनाकर किसी एक को या कुछ को ही अपनाता है। इसका कारण स्वयं साहित्यकार की रुचि, संस्कार, परिस्थिति, स्थिति, धारणा, दृष्टिकोण आदि में निहित है। कुछ साहित्यकार अपने युग की बहुमान्य परम्पराओं को छोड़कर किसी

हैं, उदाहरणार्थ 'दुखान्त न नाटकम्' जो संस्कृत नाटक-साहित्य में निरपवाद रूप से तथा हिन्दी नाटक-साहित्य में भी बहुत अधिक मात्रा में एवं हिन्दी-रंगमंच और चित्रपट में भी जाने-अनजाने व्याप्त था और है। हम किसी साहित्य-रूप की परम्परा पर विचार कर सकते हैं, यथा महाकाव्य का रूप⋯और किसी भाषा या शैली की परम्परा भी हो सकती है।"

—साहित्य का इतिहास-दर्शन, पृ० 276

अन्य युग या अन्य देश की परम्पराओं को अपनाते हैं—इसके पीछे भी उपर्युक्त तत्त्व कार्य करते हैं। साथ ही साहित्यकार परम्पराओं को नया रूप भी प्रदान करते हैं – अतः परम्पराओं का अध्ययन करते समय हमें साहित्यकार की उपर्युक्त सभी प्रवृत्तियों को ध्यान में रखना चाहिए। वस्तुतः ये सब प्रवृत्तियाँ विकास-प्रक्रिया के प्रथम सूत्र के अन्तर्गत आ जाती हैं, जिन्हें हम पहला स्थान दे चुके हैं। अतः परम्परा का स्थान उसके बाद ही आता है।

परम्पराओं का अध्ययन करते समय सबसे पहली समस्या उसके वर्गीकरण की होती है। किसी परम्परा को किस आधार पर अन्य परम्पराओं से पृथक् करें– इसका स्पष्ट उत्तर अभी तक शायद किसी साहित्य-चिन्तक ने नहीं दिया। विभिन्न इतिहास-कार परम्पराओं के वर्गीकरण के लिए विभिन्न आधार अपनाते हैं—कुछ राजनीतिक परिस्थितियों को आधार बनाते हैं, जैसे 'एलिजाबेथिन ड्रामा', तो कुछ मूल विषय-वस्तु को, जैसे –'राम-काव्य-परम्परा'। इनके स्थान पर कहीं-कहीं मूल प्रवृत्तियों को भी आधार बनाया जाता है—जैसे—'रीतिवादी काव्य', 'छायावादी काव्य'। इसी प्रकार कहीं-कहीं काव्य-रूप उपन्यास, नाटक, कविता आदि को, कहीं साहित्यकार विशेष को जैसे 'भारतेन्दु युगीन काव्य', 'द्विवेदी युगीन' आदि—आधार रूप में ग्रहण किया जाता है। यह भी आश्चर्य की बात है कि कई बार एक ही साहित्यकार अपने एक ही ग्रंथ के अलग-अलग अध्यायों में इन सभी आधारों को अलग-अलग अपनाता है; कहीं वह एक आधार को ग्रहण कर लेता है तो कहीं अन्य को। इसका उदाहरण आचार्य रामचन्द्र शुक्ल के 'हिन्दी-साहित्य के इतिहास' में देखा जा सकता है। वस्तुतः इस सम्बन्ध में कोई स्पष्ट निर्णय प्राप्त नहीं है।

हमारे विचार से किसी भी परम्परा का मूलाधार उसकी मूलभूत मानसिक चेतना होती है, जिसे मनोविज्ञान के अनुसार तीन भेदों में विभक्त किया जा सकता है—ज्ञान, भावना और क्रिया। ये तीनों वर्ग ही हमारी तीन आधारभूत मानसिक प्रवृत्तियों के द्योतक हैं। किसी व्यक्ति एवं किसी परिस्थिति में इनमें से एक प्रमुखता प्राप्त कर लेती है अन्य गौण हो जाती है तथा उस स्थिति में वही प्रवृत्ति प्रमुखता या प्रधानता प्राप्त कर लेती है। इन तीन प्रवृत्तियों के भी आगे चलकर दो-दो पक्ष हो जाते हैं—एक, विधेयात्मक (Positive) और दूसरा निषेधात्मक (Negative)। इस दृष्टि से ज्ञान-प्रधान प्रवृत्ति के दो पक्ष हैं—जिज्ञासा और तर्क। जिज्ञासा में ग्रहण की प्रवृत्ति रहती है जबकि तर्क में परिष्कार, त्याग एवं बहिष्कार की। भावना-प्रधान प्रवृत्ति के भी दो पक्ष राग और द्वेष तथा क्रिया-प्रधान प्रवृत्ति के दो पक्ष प्रवृत्ति और निवृत्ति हैं। इनके अतिरिक्त ज्ञान और भावना, भावना और क्रिया तथा क्रिया और ज्ञान के मिश्रण से तीन प्रवृत्तियों का और विकास हो जाता है, जिन्हें हम मिश्रित प्रवृत्तियों का नाम दे सकते हैं। इस प्रकार मूलभूत मानसिक चेतना नौ प्रमुख प्रवृत्तियों में विभाजित हो जाती है। प्रत्येक साहित्यिक परम्परा में

इनमें से किसी एक प्रवृत्ति की प्रमुखता होती है—शेष प्रवृत्तियाँ भी उसमें हो सकती हैं किन्तु वे गौण रूप में ही रहेंगी—अत: उसके आधार पर विभिन्न साहित्यिक परम्पराओं को मुख्यत: नौ वर्गों में विभाजित कर सकते हैं। इसे यहाँ तालिका-रूप में स्पष्ट किया जाता है।

तालिका-संख्या—1

परम्पराओं की आधारभूत चेतना एवं तत्सम्बन्धी प्रवृत्तियाँ

1. परम्पराओं की आधारभूत चेतना	2. परम्पराओं से सम्बन्धित प्रवृत्तियाँ
(1) ज्ञान-प्रधान विधेयात्मक चेतना या जिज्ञासामूलक चेतना	दार्शनिक, विचारात्मक एवं नैतिक प्रवृत्तियाँ (आदर्शवाद)
(2) ज्ञान-प्रधान निषेधात्मक चेतना या तर्कमूलक चेतना	निर्वेदात्मक व खंडनात्मक प्रवृत्तियाँ (निराशावाद)
(3) ज्ञान-भावना मिश्रित चेतना	भक्ति एवं रहस्य सम्बन्धी प्रवृत्तियाँ (रहस्यवाद)
(4) भावना-प्रधान विधेयात्मक चेतना या रागमूलक चेतना	प्रेम एवं करुणा सम्बन्धी प्रवृत्तियाँ
(5) भावना-प्रधान निषेधात्मक चेतना या द्वेषमूलक चेतना	घृणा, रोष, व्यंग्य एवं विद्रोह सम्बन्धी प्रवृत्तियाँ
(6) भावना-क्रिया मिश्रित चेतना	साहस एवं रोमांस सम्बन्धी प्रवृत्तियाँ
(7) क्रिया-प्रधान विधेयात्मक चेतना या प्रवृत्तिमूलक चेतना	उत्साह एवं वीरता सम्बन्धी प्रवृत्तियाँ
(8) क्रिया-प्रधान निषेधात्मक चेतना या निवृत्तिमूलक चेतना	भय, पलायन, एवं निष्क्रियता सम्बन्धी प्रवृत्तियाँ
(9) क्रिया-ज्ञान मिश्रित चेतना	शास्त्रानुकरण, रूढ़िवादी एवं रीतिवादी प्रवृत्तियाँ

उपर्युक्त तालिका में एक असंगति यह प्रतीत हो सकती है कि इसमें प्रत्येक मानसिक चेतना के सामने अनेक साहित्यिक प्रवृत्तियों का उल्लेख किया गया है जबकि आरम्भ में हमने एक प्रकार की मानसिक चेतना से एक साहित्यिक प्रवृत्ति का ही सम्बन्ध माना है। वस्तुत: एक ही चेतना विभिन्न परिस्थितियों में अनेक रूप धारण कर लेती है; उदाहरण के लिए जिज्ञासा की प्रवृत्ति जहाँ लौकिक क्षेत्र में नीति और उपदेश का रूप धारण कर सकती है तो अलौकिक क्षेत्र में पहुँचकर आध्यात्मक एवं दर्शन का रूप प्राप्त कर सकती है—अत: तालिका में इस तथ्य को ध्यान में रखते हुए प्रत्येक प्रवृत्ति के अनेक प्रमुख रूपों को स्थान दिया गया है। अस्तु, ये विभिन्न रूप

मूलतः एक ही मानसिक प्रवृत्ति से सम्बन्धित हैं, अतः इन्हें पृथक् रूप में उल्लिखित करना अनुचित एवं असंगत नहीं है।

साहित्य की परम्पराओं के वर्गीकरण के अनन्तर उनसे सम्बन्धित अन्य प्रश्नों पर विचार किया जा सकता है, जैसे—(1) प्रत्येक परम्परा की आधारभूत प्रवृत्ति का किस क्षेत्र से विशेष सम्बन्ध है तथा वह क्षेत्र कितना व्यापक है? उदाहरण के लिए राग या द्वेष की प्रवृत्ति वैयक्तिक, पारिवारिक, सामाजिक, सांप्रदायिक, जातीय, राष्ट्रीय, अन्तर्राष्ट्रीय आदि विभिन्न प्रकार के क्षेत्रों से सम्बद्ध हो सकती है और उसी के अनुरूप उसमें संकीर्णता या व्यापकता आ सकती है। जैसे, भीम और दुर्योधन का द्वेष वैयक्तिक क्षेत्र पर आधारित होने के कारण संकीर्ण माना जा सकता है तो राम और रावण का द्वेष या साम्यवादियों और पूँजीपतियों का द्वेष अथवा क्रांतिकारी भारतीयों एवं शासक अंग्रेजों का द्वेष सामाजिक एवं राष्ट्रीय क्षेत्र पर आधारित होने के कारण अधिक व्यापक माना जा सकता है। इस प्रकार एक ही मूल प्रवृत्ति से सम्बन्धित साहित्यिक परम्परा भी क्षेत्र-विस्तार एवं क्षेत्र-संकोच के कारण विभिन्न दिशाओं में अग्रसर हो जाती है तथा तदनुरूप उसकी विभिन्न शाखाएँ भी विकसित हो सकती हैं।

परम्पराओं से सम्बन्धित अन्य प्रश्न उनकी केन्द्रीय विषय-वस्तु, उनके वाह्य रूप-विधान उनकी शैली एवं उनके संगठन-विघटन से सम्बद्ध हैं। परम्पराओं के केन्द्रीय विषय—प्रकृति, नारी, वीर पुरुष, समाज, विशेष विचार, घटनाएँ आदि—समय-समय पर बदलते रहते हैं जिनसे उनके वाह्य रूप एवं उनकी शैली में भी परिवर्तन आ जाता है। जब परम्पराएँ सूक्ष्म तत्त्वों पर केन्द्रित होती हैं तो उनके वाह्य रूप भी तदनुकूल संक्षिप्त होते हैं जबकि स्थूल एवं विस्तृत विषयों पर केन्द्रित होने पर उनके रूपाकार में भी विस्तार आ जाता है। विभिन्न काव्य-रूप मुक्तक, गीति, प्रबन्ध आदि, इसी सूक्ष्मता एवं स्थूलता के द्योतक हैं। इसी प्रकार उनकी शैलियों में भी मूल प्रवृत्ति एवं केन्द्रीय वस्तु के अनुसार परिवर्तन होता है। अस्तु, परम्पराओं के उद्‌गम-स्रोत एवं विकास की व्याख्या करते समय हमें उनकी मूलभूत चेतना एवं तत्सम्बन्धी प्रवृत्तियों, उनके आधारभूत क्षेत्र, उनके केन्द्रीय विषय, उनकी रूपगत विशिष्टता एवं उनकी शैली सम्बन्धी प्रवृत्तियों को ध्यान में रखना चाहिए। जिस प्रकार प्रत्येक व्यक्ति की आन्तरिक चेतना, उसके वाह्य स्वरूप एवं उसकी विभिन्न प्रवृत्तियों में अपनी विशिष्टता होती है वैसे ही प्रत्येक परम्परा की भी अपनी विशेषता होती है जो उसके विभिन्न पक्षों, विभिन्न रूपों एवं विभिन्न प्रवृत्तियों के रूप में व्यक्त होती है।

वातावरण—परम्परा रूपी बीज सर्जनात्मक व्यक्तित्व की उर्वर-भूमि में वपित होकर नये पौधों के रूप में विकसित होता है किन्तु इसके लिए उसे कुछ तत्त्वों की और अपेक्षा होती है : वे तत्त्व हैं—जल, वायु, प्रकाश आदि। इन्हीं के समूह को

हम यहाँ 'वातावरण' की संज्ञा दे सकते हैं। कोई भी परम्परा वातावरण से प्रेरणा पाये बिना उद्दीप्त एवं सक्रिय नहीं हो सकती, इतना ही नहीं उसकी भावी प्रगति एवं उसके सम्यक् विकास के लिए भी सम्बन्धित वातावरण का अनुमोदन, आश्रय एवं संरक्षण अपेक्षित है। साहित्य की दृष्टि से इस वातावरण के चार पक्ष निर्धारित किये जा सकते हैं—(1) युग-विशेष की सामान्य परिस्थितियाँ, (2) साहित्यकार की विशेष परिस्थितियाँ, (3) साहित्यकार के आश्रयदाताओं या पाठकों का विशेष वर्ग, (4) विशिष्ट रचना से सम्बन्धित विशेष प्रेरणा-स्रोत। कोई भी साहित्यकार अपने युग के वातावरण, वैयक्तिक परिस्थितियों, सम्बन्धित पाठकों या आश्रयदाताओं की रुचि एवं प्रवृत्तियों तथा विभिन्न प्रेरणा-स्रोतों से न्यूनाधिक मात्रा में प्रभावित हुए बिना नहीं रह सकता। वस्तुतः इन सबका सम्मिलित प्रभाव ही साहित्यकार की सर्जन-शक्ति के उद्दीपन, पोषण एवं संरक्षण का कार्य करता है। जिस प्रकार एक नया अंकुर प्रस्फुटित होने के बाद भी अपेक्षित जलवायु के अभाव में अविकसित रह सकता है, वैसे ही वातावरण की सर्वथा उपेक्षा करने वाला साहित्यकार भी अपनी क्षमता का पूर्ण विकास करने में असफल रहता है। जब साहित्यकार युगीन वातावरण की प्रतिकूल परम्परा का अंधानुयायी बन जाता है तो वह अपने ही युग से उपेक्षित हो जाता है तथा स्थायित्व के सौभाग्य से वंचित रहता है। पर इसका तात्पर्य यह भी नहीं है कि साहित्यकार को युगीन परिस्थितियों एवं वातावरण का अन्धानुकरण करना चाहिए या परम्पराओं को सर्वथा त्याग देना चाहिए। वस्तुतः उसका कार्य परम्परा के बीजों को वातावरण के जल से सींचकर उन्हें नया रूप देने का होता है। प्रत्येक युग की अपनी समस्याएँ, अपनी आवश्यकताएँ और अपनी इच्छाएँ होती हैं। साहित्यकार इन समस्याओं, आवश्यकताओं और इच्छाओं को समझ कर उनके अनुरूप समाधान प्रस्तुत करता है। यह आवश्यक नहीं कि वह अपने युग की हर बात का समर्थन करे, वह उनका विरोध भी कर सकता है किन्तु उसका कोई न कोई सम्बन्ध युग से अवश्य रहना चाहिए। इसके लिए विशेष चेष्टा की आवश्यकता नहीं, जिसे अपने समय की सच्ची अनुभूति प्राप्त है, उसकी वाणी में स्वतः ही युग का स्वर ध्वनित हो जाता है। अस्तु, साहित्य के विकास में युगीन वातावरण के उपर्युक्त विभिन्न पक्षों का विभिन्न रूपों में योगदान रहता है, जिसकी अपेक्षा नहीं की जा सकती।

द्वन्द्व या आकर्षण-विकर्षण की प्रक्रिया—एक जीवित प्राणी प्रत्येक क्षण अपने वातावरण में से कुछ तत्त्वों को खींचता रहता है तो कुछ को सदा फेंकता रहता है। प्राणियों के विभिन्न शारीरिक संस्थान भी सदा यही खींचने और फेंकने का कार्य करते हैं; जहाँ श्वास-संस्थान साँस के रूप में भी खींचने-फेंकने की क्रिया में निरत रहता है वहाँ पाचन-संस्थान खाद्य पदार्थों के सार तत्त्व को खींचने एवं निस्सार तत्त्वों को फेंकने का कार्य करता है। रक्त-संस्थान भी रक्त-संचालन की प्रक्रिया

इसी खींचने और फेंकने के रूप में करता है। हमारे अन्य संस्थान भी ऐसा ही करते हैं। इसी प्रकार बाह्य जगत् में भी हम जो भी क्रिया करते हैं, उसके मूल में यही खींचने-फेंकने की प्रक्रिया रहती है, जिसे दूसरे शब्दों में 'आकर्षण-विकर्षण की प्रक्रिया कह सकते हैं। भौतिक ग्रह-पिंडों से लेकर मानसिक जगत् की समस्त क्रियाएँ इसी आकर्षण-विकर्षण की प्रक्रिया के ही विभिन्न रूप हैं। वस्तुतः यह प्रक्रिया ही हमारी प्राण-शक्ति, चेतना, गतिशीलता एवं विकासोन्मुखता की सूचक है, जहाँ प्रक्रिया समाप्त हुई, उसे 'मृत्यु' कह दिया जाता है। साहित्य के क्षेत्र में भी उसकी गतिशीलता का रहस्य इसी प्रक्रिया में निहित है। एक ओर साहित्यकार किसी विशिष्ट घटना या व्यक्ति से आर्कषित या विर्कषित होकर अपनी अनुभूति को शाब्दिक रूप प्रदान करता है तो दूसरी ओर सामाजिक भी उसकी शाब्दिक रचना से आर्कषित होकर उसका अध्ययन एवं आस्वादन करता है। इस प्रकार कवि और समाज के बीच आकर्षण-विकर्षण की प्रक्रिया चलती रहती है। पर आकर्षण शक्ति का यह नियम है कि बड़े आकर्षण के सामने छोटा आकर्षण तुच्छ एवं प्रभावहीन हो जाता है। अतः जब समाज के सामने और कोई बड़ा आकर्षण उपस्थित हो जाता है तो कम आकर्षण वाले साहित्यकार एवं साहित्यिक परम्पराएँ आकर्षण शून्य होकर लुप्त हो जाती हैं। इसी प्रकार वातावरण-परिवर्तन के साथ-साथ परम्पराओं का भी आकर्षण मंद पड़ जाता है—यहाँ तक कि एक युग में जो परम्परा बहुत आकर्षक प्रतीत होती है, वही आगे जाकर अत्यन्त विकर्षक हो सकती है। अतः एक युग में वही परम्परा समाज का आश्रय एवं संरक्षण प्राप्त कर पाती है जो उसे सर्वाधिक आर्कषित कर पाती है, अन्यथा वह उपेक्षित एवं तिरस्कृत होकर काल-कवलित हो जाती है।

परम्परा और समाज के बीच ही नहीं, एक परम्परा और अन्य परम्परा तथा समाज के एक वर्ग एवं अन्य वर्ग, के बीच भी आकर्षण-विकर्षण की प्रक्रिया चलती रहती है। इसके परिणामस्वरूप एक ओर साहित्यकारों के विभिन्न वर्गों एवं गुटों के बीच तथा दूसरी ओर समाज के विभिन्न वर्गों में द्वन्द्व की स्थिति उत्पन्न हो जाती है। ऐसी स्थिति में परम्पराएँ विरोधी वर्गों की कुछ प्रवृत्तियों को ग्रहण करती हुई नये रूप में संघटित हो जाती हैं या फिर अपने कुछ तत्त्वों का अपव्यय करती हुई अन्त में विघटित हो जाती हैं। वस्तुतः साहित्य की विभिन्न परम्पराओं के इस द्वन्द्व के कारण ही उनके विकास की गति तीव्र होती है—वे इसके परिणामस्वरूप अन्य परम्पराओं से कुछ तत्त्व आर्कषित कर लेती हैं या अपने में से कुछ तत्त्व विकर्षित कर देती हैं, जिससे उनके आन्तरिक संघटन में परिवर्तन उपस्थित हो जाता है। इसी प्रकार परम्परा और युग की प्रवृत्तियों के द्वन्द्व से भी उनमें पर्याप्त परिवर्तन उपस्थित होता है। प्रत्येक परम्परा अपने-आपको युगीन वातावरण के अनुकूल सुस्थित करने के लिए मूल तत्त्वों एवं प्रवृत्तियों में आंशिक त्याग एवं नये तत्त्वों एवं प्रवृत्तियों का आंशिक ग्रहण करती रहती हैं, अन्यथा वे जीवित नहीं रह पातीं। अस्तु, व्यक्ति और समाज, परम्परा और वातावरण के पारस्परिक आकर्षण-विकर्षण की प्रक्रिया

से उत्पन्न द्वन्द्व की प्रतिक्रिया से ही साहित्य के विकास की गति आगे बढ़ती है, इसमें कोई संदेह नहीं।

संतुलन—प्रत्येक द्वन्द्व की परिणति अन्त में संतुलन, समन्वय या सामंजस्य में होती है। अन्यथा तब तक आकर्षण-विकर्षण या द्वन्द्व की प्रक्रिया चलती रहती है। वस्तुतः यह संतुलन या समन्वय सम्बन्धित प्रक्रिया की शान्ति, उनके चरम लक्ष्य की पूर्ति एवं उसके विकास की चरम परिणति का सूचक है, जिसे शरीरधारियों की भाषा में 'मृत्यु' भी कहा जा सकता है। जब गेहूँ का पौधा अपने चरम फल को प्राप्त कर लेता है तो उसकी जीवन-क्रिया समाप्त हो जाती है, अतः यह 'समाप्ति' उसकी मृत्यु और सफलता दोनों की सूचक है। इसी प्रकार साहित्यिक परम्परा भी जब अपने चरम विकास की सीमा पर पहुँच जाती है, तो उसके द्वन्द्व की प्रक्रिया—ग्रहण और त्याग की क्रियाएँ—समाप्त हो जाती हैं और वे निष्क्रिय एवं निर्जीव हो जाती हैं। हो सकता है, भविष्य में वे पुनः बीज रूप में अवतरित होकर नया जन्म धारण करती हुई, नये युगों एवं नये क्षेत्रों में विकसित हों किन्तु उनके उद्‌भव, विकास एवं शमन के साथ-साथ उनके जीवन से एक आवृत्ति समाप्त हो जाती है, और उस समय वे अपने पीछे कुछ ऐसे सार तत्त्व छोड़ जाती हैं जो किसी भावी सर्जन के लिए बीजों का काम देते हैं।

प्रश्न है, एक परम्परा के विकास की चरम सीमा क्या है? इसका उत्तर है, चरम संतुलन। जैसा कि पीछे स्पष्ट किया गया है, प्रत्येक साहित्यिक परम्परा अन्य परम्पराओं एवं युग की विभिन्न प्रवृत्तियों से संघर्ष करती हुई आगे बढ़ती है, पर अन्त में जब वह इस स्थिति में पहुँचती है कि उसका विरोधी पक्षों से पूर्ण सामंजस्य हो जाता है तो यहीं उसके जीवन की इतिश्री हो जाती है। इसी को हम संतुलन या सामंजस्य कहते हैं। वस्तुतः संतुलन या सामंजस्य ही उनके विकास के चरम-बिन्दु को सूचित करता है।

परम्पराओं एवं युगीन प्रवृत्तियों के बीच संतुलन-स्थापन की प्रक्रिया को भी आकर्षण-सिद्धान्त के अनुसार चार खण्डों में विभक्त किया जा सकता है—(1) संपर्क-स्थापना, (2) संप्रेषण, (3) द्रवण, (4) अभिव्यक्ति। इन खण्डों के अनुसार दो परस्पर विरोधी परम्पराओं या प्रवृत्तियों में सर्वप्रथम संपर्क स्थापित होता है, तदनन्तर उनमें से एक दूसरी को धीरे-धीरे आत्मसात् कर लेती है, जिससे दोनों परस्पर मिश्रित या संप्रेषित हो जाती हैं। पर संप्रेषण के अनन्तर वे द्रवित होकर नए रूपों में अभिव्यक्त होती हैं। इन चारों प्रक्रियाओं का अधिक स्पष्टीकरण 'साहित्य-विज्ञान' में किया जा चुका है, यहाँ इतना ही कहना पर्याप्त होगा कि इन प्रक्रियाओं का अस्तित्व जीवन के प्रत्येक क्षेत्र में है; जहाँ भी दो शक्तियाँ पारस्परिक आकर्षण-विकर्षण से द्वन्द्व में निरत होती हैं, वहाँ इन प्रक्रियाओं के रूप में उनमें सामंजस्य स्थापित होता है। इस सामंजस्य की भी चरम सीमा यह है कि अन्त में

मूल शक्तियों का रूपान्तरण या रूप-परिवर्तन हो जाता हैं, जिसे रासायनिक परिवर्तन के अनुसार पाँच वर्गों में विभाजित किया जा सकता है—(1) संयोजनात्मक रूपान्तरण, (2) विश्लेषणात्मक रूपान्तरण, (3) विस्थापनात्मक रूपान्तरण (4) विनिमयात्मक रूपान्तरण और (5) समन्वयात्मक रूपान्तरण। संयोजनात्मक रूपांतरण में दो परम्पराएँ मिश्रित होकर एक रूपात्मक हो जाती हैं। विश्लेषणात्मक में एक ही परम्परा या प्रवृत्ति विभिन्न रूपों में विघटित हो जाती है जबकि विस्थापनात्मक रूपान्तरण में एक प्रवृत्ति का स्थान अन्य प्रवृत्ति ले लेती है। विनिमयात्मक रूपान्तरण में दो परम्पराओं या प्रवृत्तियों में कुछ तत्त्वों का आदान-प्रदान हो जाता है तथा समन्वयात्मक रूपान्तरण में भिन्न परम्पराओं या प्रवृत्तियों में आन्तरिक भेद होते हुए भी बाह्य समानता स्थापित हो जाती है। अस्तु, रूपान्तरण का चाहे कोई भी भेद हो, प्रत्येक भेद संतुलन का द्योतक है। जिस प्रकार विभिन्न सत्ताएँ, परस्पर कुछ ले-देकर या हार मानकर या आत्म-समर्पण करके या किसी और प्रकार से समझौता कर लेती हैं, वैसे ही साहित्यिक परम्पराएँ भी विभिन्न प्रकार के रूपान्तरण के माध्यम से संतुलन एवं सामंजस्य स्थापित करती हुई शान्त हो जाती हैं।

—०—

10

साहित्येतिहास के नये सिद्धांत–2

(ख) साहित्य का रूपात्मक विकास

साहित्य की विकास-प्रक्रिया के पाँच सामान्य सूत्रों – सर्जनात्मक शक्ति, परम्परा, वातावरण, द्वन्द्व या आकर्षण-विकर्षण एवं संतुलन की व्याख्या पीछे की जा चुकी है, जिससे स्पष्ट है कि विश्व के अन्य क्षेत्रों की भाँति साहित्य के क्षेत्रों की भी विकास की प्रक्रिया सर्जनात्मक शक्तियों (व्यक्तियों) के माध्यम से परम्परा एवं वातावरण के पारस्परिक द्वन्द्व की प्रतिक्रिया से सम्पन्न होती है तथा उसका चरम लक्ष्य अन्ततः परम्परा एवं वातावरण के मध्य संतुलन स्थापित करना होता है। इस सिद्धान्त के आधार पर साहित्य के विकास की गति को स्पष्ट किया जा सकता है किन्तु इस गति के अनुमापन के लिए कई बार उसके स्थूल लक्षणों, आन्तरिक प्रवृत्तियों एवं बाह्य मापकों का आश्रय लिया जाता है। एक दो वर्ष का बच्चा अपने जन्म के बाद कितना विकसित हो गया है, उसका विकास किस दिशा में और किस गति से हो रहा है, उसके विकास की गति ठीक है या नहीं—इसका निर्धारण करने के लिए हम विभिन्न प्रकार के अनुमापकों का आश्रय ले सकते हैं। कुछ लोग उसके शरीर के वजन, बाह्य रूपाकार आदि को देखकर उसके विकास की स्थिति का अनुमान कर सकते हैं तो कुछ उसके आन्तरिक लक्षणों – उसकी चेष्टाओं एवं भावाभिव्यक्तियों से उसकी स्वस्थता एवं अस्वस्थता का निर्णय कर सकते हैं। इसी प्रकार साहित्य के विकास की स्थिति के अनुमापन के लिए भी विभिन्न मापदण्डों को आधार बनाया जा सकता है। वे मापदण्ड मुख्यतः तीन प्रकार के हैं—(1) रूपात्मक, (2) प्रवृत्यात्मक, (3) गुणात्मक रूपात्मक मापकों में साहित्य के स्थूल एवं बाह्य लक्षणों के आधार पर उसके विकास की स्थिति की व्याख्या की जा सकती है जबकि शेष दो में उसकी आन्तरिक शक्ति या अन्तश्चेतना से सम्बन्धित विभिन्न सूक्ष्म प्रवृत्तियों एवं गुणों के द्वारा उसकी गति को समझा जा सकता है। वस्तुतः किसी भी साहित्य के विकास की सम्यक् व्याख्या के लिए इन तीनों ही प्रकार के मापकों का उपयोग अपेक्षित है अन्यथा हमारा अनुमापन अधूरा एवं एकांगी सिद्ध हो सकता है, अतः हम यहाँ तथा अगले अध्यायों में क्रमशः तीनों का स्पष्टीकरण प्रस्तुत करते हैं।

रूपात्मक विकास की व्याख्या के मूलाधार—रूपात्मक व्याख्या के आधारभूत सिद्धान्तों के रूप में मुख्यतः डारविन एवं स्पेन्सर के द्वारा प्रतिपादित नियमों को

ग्रहण किया जा सकता है। डारविन के अनुसार प्रत्येक प्रकार की जाति या परम्परा जब अपने अस्तित्व की सुरक्षा के लिए वातावरण की प्रतिकूलता से संघर्ष करती हुई अपने-आपको उसके अनुकूल ढालने का प्रयास करती है तो परिस्थितियों के अनुरूप उसमें अपेक्षित परिवर्तन या विकास होता है, जिससे एक ही परम्परा विभिन्न प्रकार के प्रारूपों में विकसित हो जाती है। जो जातियाँ वातावरण की प्रतिकूलता के साथ संघर्ष एवं सामंजस्य करने में असफल रहती हैं वे अन्त में नष्ट हो जाती हैं। इस प्रकार डारविन विकास की प्रत्येक मंजिल को वातावरण या परिस्थितियों की देन मानते हैं। अस्तु, उनके अनुसार प्रत्येक जाति या परम्परा की रूपाकृति एवं बाह्य लक्षणों में जो परिवर्तन होता है वह मुख्यत: वातावरण से प्रेरित एवं प्रभावित होता है।

स्पेन्सर ने विकासवाद के सिद्धान्तों की व्याख्या अधिक गम्भीर एवं सूक्ष्म रूप में की है। यद्यपि उसने भी जाति या परम्परा के विभिन्न बाह्य लक्षणों के आधार पर ही विकास को स्पष्ट किया है, किन्तु उसने डारविन की भाँति उसकी आन्तरिक प्रवृत्तियों की सर्वथा उपेक्षा नहीं की है। दूसरे, डारविन का सिद्धान्त मुख्यत: जीवविज्ञान पर ही आधारित है जबकि स्पेन्सर ने भौतिक विज्ञान एवं जीव-विज्ञान मनोविज्ञान एवं साहित्य-क्षेत्र तक विभिन्न क्षेत्रों पर अपने से लेकर सिद्धान्त को सफलतापूर्वक लागू किया है। अत: हम यहाँ उसी के सिद्धान्त को आधार बनाकर चलेंगे किन्तु साहित्य की विशेष परिस्थितियों को ध्यान में रखते हुए उसमें थोड़ा स्पष्टीकरण एवं संशोधन भी अपेक्षित होगा।

जैसा कि अन्यत्र बताया जा चुका है, स्पेन्सर का आधारभूत फार्मूला यह है—"Evolution is an integration of matter and concomitant dissipation of motion; during which the matter passes from a relatively indefinite, incoherent, homogeneity to a relatively definite, coherent heterogeniety; and during which the retained motion undergoes a parallel transformation"[1] अर्थात् 'विकास द्रव्य का एक ऐसा संघटन या केन्द्रीकरण तथा उसकी सहचारी गति का अभिव्यंजन है जिसमें द्रव्य अनिश्चित, असम्बद्ध, समरूपता की स्थिति से अपेक्षाकृत निश्चित, सुसम्बद्ध एवं बहुरूपता की स्थिति की ओर अग्रसर होता है तथा साथ ही जिसकी अन्तर्निहित गति (शक्ति) उसी के अनुकूल रूपान्तरित हो जाती है।" यह फार्मूला ब्रह्माण्ड के भौतिक पिण्डों से लेकर सूक्ष्म प्राणियों तक की स्थिति को ध्यान में रखकर सामान्य शब्दावली में प्रस्तुत किया

---

1. Spencer : First Principle. Page 358.

गया है। अतः इसे साहित्य पर लागू करने के लिए इसकी शब्दावली को तदनुकूल स्पष्टीकृत एवं परिवर्तित किया जा सकता है। यह फार्मूला मुख्यतः 'द्रव्य', 'गति', 'रूप' पर आधारित है, जिन्हें साहित्य की दृष्टि से क्रमशः विषय-वस्तु, प्रवृत्ति एवं साहित्य-रूप के अर्थ में ग्रहण करते हुए साहित्य के विकास के निम्नांकित सामान्य लक्षण निर्धारित किए जा सकते हैं—

(1) साहित्य की विकासोन्मुख अवस्था में उसकी विषय-वस्तु के अन्तर्गत क्रमशः अधिकाधिक तत्त्व संघटित एवं केन्द्रीकृत होते रहते हैं।

(2) उसमें विषय-वस्तु की 'सहचरी गति' अर्थात् आन्तरिक प्रवृत्ति का प्रकाशन ('अभिव्यंजना' या 'अपव्यय') भी साथ-साथ (अधिक गम्भीर रूप में ?) होता चलता है।

(3) उसमें साहित्य के बाह्य रूप-भेद (जैसे—कविता, उपन्यास, कहानी आदि) क्रमशः अधिकाधिक निश्चित या स्पष्ट एवं व्यवस्थित हो जाते हैं तथा उनके भेदों की संख्या में अभिवृद्धि होती रहती है।

(4) इसके साथ-साथ उसकी अन्तर्निहित प्रवृत्ति या मूल प्रवृत्ति भी अधिक निश्चित, स्पष्ट, सुसम्बद्ध, व्यवस्थित, बहुरूपी व बहुमुखी होती चलती है।

उपर्युक्त फार्मूले को स्पष्ट करते हुए स्पेन्सर ने विकासोन्मुखता के सूचक और भी कई लक्षणों का निर्देश किया है, जो संक्षेप में इस प्रकार है—(1) द्रव्य के विभिन्न तत्त्वों का अधिकाधिक संघटित एवं सुसम्बद्ध होना। (2) द्रव्य की पारस्परिक भिन्नता अर्थात् साहित्य की विषय-वस्तु में वैविध्य का होना। (3) वस्तु की प्रत्येक इकाई का आन्तरिक रूप में सुसम्बद्ध एवं सुगठित होना अर्थात् साहित्य की कथा-वस्तु का आन्तरिक दृष्टि से सुगठित होना। (4) रूपों का आकार-प्रकार अधिकाधिक स्पष्ट एवं निश्चित होते जाना। (5) रूपों में सरलता की अपेक्षा जटिलता का या साहित्य की शैली में अभिधात्मकता के स्थान पर लाक्षणिकता एवं व्यंग्यात्मकता का प्रदुर्भाव। (6) अव्यवस्था एवं अराजकता के स्थान पर नियमबद्धता या साहित्यिक मानदंडों की प्रतिष्ठा एवं स्वीकृति। (7) अनिश्चितता की अपेक्षा निश्चितता अर्थात् साहित्य के लक्ष्य, प्रयोजन एवं उद्देश्य का सुनिश्चित होना।

जहाँ उपर्युक्त लक्षण सामान्यतः साहित्य की विकासोन्मुखता के सूचक हैं वहाँ इनके प्रतिकूल लक्षण उसकी ह्रासोन्मुखता के व्यंजक माने गये हैं। यहाँ दोनों प्रकार के लक्षणों को तालिका रूप में प्रस्तुत किया जाता है।

तालिका-संख्या—2

साहित्य के विकास की रूपात्मक व्याख्या

क्षेत्र	विकासोन्मुखता के लक्षण	ह्रासोन्मुखता के लक्षण
(1) विषय-वस्तु	(क) तत्त्वों का संघटन (ख) तत्त्वों की सुसम्बद्धता (ग) तत्त्वों की विविधता (घ) तत्त्वों की आंतरिक सुगठितता (ङ) केन्द्रीय तत्त्व की सुदृढ़ता	(क) तत्त्वों का विघटन एवं क्षय (ख) तत्त्वों की असम्बद्धता (ग) तत्त्वों की न्यूनता (घ) तत्त्वों का आंतरिक संबंध शिथिल (ङ) केन्द्रीय तत्त्व दुर्बल एवं प्रभाव-शून्य
(2) आंतरिक प्रवृत्तियाँ	(च) भावात्मक प्रवृत्तियों का विषय-वस्तु के अनुरूप विस्तार, वैविध्य एवं सुसम्बद्धता	(च) भावात्मक प्रवृत्तियों का संकुचित एवं सीमित हो जाना
(3) रूप-भेद	(छ) साहित्य के रूप भेदों का निश्चित एवं सुस्पष्ट होना। (ज) रूपों का वैविध्य एवं विस्तार	(छ) रूप भेदों का अनिश्चित एवं अस्पष्ट हो जाना (ज) रूपों का संकोच
(4) शैली	(झ) शैली परिष्कृत, सुसंस्कृत, प्रौढ़ लाक्षणिक एवं व्यंग्यात्मक	(झ) शैली रूढ़, विशृंखलित, अभिधात्मक, कृत्रिम एवं दुरूह
(5) साहित्य का आदर्श एवं प्रयोजन	(ञ) साहित्य के मानदण्ड एवं आदर्श सुव्यवस्थित व निश्चित (ट) साहित्य का प्रयोजना सुस्पष्ट	(ञ) मानदण्ड व आदर्श अव्यवस्थित एवं अनिचित (ट) प्रयोजन अस्पष्ट

—o—

11

साहित्येतिहास के नये सिद्धान्त–3

(ग) साहित्य का प्रवृत्यात्मक विकास

जिस प्रकार साहित्य के रूपात्मक लक्षणों के आधार पर उसके विकास की गति एवं स्थिति को आंशिक रूप में समझा जा सकता है, उसी प्रकार उसकी आंतरिक प्रवृत्तियों के आधार पर भी उसके विकास की प्रकृत शक्तियों, मौलिक प्रेरणाओं एवं लक्षित दिशाओं को हृदयंगम किया जा सकता है। साहित्य-विकास के रूपात्मक पक्ष की व्याख्या पीछे की जा चुकी है, अतः यहाँ उसके प्रवृत्त्यात्मक पक्ष पर विचार किया जाता है।

प्रवृत्यात्मक विकास का समाज-शास्त्रीय एवं सांस्कृतिक आधार

साहित्य-विकास की प्रवृत्त्यात्मक व्याख्या में सबसे अधिक योगदान आधुनिक युग के कतिपय समाज-शास्त्रियों एवं सांस्कृतिक व्याख्याताओं का है, जिनमें ओसवाल्ड स्पेंगलर (1880-1936 ई०)[1] ए० जे० ट्वायनबी, (जन्म 1889 ई०)[2] पी० सोरोकिन (जन्म 1889 ई०)[3] का नाम उल्लेखनीय है। इन विद्वानों ने विश्व सभ्यता एवं संस्कृति के ऐतिहासिक अध्ययन के आधार पर प्रमाणित किया है कि प्रत्येक जाति के सामाजिक एवं सांस्कृतिक आदर्शों, प्रेरणाओं एवं प्रवृत्तियों की अभिव्यक्ति उसके साहित्य में होती है तथा उसके उत्थान-पतन की गति एवं स्थिति का भी अंकन उसमें होता है, अतः किसी भी सांस्कृतिक का अध्ययन उसके साहित्य के आधार पर किया जा सकता है। किन्तु इसका एक दूसरा पक्ष भी है—समाज और संस्कृति का अध्ययन यदि साहित्य के आधार पर किया जा सकता है तो साहित्य का विश्लेषण भी तत्सम्बन्धी समाज और संस्कृति के ज्ञान के आधार पर किया जा सकता है। साहित्य की प्रायः सभी मूलभूत प्रवृत्तियों एवं प्रेरणाओं का स्रोत उससे सम्बन्धित सामाजिक एवं सांस्कृतिक पक्ष में निहित है। अतः साहित्य के प्रवृत्त्यात्मक विकास को समझने के लिए सामाजिक सांस्कृतिक आधार को ग्रहण करना सर्वथा अनिवार्य है।

सांस्कृतिक आधार पर साहित्य की व्याख्या के वैसे तो अब तक बहुत-से

---

1. Oswald Spengler : The decline of West.
2. A. J. Toynbee : A study of History.
3. P. Sorokin : Social and Cultural Dynamics.

प्रयास हुए हैं, किन्तु हमारी दृष्टि एवं जानकारी में सबसे अधिक महत्त्वपूर्ण एवं सफल प्रयास पी० सोरोकिन (जन्म 1889 ई०) का है जिन्होंने अपने ग्रन्थ 'सोशल एण्ड कल्चरल डाइनेमिक्स' (सामाजिक एवं सांस्कृतिक गत्यात्मकता) में विश्व के प्रमुख सांस्कृतिक प्ररूपों के आधार पर तत्सम्बन्धी साहित्य की प्रवृत्तियों की व्याख्या वैज्ञानिक पद्धति से की है। यहाँ हम उनके निष्कर्ष संक्षेप में प्रस्तुत करते हैं।

सोरोकिन के सिद्धान्त—सोरोकिन ने विश्व संस्कृति को उसकी आन्तरिक प्रवृत्तियों के आधार पर तीन प्रमुख प्ररूपों में विभक्त किया है—(1) तत्त्वपरक संस्कृति (Ideational culture), (2) इन्द्रियपरक संस्कृति (Sensate culture) और (3) आदर्शपरक संस्कृति (Idealistic culture)। यह विभाजन मुख्यत: इन चार प्रश्नों के आधार पर किया गया है—(1) प्रत्येक संस्कृति की दृष्टि में चरम सत्य या वास्तविकता क्या है? (2) उसकी इच्छित कामनाएँ एवं प्रेरणाएँ क्या हैं? (3) उसकी कामनाओं की संतुष्टि के साधन क्या हैं? (4) उनकी संतुष्टि किस सीमा तक होती है? इन प्रश्नों के आधार पर प्रत्येक प्ररूप की विशेषताएँ संक्षेप में इस प्रकार बताई जा सकती हैं—

(क) तत्त्वपरक संस्कृति—इसकी दृष्टि में चरम सत्य कोई सूक्ष्म, अगोचर, अभौतिक एवं चिरन्तन तत्त्व है तथा इसकी एषणाएँ एवं कामनाएँ भी मुख्यत: अलौकिक एवं आध्यात्मिक जगत् से सम्बन्धित होती हैं जिनकी पूर्ति के लिए इसमें त्याग, संयम एवं साधना का मार्ग अपनाया जाता है। अध्यात्म जगत की कोई सीमा नहीं है, उसमें पारस्परिक प्रतिद्वन्द्विता के लिए अवकाश नहीं होता, अत: उपर्युक्त एषणाओं की पूर्ति अधिकाधिक मात्रा में होती है।

(ख) इन्द्रियपरक संस्कृति—इसके अन्तर्गत आने वाला समाज गोचर पदार्थों एवं भौतिक जगत को ही चरम सत्य मानता हुआ शारीरिक आवश्यकताओं एवं ऐन्द्रिक वासनाओं की ही तृप्ति को अपना लक्ष्य मानता है तथा उसकी पूर्ति के लिए भौतिक साधना की उपलब्धि के लिए परिस्थितियों एवं वातावरण से संघर्ष करता है। चूँकि भौतिक साधन उनके भोक्ताओं की तुलना में सीमित होते हैं। अत: इस क्षेत्र के लोगों की आवश्यकताएँ एवं कामनाएँ पूर्णत: तृप्त नहीं होतीं।

(ग) आदर्शपरक संस्कृति—इसकी स्थिति उपर्युक्त दोनों के बीच की है, अत: दोनों की ही प्रवृत्तियाँ इसमें आंशिक रूप में मिलती हैं।

उपर्युक्त तीनों प्रकार की संस्कृतियों के अनुरूप ही उनके साहित्य को भी तीन प्ररूपों में विभक्त किया जा सकता है—(1) तत्त्वपरक साहित्य, (2) इन्द्रियपरक साहित्य और (3) आदर्शपरक साहित्य। इनमें से प्रत्येक प्रकार के साहित्य में, चाहे वह किसी भी देश-काल से सम्बन्धित क्यों न हो कुछ सामान्य लक्षण, विशेषताएँ एवं प्रवृत्तियाँ मिलती हैं जिनका निर्देश सोरोकिन ने विश्व-साहित्य के आधार पर

सप्रमाण किया है। यहाँ संक्षिप्तता एवं स्पष्टता की दृष्टि से इन्हें तालिका-रूप में प्रस्तुत किया जाता है।

तालिका संख्या—3

सांस्कृतिक प्ररूपों से संबंधित साहित्यिक प्रवृत्तियाँ

क्षेत्र	सांस्कृतिक एवं साहित्यिक प्ररूप		
	तत्त्वपरक प्ररूप	**आदर्शपरक प्ररूप**	**इन्द्रियपरक प्ररूप**
1. विषय-वस्तु	धार्मिक विषय	धर्म, धर्म-निरपेक्षता, वीरता सम्बन्धी विषय	सांसारिक या धर्म-निरपेक्ष विषय
2. पात्र	देवी-देवता, अवतार, अलौकिक, दिव्य, महात्मा आदि	अर्द्ध दैवी, वीर पुरुष, महान्, सुन्दर आशावादी	सांसारिक व्यक्ति, सामान्य, दुष्ट, अपराधी, पतित, विक्षिप्त, निराश
3. घटनाएँ	अलौकिक	वीतापूर्ण कार्य, महत्कार्य	साधारण, दैनिक जीवन के क्रियाकलाप
4. आन्तरिक प्रवृत्तियाँ	विरक्ति एवं निर्वेद	आदर्श उदात्त	कामुकतापूर्ण, शोक-अवसाद, पलायनवाद, बौद्धिकतावाद
5. नैतिक स्तर	उच्च, पवित्र,	किंचित् अश्लील	अश्लीलता, नग्नता, स्थूलता एवं वासना से पूर्ण
6. व्यक्तित्व एवं चरित्र	अनैतिहासिक व्यक्तियों के शुद्ध चरित्र	स्थिर एवं साहसी पात्र	उच्छृंखल, समाज-विरोधी एवं व्यक्ति-वादी पात्र
7. सामान्य प्रकृति	गम्भीरतापूर्ण	व्यंग्यात्मकता से युक्त किन्तु अशिष्टता से शून्य	हास्य-व्यंग्य, सुखान्त, निम्नस्तर का

8. लक्ष्य	आध्यात्मिकता, मुक्ति, निर्वाण	स्वतन्त्र, सुखी एवं सुसंयत पारिवारिक समाज	अपने व्यक्तित्व की स्थापना तथा पैसा कमाना
9. कला के प्रति दृष्टि-कोण (आदर्श)	कला धर्म है, कला और धर्म एक है।	कला समाज और मानवता के अभ्युत्थान की साधक है	कला ऐन्द्रिक आनन्द और सुख-प्राप्ति का साधन

सोरोकिन के निष्कर्षों का संशोधन एवं परिवर्द्धन

जैसा कि तालिका संख्या 2 में स्पष्ट किया गया है, सोरोकिन ने विषय-वस्तु, पात्र, घटनाओं, आन्तरिक प्रवृत्तियों, नैतिकस्तर व्यक्तित्व एवं चरित्र, प्रकृति, लक्ष्य एवं दृष्टिकोण के आधार पर तीनों सांस्कृतिक प्ररूपों के साहित्य की सूक्ष्म प्रवृत्तियों का स्पष्टीकरण किया है। इस विश्लेषण के आधार पर किसी भी साहित्य की विभिन्न आन्तरिक प्रवृत्तियों के विकास का स्रोत उसके सांस्कृतिक प्ररूप में खोजा जा सकता है। पर यहाँ एक कठिनाई यह होती है कि संस्कृतियों का स्वरूप भी सदा एक जैसा नहीं रहता। विभिन्न परिस्थितियों एवं वातावरण के भेद के अनुसार जहाँ संस्कृतियों का स्वरूप परिवर्तित एवं विकसित होता रहता है वहाँ उसके साहित्य की गति एवं दिशा भी उसके अनुसार बदलती रहती है। सोरोकिन ने सांस्कृतिक परम्पराओं के स्थिर व्यक्तित्व एवं स्थायी तत्त्वों पर इतना अधिक बल दिया है कि जिससे वातावरणजन्य परिवर्तन उपेक्षित एवं अस्पष्ट रह गया है, अतः इस दृष्टि से उनके निष्कर्षों को और संशोधित एवं परिवर्द्धित करने की आवश्यकता है। दूसरे, सांस्कृतिक प्ररूपों का नामकरण एवं वर्गीकरण में थोड़े सुधार की अपेक्षा है। उन्होंने तीनों प्ररूपों के नाम क्रमशः Ideational (तत्त्व परक), Sensate (इन्द्रियपरक) और Idealistic (आदर्श परक) रखे हैं; इनमें से प्रथम व द्वितीय तो ठीक हैं किन्तु तीसरा प्ररूप पहले के इतना निकट पड़ता है कि उसे पृथक् करना कठिन है। हमारी दृष्टि में तत्त्ववादी (Ideational) और आदर्शवादी (Idealistic) में बहुत अधिक अन्तर नहीं है, जबकि सोरोकिन द्वारा विशिष्ट प्रवृत्तियों को देखते हुए इनमें अत्यधिक अन्तर दृष्टिगोचर होता है। इसके अतिरिक्त उन्होंने सांस्कृतिक प्ररूपों की साहित्य के प्रचलित प्ररूपों से संगति बैठाने का भी प्रयास नहीं किया, अन्यथा ये प्ररूप साहित्य के पाठकों के लिए और अधिक स्पष्ट हो सकते थे। अतः सोरोकिन के इन महत्त्वपूर्ण निष्कर्षों को और अधिक उपयोगी एवं स्पष्ट करने के लिए हम इनमें निम्नांकित संशोधन-परिवर्द्धन प्रस्तुत करते हैं—

(क) **मनोवैज्ञानिक आधार**—सोरोकिन ने सांस्कृतिक प्ररूपों का मूलाधार उनके दार्शनिक तत्त्वों को बताया है जो अनुचित नहीं कहा जा सकता, किन्तु हम इसे

मनोविज्ञान के आधार पर भी स्पष्ट कर सकते हैं। किसी जाति के पास दर्शन का तो अभाव हो सकता है किन्तु मानस का नहीं, अतः मानसिक या मनोवैज्ञानिक आधार दार्शनिक आधार की अपेक्षा अधिक व्यापक एवं ठोस सिद्ध हो सकता है। मनोविज्ञान के अनुसार मानव-मन की समस्त प्रवृत्तियाँ मूलतः तीन प्रक्रियाओं में विभक्त की जा सकती हैं—(1) जानना (to know), (2) अनुभूति प्राप्त करना (to feel) और (3) चेष्टा या कार्य करना (to act)। क्रमशः इन्हीं के आधार पर हमारे जीवन की समस्त ज्ञानात्मक, भावात्मक एवं क्रियात्मक प्रवृत्तियों का संचालन एवं नियंत्रण होता है। ये तीनों प्रवृत्तियाँ मूलतः सभी चेतन प्राणियों में विद्यमान हैं किन्तु इनकी मात्रा, अनुपात एवं विकास की अवस्था की दृष्टि से विभिन्न प्राणियों एवं व्यक्तियों में परस्पर अन्तर रहता है। विभिन्न व्यक्तियों में उनके पैतृक, पारिवारिक, सामाजिक एवं राष्ट्रीय संस्कारों के भेद के अनुसार इन प्रवृत्तियों की व्यापकता एवं गम्भीरता में अन्तर रहता है। जहाँ उपनिषद् काल के ऋषि-मुनियों में ज्ञानात्मक प्रवृत्तियों की प्रधानता रही होगी, वहाँ आधुनिक युग के इंगलैंड एवं जापान के लोगों में क्रियात्मक या व्यावसायिक प्रवृत्तियों की प्रमुखता मानी जा सकती है। इसी प्रकार एक ही व्यक्ति एवं एक समाज में भी अलग-अलग समय तथा अलग-अलग परिस्थितियों में अलग-अलग प्रवृतियाँ प्रमुख हो सकती हैं। अस्तु, कारण एवं परिस्थिति चाहे जो हो, हम समाज के एवं साहित्यकारों के विभिन्न वर्गों को मुख्यतः तीन प्ररूपों में विभक्त कर सकते हैं—(1) ज्ञान-प्रधान, (2) भावना प्रधान और (3) क्रिया-प्रधान। इन्हीं को सोरोकिन की शब्दावली में क्रमशः तत्त्व परक, आदर्शपरक, एवं इन्द्रिपरक कहा गया है। सोरोकिन की शब्दावली उपर्युक्त नामावली के बहुत अनुकूल प्रतीत नहीं होती किन्तु प्रत्येक प्ररूप की आंतरिक प्रवृत्तियों की दृष्टि से यह नामावली उनके उपयुक्त एवं अनुकूल सिद्ध होती है।

(ख) साहित्यिक आधार—उपर्युक्त तीनों प्ररूपों को साहित्यिक आधार प्रदान करने के लिए इन्हें क्रमशः तीन साहित्य-प्रकारों से भी सम्बद्ध किया जा सकता है, जो ये हैं—(1) शास्त्रवादी (Classic), (2) स्वच्छन्दतावादी (Romantic) और (3) यथार्थवादी (Realistic)। कदाचित् यह सम्बन्ध-स्थापना एकाएक अरोपित एवं असंगत-सी प्रतीत हो सकती है, किन्तु ध्यान से देखने पर ऐसा नहीं होगा। शास्त्रवादिता के मूल में प्रायः ज्ञानात्मकता की प्रवृत्ति ही प्रमुख होती है, उसी से उसकी प्रवृत्ति सूक्ष्म तत्त्वों, दार्शनिक आधारों, आदर्शवादिता एवंम मर्यादावादिता की ओर होतीहै, अतः कुछ अपवादों को छोड़कर 'ज्ञान-प्रधान' या 'तत्त्वपरक' साहित्यिक प्ररूप कोसामान्यतः शास्त्रवादी या आदर्शवादी कहा जा सकता है। इसी प्रकार स्वच्छन्दतावादिता के मूल में भावात्मकता की तथा यथार्थवादिता के मूल में क्रियात्मकता की प्रवृत्ति प्रमुख होती है जिससे उनमें तत्सम्बन्धी अन्य प्रवृत्तियों का भी विकास हो जाता है। अस्तु, हम उपर्युक्त वर्गों को साहित्यिक दृष्टि से आदर्शवादी, स्वच्छन्दता-

वादी एवं यथार्थवादी या आदर्शपरक, स्वच्छन्दतापरक एवं यथार्थपरक की संज्ञा दे सकते हैं। यहाँ यह ध्यान रहे कि पाश्चात्य क्षेत्रों में कुछ लोग 'शास्त्रवाद' (Classism) को 'आदर्शवाद' (Idealism) से पृथक् मानते हैं किन्तु हमारे विचार से इनमें कोई मौलिक अन्तर नहीं है—शास्त्रों के आधार पर ही आदर्श का निर्णय होता है, या आदर्श की स्थापना शास्त्रीय आधार पर होती है तथा दोनों ही 'तत्त्व' 'विचार' एवं 'मर्यादा' पर आश्रित होते हैं, अतः इन्हें हम एक ही प्ररूप के अन्तर्गत समाविष्ट कर लें तो अनुचित नहीं होगा।

(ग) **प्ररूपों के भेदक लक्षण एवं प्रवृत्तियाँ** – सांस्कृतिक एवं साहित्यिक प्ररूपों के उपर्युक्त संशोधित रूप को ध्यान में रखते हुए हम निजी दृष्टिकोण से उनके लक्षणों एवं प्रवृत्तियों का निर्धारण यहाँ तालिका-रूप में प्रस्तुत करते हैं।

तालिका-संख्या—4

साहित्यिक प्ररूपों का संशोधित रूप एवं उनकी प्रवृत्तियाँ

क्षेत्र	आदर्शपरक प्ररूप	स्वच्छन्दतापरक प्ररूप	यथार्थपरक प्ररूप
1. मनोवैज्ञानिक दृष्टि से	ज्ञानात्मक	भावनात्मक	क्रियात्मक
2. दार्शनिक दृष्टि से	अध्यात्मवादी	आध्यात्मिक-भौतिक (उभय परक)	भौतिकतावादी
3. सांस्कृतिक दृष्टि (सोरोकिन	तत्त्वपरक (Ideational)	आदर्शपरक (Idealist)	इन्द्रियपरक (Sensate)
4. साहित्यिक तत्त्व	बौद्धिक तत्त्व-प्रधान	भावात्मक तत्त्वों की प्रधानता	कल्पना की प्रधानत
5. विषय-वस्तु	धार्मिक व दार्शनिक	साहसिक एवं शृंगारिक	सांसारिक, ऐन्द्रिक राजनीतिक, लोकोपयोगी
6. पात्र	दिव्य एवं आदर्श	वीर एवं प्रेम	सामान्य
7. घटनाएँ	अलौकिक, एवं महान् कार्य	युद्ध एवं विवाह	दैनिक जीवन के क्रिया-कलाप
8. रस एवं भावात्मक प्रवृत्तियाँ	शान्त, भक्ति, रहस्यवाद,	वीर एवं उच्चकोटि का शृंगार रस	रसिकताकामुकता प्रधान शृंगार, वीभत्स,
9. कला का प्रयोजन	धर्म या दर्शन की स्थापना	कलात्मक सौन्दर्य की सृष्टि करना	अर्थ-प्राप्ति आत्म-विज्ञापन,

उपर्युक्त विश्लेषण के सम्बन्ध में यह ध्यान रखा जाना चाहिए कि कई बार कुछ साहित्यिक रचनाएँ विशुद्ध रूप में किसी एक प्ररूप के अन्तर्गत नहीं आतीं, उनमें अनेक प्ररूपों की प्रवृत्तियाँ मिश्रित होती हैं जो ऐसी स्थिति में यदि उनमें कुछ ऐसे लक्षण दृष्टिगोचर हों जो हमारे विश्लेषण के प्रतिकूल पड़ते हों तो उन्हें अपवाद-रूप —दो प्ररूपों के मिश्रण का परिणाम— समझना उचित होगा।

(घ) **वातावरण के प्रभाव से प्ररूपों का विकास**—जैसा कि अन्यत्र संकेत किया गया है, कोई भी सांस्कृतिक एवं साहित्यिक प्ररूप सदा एक ही रूप एवं अवस्था में स्थिर नहीं रह सकता अपितु वातावरण के प्रभाव से उसमें विभिन्न प्रवृत्तियों का विकास होता रहता है जिससे एक ही प्ररूप के अनेक भेद एवं रूप विकसित हो जाते हैं, अतः प्ररूपों के अध्ययन में उनसे सम्बन्धित वातावरण का भी पूरा ध्यान रखे जाने की अपेक्षा है। सामान्यतः साहित्य के वातावरण का अध्ययन इस तथ्य के आधार पर किया जा सकता है कि उसकी रचना किन परिस्थितियों में या किस प्रकार के आश्रय में हुई है। हमारे विचार से अब तक के साहित्यक के आधार पर इन आश्रयों के भी मुख्यतः तीन प्रकार स्वीकार किये जा सकते हैं—(1) धर्माश्रय, (2) राज्याश्रय और (3) लोकाश्रय। धर्माश्रय में मुख्यतः किसी धर्म-संप्रदाय के सिद्धान्तों के प्रचार करने, विधि-निषेध की व्याख्या करने तथा धार्मिक अनुभूतियों के प्रकाशन करने का लक्ष्य रहता है, किन्तु धर्माश्रय का वातावरण भी सदा एक जैसा नहीं रहता। जब उसमें आदर्शवाद का प्रवेश हो जाता है तो उसमें दार्शनिकता व बौद्धिकता की प्रधानता हो जाती है, जबकि स्वच्छन्दतावादी प्रवृत्तियों के प्रभाव से भावुकता, भक्ति भावना, व रसिकता का प्राधान्य हो जाता है तथा यथार्थवादिता के कारण कर्म-काण्ड, विधि-विधानों, ऐश्वर्य-वृद्धि आदि की प्रवृत्तियों का विकास हो जाता है जिसका प्रभाव उसके आश्रित साहित्य पर भी पड़ता है। इसी प्रकार राज्याश्रय में भी आदर्शवादी दृष्टिकोण की प्रधानता होने पर उच्च स्तर का राष्ट्रीय काव्य, वीर-काव्य एवं शास्त्रीय काव्य रचित होता है, यथार्थवादिता की स्थिति में ऐतिहासिक, नीतिपरक, प्रशंसात्मक (प्रशस्ति-मूलक)। काव्य की तथा स्वच्छन्दतावादी दृष्टि के उन्मीलित होने पर शृंगारी काव्य की रचना होती है। लोकाश्रित काव्य में भी लोक-समाज के तत्कालीन दृष्टिकोण के अनुसार विभिन्न प्रकार की प्रवृत्तियों का विकास होता है, यथा—आदर्शवादी दृष्टिकोण के प्रभाव से देवी-देवताओं एवं महापुरुषों से सम्बन्धित भक्ति-भावपूर्ण काव्यों का, यथार्थवादी दृष्टिकोण की प्रधानता होने पर दाम्पत्य जीवन एवं शृंगारिक विषयों से सम्बन्धित रचनाओं की तथा स्वच्छन्दतावादी दृष्टिकोण से रोमांटिक कथाओं, आश्चर्यपूर्ण एवं कौतूहलवर्द्धक वृतान्तों की रचना अधिक होती है। अस्तु, पूर्वोल्लिखित तीनों साहित्यिक प्ररूप ही वातावरण-भेद से विभिन्न रूप-भेदों में विकसित हो जाते हैं, जिनकी सामान्य प्रवृत्तियों का और अधिक स्पष्टीकरण यहाँ तालिका के माध्यम से किया जाता है।

तालिका-संख्या—5

साहित्य-प्ररूपों पर वातावरण (आश्रय) का प्रभाव

साहित्य-प्ररूप	धर्माश्रय	राज्याश्रय	लोकाश्रय
1. आदर्शपरक	तत्त्व चिन्तन एवं दर्शन की प्रधानता	राष्ट्रीयता एवं वीरता की प्रवृत्ति	उपदेशात्मक एवं नीतिपरक सूक्ति-काव्य, महापुरुषों व देवताओं का स्तुति-काव्य
2. यथार्थपरक	कर्म-काण्ड एवं विधि विधानों की प्रधानता	शास्त्रीय (रीति) ऐतिहासिक, नीति परक, प्रशंसात्मक या प्रशस्तिमूलक काव्य की प्रमुखता	दाम्पत्य जीवन एवं प्रेम सम्बन्धी काव्य
3. स्वच्छन्दतापरक	भक्ति-भावना, रसिकता एवं रहस्यवाद की प्रधानता	श्रृंगारिकता एवं विलासिता की प्रवृत्ति	कौतूहलवर्द्धक व आश्चर्यपूर्ण वृत्तान्त तथा रोमांटिक कथाएँ

(ङ) **आश्रयों की व्यापक व्याख्या**—यद्यपि हमने ऊपर मध्यकालीन साहित्य की दृष्टि से आश्रयों के तीन ही प्रकार निश्चित किए हैं किन्तु आधुनिक साहित्य की दृष्टि से इन्हें व्यापक अर्थ में ग्रहण किया जाना चाहिए। यथा—धर्माश्रय के अंतर्गत हम विभिन्न प्रकार के दार्शनिक एवं सांप्रदायिक संस्थानों को, राज्याश्रय के अन्तर्गत शासकों, सत्ताधारियों एवं धनिकों से सम्बन्धित आश्रयों को तथा लोकाश्रय के अन्तर्गत जन-साधारण से सम्बन्धित पत्र-पत्रिकाओं के माध्यम को लिया जा सकता है। फिर भी यदि कुछ विशिष्ट प्रकार के आश्रय-भेद अवशिष्ट रह जाएँ तो इन्हें इनमें ही समन्वित किया जा सकता है या स्वतन्त्र स्थान दिया जा सकता है। सामान्यतः प्ररूपों की वातावरणपरक व्याख्या एवं तत्सम्बन्धी प्रवृत्तियों का संधान उपर्युक्त विश्लेषण के आधार पर की जा सकती है तथा आगे हिन्दी साहित्य के विकास को स्पष्ट करते समय हम भी इस विश्लेषण का उपयोग आवश्यकतानुसार करेंगे, जिससे इसका महत्त्व और अधिक स्पष्ट हो सकेगा।

—०—

12

साहित्येतिहास के नये सिद्धान्त-4

(घ) साहित्य का गुणात्मक विकास

साहित्य-विकास की रूपात्मक एवं प्रवृत्त्यात्मक व्याख्या पीछे की जा चुकी है, अब हम उसकी व्याख्या के एक अन्य प्रकार—गुणात्मक व्याख्या को ले सकते हैं। जिस प्रकार प्रथम दो व्याख्याओं में क्रमशः साहित्य के बाह्य रूप एवं उसकी आन्तरिक प्रवृत्तियों को आधार बनाया गया था, उसी प्रकार इस व्याख्या में हमारा दृष्टि-केन्द्र गुण रहेगा। 'गुण' से हमारा तात्पर्य साहित्य की उस आधारभूत विशेषता से है जिसके बल पर साहित्य 'साहित्य' कहलाता है। इसे दूसरे शब्दों में 'साहित्यिक गुण', 'साहित्यिकता' भी कहा जा सकता है या भारतीय आचार्यों के शब्दों में 'साहित्य की आत्मा' या पाश्चात्य विचारकों की शब्दावली में 'साहित्य के आधारभूत तत्त्व' के रूप में भी ग्रहण किया जा सकता है। इसी को हमने अपने प्रबन्ध 'साहित्य-विज्ञान' में साहित्य की शक्ति के रूप में स्वीकार किया है। जिस प्रकार रूपात्मक व्याख्या का सम्बन्ध साहित्य के संघटन एवं रूप पक्ष से है तथा प्रवृत्त्यात्मक व्याख्या का उसके द्रव्य पक्ष से है, उसी प्रकार साहित्य की गुणात्मक व्याख्या का सम्बन्ध द्रव्य के रूपान्तरण से उत्पन्न उस विशिष्ट गुण या शक्ति से है जिस पर साहित्य की साहित्यिकता अवलम्बित है। वस्तुतः गुणात्मक व्याख्या के अन्तर्गत हम वैज्ञानिक एवं सांस्कृतिक मापदण्डों एवं लक्षणों के स्थान पर विशुद्ध साहित्य-शास्त्रीय, सौन्दर्य-शास्त्रीय एवं कला सम्बन्धी मूल्यों के आधार पर साहित्य-विकास की गति एवं स्थिति को स्पष्ट करने का प्रयास करेंगे।

साहित्य का आधारभूत गुण एवं उसके भेद—साहित्य की साहित्यिकता का आधारभूत गुण क्या है इस प्रश्न पर प्राचीन एवं नवीन विचारकों ने विभिन्न दृष्टिकोणों से विचार करते हुए विभिन्न उत्तर प्रदान किए हैं, जिनकी संख्या बहुत बड़ी है। फिर भी अधिक महत्त्वपूर्ण उत्तरों में भारतीय दृष्टि से रस, अलंकार, वक्रोक्ति, रीति, ध्वनि का तथा पाश्चात्य दृष्टि से अनुकृति, अलंकृति, औदात्य, बिम्बात्मकता एवं प्रतीकात्मकता का उल्लेख किया जा सकता है। वस्तुतः ये सभी उत्तर मुख्यतः दो वर्गों में विभक्त किए जा सकते हैं—प्रथमतः जो साहित्य की विषय-वस्तु या उसके कथ्य के किसी पक्ष पर अधिक बल देते हैं, जैसे—रस भावात्मक पक्ष पर, औदात्य बौद्धिक या वैचारिक पक्ष पर तथा अनुकृति क्रियात्मक पक्ष पर बल देता है।

दूसरे वर्ग में अवशिष्ट उत्तरों को रखा जा सकता है जो साहित्य के रूप एवं शैली पक्ष की किसी विशिष्टता पर बल देते हुए कथ्य की अपेक्षा कथन-विधि या उसके माध्यम को अधिक महत्त्व प्रदान करते हैं। इनकी आधारभूत विशिष्टता का अनुसंधान 'साहित्य-विज्ञान' में किया जा चुका है, यहाँ संक्षेप में तत्सम्बन्धी निष्कर्षों को तालिका के रूप में प्रस्तुत किया जाता है।

तालिका-संख्या—6

साहित्य का आधारभूत गुण : विभिन्न उत्तरों का वर्गीकरण एवं विश्लेषण

1. साहित्य के द्रव्य (वस्तु) पक्ष पर आधारित उत्तर—

(क) विचारात्मकता पर बल देने वाला ····· उदात्त सिद्धान्त

(ख) भावात्मकता पर बल देने वाला······रस सिद्धान्त

(ग) क्रियात्मकता या कार्य पर बल देने वाला·····अनुकृति सिद्धान्त

2. साहित्य के रूप-शैली पक्ष पर आधारित उत्तर—

(क) भाषा के नाद-पक्ष पर बल देने वाला·····रीति

(ख) भाषा के अर्थ-पक्ष पर बल देने वाले सिद्धान्त—

(अ) अभिधात्मक किन्तु अप्रस्तुत के योग से साज-सज्जा से सम्बन्धित······अलंकार, अलंकृति

(आ) अभिधात्मकता के माध्यम से वस्तु के दृश्यात्मक बोध पर बल देने वाला····· बिम्ब सिद्धान्त

(इ) लाक्षणिकता को महत्त्व देने वाला·····वक्रोक्ति सिद्धान्त

(ई) व्यंग्यात्मकता (व्यंजना शक्ति) को महत्त्व देने वाले सिद्धान्त····· ध्वनि, प्रतीक

उपर्युक्त तालिका में कई बातें अस्पष्ट एवं असंगत प्रतीत हो सकती हैं किन्तु उनका स्पष्टीकरण एवं समाधान अन्यत्र किया जा चुका है। यहाँ हमारा प्रयोजन केवल इतना ही निर्दिष्ट करना है कि किस प्रकार अंध-गज-न्याय के अनुसार विभिन्न विचारकों ने इस साहित्य रूपी गज के अंग-विशेष को ही पूरे साहित्य-गज का बोधक मान लिया है। वस्तुत: साहित्य न तो किसी द्रव्यगत एक तत्त्व पर आधारित है और न ही किसी विशिष्ट अभिव्यंजना-शैली पर आश्रित है। द्रव्यगत तत्त्व एवं अभिव्यंजना-शैली के प्रकार साहित्य के विभिन्न साधन एवं माध्यम मात्र हैं, उन सबका लक्ष्य रचना में उस विशिष्ट शक्ति का उद्बोधन करना है जिसे आकर्षण-शक्ति कहा गया है। अलंकार, रीति, ध्वनि, वक्रोक्ति, बिम्ब, प्रतीक आदि माध्यमों का लक्ष्य

केवल वस्तु को प्रस्तुत करना नहीं है अपितु इस प्रकार प्रस्तुत करना है कि जिससे नव प्रस्तुत रूप पाठक या श्रोता की बुद्धि, कल्पना एवं भावना को आकर्षित कर सके। जिस प्रकार वैज्ञानिक भौतिक क्षेत्र के स्थूल द्रव्य को रूपांतरित करके उसकी अन्तर्निहित शक्ति को उद्बोधित कर लेता है, उसी प्रकार साहित्यकार भी मानसिक स्तर के सूक्ष्म द्रव्य को रूपान्तरित करके उसकी शक्ति को उद्दीप्त कर देता है तथा विश्व में जब भी तथा जहाँ भी शक्ति का उद्दीपन होता है--चाहे वह गुरुत्वाकर्षण, चुम्बक, विद्युत व परमाणु शक्ति हो या शारीरिक, मानसिक एवं बौद्धिक क्षेत्र की कोई शक्ति हो—तो वह आकर्षण-विकर्षण की शक्ति के रूप में ही कार्य करती है तथा उसी की प्रक्रिया के प्रभाव से दो तत्त्वों में परस्पर संयोजन, संप्रेषण, द्रवण एवं अभिव्यंजन की क्रिया संपन्न होती है। अस्तु, साहित्य में भी मानसिक क्षेत्र के द्रव्य (विचार, भाव, कल्पना आदि) को विभिन्न विधियों (अलंकार, वक्रोक्ति, ध्वनि, रीति, प्रतीक आदि) के माध्यम से रूपान्तरित करके उसकी अन्तर्निहित शक्ति—आकर्षण शक्ति को उद्दीप्त किया जाता है जिसके प्रभाव से पाठक के मन में संयोजन, संप्रेषण, द्रवण एवं अभिव्यंजन की आह्लादात्मक या रसात्मक क्रियाएँ संपादित होती हैं। अतः साहित्य में सर्वाधिक महत्त्व उसकी उद्दीप्त शक्ति—आकर्षण-शक्ति का है, न कि द्रव्य और रूप का। वस्तुतः द्रव्यगत तत्त्व एवं रूप सम्बन्धी प्रकार आकर्षण शक्ति के साधन और माध्यम ही हैं, उन सबका साध्य तो आकर्षण शक्ति ही है; अतः इसी को साहित्य की साहित्यिकता या उसकी आत्मा अथवा उसके आधारभूत गुण के रूप में स्वीकार किया जाना चाहिए।

आकर्षण शक्ति के भेद—यद्यपि सभी साहित्यिक रचनाएँ साहित्यिकता या आकर्षण-शक्ति से युक्त होती हैं, किन्तु उनके आधारभूत द्रव्य या घटक तत्त्वों एवं रूपात्मक भेदों के कारण उनमें निहित शक्ति की मात्रा, स्तर एवं प्रभाव में परस्पर सूक्ष्म अन्तर उपस्थित हो जाता है, जिसके आधार पर आकर्षण-शक्ति के भी तीन प्रमुख भेद किए गए हैं—(1) बौद्धिक आकर्षण, (2) भावात्मक आकर्षण और (3) ऐन्द्रिक आकर्षण। जब किसी साहित्यिक रचना में बौद्धिक तत्त्वों की प्रधानता होती है तो वहाँ हमें बौद्धिक आकर्षण की अनुभूति होती है जबकि भावात्मक एवं कल्पनात्मक तत्त्वों की प्रमुखता होने पर क्रमशः भावात्मक एवं ऐन्द्रिक आकर्षण की अनुभूति होती है। साहित्यिक रचनाओं के इस भेद को परम्परागत काव्य-शास्त्र की भी स्वीकृति प्राप्त है, विशेषतः भारतीय रस-सिद्धान्त में काव्यानुभूतियों का वर्गीकरण उनके विशिष्ट प्रभाव की दृष्टि से किया गया है। यह वर्गीकरण 'रस-भेद' के नाम से प्रचलित है तथा इसके मुख्यतः नौ भेद स्वीकार किए गए हैं, जो इस प्रकार हैं—(1) शृंगार, (2) वीर, (3, करुण, (4) हास्य, (5) वीभत्स, (6) भयानक, (7) रौद्र, (8) अद्भुत और (9) शान्त। यद्यपि रस-सिद्धान्त के अनुसार सभी रसों के मूल में भावानुभूति, विशेषतः स्थायी भाव—की स्थिति अनिवार्य मानी गई है किन्तु

वस्तुतः ऐसा नहीं है। अनेक रसों में केन्द्रीय तत्त्व भाव न रहकर विचार-विशेष रहता है जिसे अनुभूतियों एवं भावों से संवलित करके काव्य में प्रस्तुत किया जाता है जबकि कुछ में केन्द्रीय तत्त्व भाव-विशेष या क्रिया-विशेष रहती है। हाँ, इतना अवश्य है कि आधारभूत विचार, भाव या क्रिया को काव्य में सदा भावानुभूति के संयोग से प्रस्तुत किया जाता है अतः उसमें भाव तत्त्व की सत्ता तो सर्वत्र रहेगी किन्तु प्रत्येक स्थिति में वह प्रमुख ही रहे यह आवश्यक नहीं। हमारे विश्लेषण के अनुसार शान्त, हास्य एवं अद्भुत के मूल में किसी बौद्धिक तत्त्व की शृंगार, करुण एवं वीभत्स के मूल में भावात्मक तत्त्व की तथा वीर, रौद्र एवं भयानक के मूल में क्रियात्मक या चेष्टात्मक तत्व की प्रधानता रहती है, अतः इन तीनों वर्गों को क्रमशः बौद्धिक आकर्षण, भावात्मक आकर्षण एवं ऐन्द्रिक आकर्षण के अन्तर्गत स्थान दिया जा सकता है। इतना ही नहीं, आकर्षण-सिद्धान्त के अनुसार इनमें से प्रत्येक रस को शक्ति के त्रिगुणात्मक पक्षों—विधेयात्मक (Positive), निषेधात्मक (Negative) एवं उभयात्मक (Neutral) में भी विभक्त करते हुए इनकी आन्तरिक स्थिति को और अधिक स्पष्ट किया जा सकता है। उदाहरण के लिए, प्रेम (शृंगार), घृणा (वीभत्स) और करुण (करुण रस) क्रमशः एक ही क्षेत्र के तीन पक्षों—विधेयात्मक, निषेधात्मक एवं उभयात्मक को सूचित करते हैं। इसी प्रकार अन्य क्षेत्रों का भी वर्गीकरण-विश्लेषण किया जा सकता है। यहाँ तालिका-रूप में इसे प्रस्तुत किया जाता है—

तालिका-संख्या—7

आकर्षण-शक्ति के भेदोपभेद

क्षेत्र	शक्ति के भेद	पक्ष	रस
1. विचार-प्रधान साहित्य	बौद्धिक आकर्षण	(1) विधेयात्मक पक्ष (2) निषेधात्मक पक्ष (3) उभयात्मक पक्ष	अद्भुत (विस्मय) निर्वेद (शांत रस) हास्य
2. भाव-प्रधान साहित्य	भावात्मक आकर्षण	(1) विधेयात्मक पक्ष (2) निषेधात्मक पक्ष (3) उभयात्मक पक्ष	प्रेम (शृंगार) घृणा (वीभत्स) करुणा (करुण)
3. कल्पना-प्रधान साहित्य	ऐन्द्रिक आकर्षण	(1) विधेयात्मक पक्ष (2) निषेधात्मक पक्ष (3) उभयात्मक पक्ष	उत्साह (वीर) भय (भयानक) क्रोध (रौद्र)

उपर्युक्त वर्गीकरण एवं विश्लेषण मनोवैज्ञानिक आधार पर प्रतिष्ठित है, जिसका स्पष्टीकरण एवं विवेचन हम अपने अन्य प्रबन्ध 'साहित्य-विज्ञान' में विस्तार से कर चुके हैं। यहाँ गुणात्मक विकास की दृष्टि से केवल निष्कर्ष मात्र संक्षेप में प्रस्तुत किए गए हैं।

साहित्य की गुणात्मक स्थिति का रूपात्मक प्रतिफलन—साहित्य की गुणात्मक स्थिति या उसकी शक्ति के विभिन्न भेदों के कारण जिस प्रकार उसमें विभिन्न भावात्मक प्रवृत्तियों का विकास होता है, उसी प्रकार उसकी आन्तरिक स्थिति के अनुसार उसके विभिन्न रूप-भेदों का आविर्भाव एवं विकास होता है। हमारी अन्तस्थ शक्ति सामान्यतः अपने अनुरूप माध्यम में ही व्यक्त होती है, यथा—जहाँ क्रोध की अभिव्यक्ति कठोर एवं कटुतापूर्ण उक्तियों में होती है वहाँ प्रणय की व्यजना कोमल एवं मृदुल शब्दावली में होती है—इसी प्रकार साहित्य के बाह्य रूप (उपन्यास, नाटक, कविता आदि) भी उसकी आन्तरिक शक्ति, प्रकृति एवं स्थिति के द्योतक कहे जा सकते हैं। साहित्य की अभिव्यक्ति के मुख्यतः तीन माध्यम हैं—गद्य, पद्य एवं मिश्रित। ये तीनों माध्यम साहित्य की शक्ति-भेद के अनुसार अनेक रूप-भेदों में विकसित हो जाते हैं; उदाहरण के लिए शक्ति के बौद्धिक पक्ष की प्रबलता होने पर जहाँ प्रबन्ध-काव्य विचारात्मक निबन्ध, समीक्षादि का उत्थान संभव है वहाँ भावात्मक पक्ष की प्रबलता होने पर गीति काव्य, गद्य-काव्य, भावात्मक निबन्ध आदि के विकास की सम्भावना रहती है तथा उनके आधारभूत तत्त्वों की प्रधानता के अनुकूल उनमें बौद्धिक आकर्षण या भावात्मक आकर्षण की प्रबलता रहती है। इस सम्बन्ध में यहाँ विस्तृत विचार करने की अपेक्षा नहीं है, केवल तालिका-रूप में अपने मंतव्य को संक्षिप्त एवं स्पष्ट रूप में प्रस्तुत कर देना ही हम पर्याप्त समझते हैं। (देखिए तालिका)

तालिका-संख्या—8

साहित्य की गुणात्मक स्थिति के अनुरूप उसका रूपात्मक विकास

गुणात्मक स्थिति	शक्ति-भेद	माध्यम एवं सम्बन्धित साहित्य रूप		
		गद्य	पद्य	मिश्रित
1. विचार-प्रधान-साहित्य	बौद्धिक आकर्षण	निबन्ध, समीक्षा, जीवन-चरित्र	प्रबन्ध काव्य	नाटक
2. भाव-प्रधान	भावात्मक आकर्षण	गद्य-काव्य भावात्मक लेख	गीति काव्य	काव्य-रूपक गीत नाट्य
3. कल्पना-प्रधान	ऐन्द्रिक आकर्षण	उपन्यास, कथा वर्णनात्मक निबन्ध	मुक्तक	एकांकी

उपर्युक्त तालिका में प्रस्तुत निष्कर्षों के सम्बन्ध में यह ज्ञातव्य है कि हमने यहाँ साहित्य की प्रकृत एवं सामान्य स्थिति को ध्यान में रखकर ही उसकी गुणात्मकता एवं रूपात्मकता के मध्य सम्बन्ध स्थापित किया है किन्तु जब साहित्य-क्षेत्र में कृत्रिमता एवं अराजकता की स्थिति आती है तो कविता के गुण निबन्ध में या निबन्ध के गुण कविता में स्थानान्तरित हो सकते हैं तथा अनेक गुणों के सम्मिश्रण से साहित्य के नए रूपों की उद्भावना हो सकती है। अतः उपर्युक्त निष्कर्षों को साहित्य की सन्तुलित स्थिति एवं सामान्य परिस्थिति पर ही आधारित समझना चाहिए, विशेष स्थितियों एवं परिस्थितियों में इनका तदनुकूल संशोधन-परिवर्द्धन अपेक्षित है।

साहित्य की गुणात्मक स्थिति के अनुरूप साहित्य-शैली का विकास – साहित्य की गुणात्मक स्थिति का उसके स्थूल रूपों पर ही नहीं उसकी अभिव्यंजना की सूक्ष्म प्रणालियों एवं विधियों पर भी प्रभाव पड़ता है। इन प्रणालियों एवं विधियों को साहित्य-क्षेत्र में सामान्यतः शैली, रीति, पद्धति आदि के नाम से पुकारा जाता है। भारतीय एवं पाश्चात्य साहित्य-शास्त्र में रीति एवं शैली के विभिन्न प्रकारों को और भी कई संज्ञाओं से अभिभूषित किया गया है, यथा—अलंकार, वक्रोक्ति, रीति, ध्वनि, प्रतीक, बिम्ब आदि। जैसा कि हम अन्यत्र स्पष्ट कर चुके हैं, ये सब अभिव्यक्ति के विभिन्न तत्त्वों एवं रूपों पर आश्रित हैं, जिन्हें मुख्यतः पाँच प्रकारों में वर्गीकृत किया जा सकता है—(1) संयोजनात्मक रूप-विधान—जहाँ दो भिन्न जाति (प्रस्तुत एवं अप्रस्तुत) के द्रव्यों के संयोजन के द्वारा भाव को व्यक्त किया जाता है। इस वर्ग में अर्थालंकार आते हैं। (2) विश्लेषणात्मक रूप-विधान – इसमें बाह्य तत्त्वों का योग नहीं होता अपितु मूल वस्तु के ही संश्लिष्ट तत्त्वों को विश्लिष्ट एवं विस्तृत कर दिया जाता है। इसके अन्तर्गत मुख्यतः बिम्ब-विधान आता है। (3) विस्थापनात्मक रूप-विधान—इसमें एक वस्तु के स्थान पर अन्य की स्थापना की जाती है, जैसे—प्रतीक एवं ध्वनि में। ये दोनों सिद्धान्त इसी के अन्तर्गत आते हैं। (4) विनिमयात्मक रूप-विधान—इसमें दो भिन्न प्रकार के पदार्थों (प्रस्तुत एवं अप्रस्तुत) में परस्पर गुणों का आदान-प्रदान या विनिमय हो जाता है। साहित्य में लाक्षणिकता या वक्रता का आविर्भाव इसी परिस्थिति में होता है तथा वक्रोक्ति सिद्धान्त इसी पर बल देता है। (5) समावयात्मक रूप-विधान—जब अनेक पदार्थों में आन्तरिक गुणों में अन्तर होते हुए भी बाह्य अवयवों एवं लक्षणों की दृष्टि से समता स्थापित हो जाती है तो उसे समावयात्मकता कहते हैं। अनुप्रास, यमक, रीति आदि में भाषा के बाह्य पक्ष—नाद एवं रूप को इसी समता पर बल दिया जाता है। इस प्रकार अभिव्यंजना के सभी प्रकारों को तथा शैली के प्रायः सभी तत्त्वों को उपर्युक्त पाँच भेदों के अन्तर्गत समाविष्ट किया जा सकता है।

यद्यपि साहित्य में उपर्युक्त सभी प्रकार की पद्धतियों का प्रयोग न्यूनाधिक मात्रा में सर्वत्र होता है किन्तु मुख्यतः प्रतीक, ध्वनि आदि विस्थापनात्मक तत्त्वों का

सम्बन्ध बौद्धिकता से, लाक्षणिकता एवं वक्रोक्ति जैसे विनिमयात्मक तथा अनुप्रास, यमक, रीति जैसे समावयात्मक तत्त्वों का तीव्र भावात्मकता से तथा अर्थालंकार, बिम्बात्मकता आदि संयोजनात्मक एवं विश्लेषणात्मक तत्त्वों का कल्पना से अधिक सम्बन्ध है, अतः साहित्य की अन्तर्निहित शक्ति की प्रकृति के अनुसार ही उसमें विभिन्न तत्त्वों या अभिव्यंजना-प्रकारों की प्रमुखता होती है। इस दृष्टि से साहित्य-शैली का वर्गीकरण उसकी आन्तरिक स्थिति के अनुसार इस प्रकार किया जा सकता है—

1. विचार-प्रधान साहित्य—विस्थापनात्मक रूप-विधान (प्रतीक एवं ध्वनि) की प्रमुखता।
2. भाव-प्रधान साहित्य—विनिमयात्मक रूप-विधान (लाक्षणिकता या वक्रोक्ति) एवं समावयात्मक रूप-विधान (शब्दालंकार, रीति, आवृत्ति, लय, तुक आदि) की प्रमुखता।
3. कल्पना-प्रधान साहित्य—संयोजनात्मक (अर्थालंकार) तथा विश्लेषणात्मक (बिम्ब-विधान) रूप-विधान की प्रमुखता।

साहित्य की गुणात्मक स्थिति के मूलाधार—अब तक के विश्लेषण से यह स्पष्ट है कि साहित्य के तीनों पक्षों—(1) उसकी रसात्मक प्रवृत्तियों (2) उसके बाह्य रूप-भेद (3) उसकी अभिव्यंजना की सूक्ष्म पद्धतियों—का विकास मूलतः उसकी आन्तरिक स्थिति या गुणात्मक स्थिति अथवा उसकी शक्ति के विशिष्ट भेद पर आधारित है। किन्तु यहाँ यह प्रश्न उठता है कि साहित्य की इस आन्तरिक स्थिति का मूलाधार क्या है, या वे कौन-से कारण हैं जिनसे विभिन्न रचनाओं में गुणात्मक स्थिति का भेद उपस्थित हो जाता है? इसके उत्तर में हम परम्परा और वातावरण की चर्चा कर सकते हैं। जैसा कि अन्यत्र कहा जा चुका है, साहित्य की गुणात्मक स्थिति का मूल आधार साहित्य-रचना के स्रोत—स्वयं साहित्यकार की ही मानसिक चेतना एवं विशिष्ट मानसिक प्रवृत्ति में निहित है। जिस प्रकार एक साहित्यकार अपने व्यक्तित्व की अनेक शारीरिक एवं मानसिक विशेषताएँ वंश-परम्परा के क्रम से पूर्वजों के उत्तराधिकार के रूप में प्राप्त करता है, उसी प्रकार उसकी अन्तश्चेतना एवं मानसिक प्रवृत्ति का भी स्रोत उसकी यही वंश-परम्परा है। आधुनिक मनोविज्ञान एवं जीव-विज्ञान के क्षेत्र में की गई विभिन्न शोधों से यह भली-भाँति प्रमाणित हो गया है कि व्यक्ति की सूक्ष्म प्रकृति, मानसिक प्रवृत्ति एव चारित्रिक विशेषताओं का मूलाधार उसकी वंश परम्परा या उसके पूर्वजों की दाय में निहित होता है। किन्तु इस परम्परागत प्रकृति का विकास जाति, समाज एवं राष्ट्र के वातावरण के अनुकूल होता है, अतः मूल प्रकृति के विकास की गति, दिशा एवं स्थिति के निर्धारण में सामयिक परिस्थितियों पर भी विचार किया जाना अपेक्षित है। इस

सम्बन्ध में विस्तृत विचार अन्यत्र किया जाएगा, यहाँ इतना ही कहना पर्याप्त होगा कि जब साहित्यकारों के वर्ग-विशेष में परम्परागत कारणों या सामयिक परिस्थितियों के संयोग से बौद्धिक चेतना, विचारात्मक प्रवृत्तियों एवं आदर्शवादी दृष्टिकोण की प्रमुखता होती है तो उस वर्ग के द्वारा तत्त्वपरक साहित्य की रचना अधिक होती है, जबकि भावनात्मक चेतना, भावात्मक प्रवृत्तियों एवं स्वच्छन्दतावादी दृष्टिकोण की प्रमुखता होने पर भावना परक या भाव-प्रधान साहित्य की रचना तथा ऐन्द्रिक चेतना, कल्पनात्मक प्रवृत्तियों एवं यथार्थवादी दृष्टिकोण की प्रमुखता होने पर इन्द्रिय-परक एवं कल्पना-प्रधान साहित्य की रचना अधिक होती है तथा प्रत्येक प्रकार के साहित्य में तत्सम्बन्धी भावात्मक प्रवृत्तियों, काव्य-रूपों एवं अभिव्यंजना की प्रणालियों की प्रचुरता रहती है, जिनका निर्देश पीछे किया जा चुका है। अस्तु, साहित्य के समस्त रूपात्मक, प्रवृत्त्यात्मक एवं गुणात्मक विकास का मूलाधार सम्बन्धित साहित्यकारों की अन्तश्चेतना एवं मानसिक प्रवृत्तियों में निहित है तथा इनका निर्माण एवं विकास परम्परा और वातावरण की क्रिया-प्रतिक्रिया के द्वन्द्व एवं संतुलन पर आधारित होता है, अतः साहित्य के विकास की समुचित व्याख्या के लिए उसके आधार-भूत कारणों एवं उसमें प्रतिफलित लक्षणों—इन सब पर यथोचित ध्यान दिया जाना अपेक्षित है।

—o—

13

साहित्येतिहास के नये सिद्धान्त–5

(ङ) साहित्य के गतिवर्द्धक एवं अवरोधक तत्त्व

जैसा कि अन्यत्र स्पष्ट किया जा चुका है, साहित्य के विकास का मूलाधार सम्बन्धित साहित्यकारों के वर्ग की अंतश्चेतना एवं मानसिक प्रवृत्तियों में निहित होता है, किन्तु इनका (अंतश्चेतना एवं मानसिक प्रवृत्तियों का) भी निर्माण एवं विकास परम्परागत तत्त्वों एवं वातावरण या परिस्थितियों की क्रिया-प्रक्रिया पर आधारित होता है। इस 'क्रिया-प्रक्रिया' को ही हमने अन्यत्र दूसरा नाम 'द्वन्द्व' या 'आकर्षण-विकर्षण' का दिया है। जहाँ साहित्य के विकास की समस्त शक्ति साहित्यकार की अंतश्चेतना में निहित है, वहाँ उसकी गति को तीव्र या मंद करने या उसकी दिशा को परिवर्तित करने में इस द्वन्द्व की प्रक्रिया का बहुत कुछ योग रहता है। अतः यहाँ हम इसी का स्पष्टीकरण अधिक विस्तार से करते हैं।

वैज्ञानिक शक्ति सिद्धान्त एवं आकर्षण-शक्ति सिद्धान्त के अनुसार प्रत्येक क्षेत्र की शक्ति सामान्यतः दो अवस्थाओं में रहती है—(1) सुषुप्त या निष्क्रिय और (2) जागृत या सक्रिय। जब भी शक्ति जागृत एवं सक्रिय होती है तो वह द्वन्द्व या आकर्षण-विकर्षण की क्रिया के रूप में कार्य करती है। इस दृष्टि से द्वन्द्व शक्ति की सक्रियता का आवश्यक लक्षण है। साहित्य में भी विकास को अग्रसर करने वाली शक्ति के मूल मे द्वन्द्व का कोई न कोई प्रकार सदा निहित रहता है अन्यथा वह निष्क्रिय एवं निश्चेष्ट हो जाएगी। दूसरे शब्दों में द्वन्द्व जहाँ सक्रियता का सूचक है वहाँ सन्तुलन उसकी चरम परिणति या निष्क्रियता का बोधक है।

साहित्य के क्षेत्र में परिस्थिति-भेद से द्वन्द्व के अनेक रूप एवं स्तर हो सकते हैं, जिन्हें मुख्यतः पाँच वर्गों में विभक्त किया जा सकता है—

(1) भौतिक द्वन्द्व—(क) प्रकृति के एक पक्ष एवं अन्य पक्ष के मध्य द्वन्द्व।
(ख) मनुष्य और प्रकृति के बीच द्वन्द्व।

(2) सामाजिक द्वन्द्व—(क) व्यक्ति, परिवार एवं समाज के एक वर्ग एवं अन्य वर्ग के मध्य द्वन्द्व।
(ख) राष्ट्र के एक वर्ग एवं अन्य वर्ग के मध्य द्वन्द्व।

(3) राजनीतिक —द्वन्द्व विभिन्न राष्ट्रों एवं राजनीतिक संज्ञाओं के मध्य द्वन्द्व।

(4) सांस्कृतिक द्वन्द्व—विभिन्न संस्कृतियों के मध्य पारस्परिक द्वन्द्व ।

(5) मानसिक द्वन्द्व—एक ही व्यक्ति की विभिन्न मनोवृत्तियों के बीच पारस्परिक द्वन्द्व।

सामान्यत: साहित्य की प्रत्येक परम्परा उपर्युक्त द्वन्द्वों में से किसी एक प्रकार के द्वन्द्व की प्रक्रिया से प्रेरित, एवं चालित होती है, अतः ज्यों ज्यों उस द्वंद्व की प्रक्रिया तीव्र एवं गम्भीर होती जाती है त्यों-त्यों तत्सम्बन्धी साहित्य-परम्परा भी तीव्रता एवं गम्भीरता से विकसित होती चलती है तथा अन्त में द्वंद्व की प्रक्रिया शांत एवं संतुलित हो जाने पर सम्बन्धित परम्परा के विकास की गति अवरुद्ध हो जाती है तथा उस स्थिति में वह या तो पुन: ह्रासोन्मुखी होकर विघटित हो जाती है, अथवा किसी अन्य परम्परा में विलीन होकर समाप्त हो जाती है या निर्जीव एवं प्रभावशून्य होकर रूढ़ि-रूप में आगे बढ़ती रहती है, जब तक कि कोई अन्य सशक्त परम्परा उसे बलात् अवरुद्ध नहीं कर देती । सामान्यत: परम्पराओं की चरम परिणति पाँच रूपों में होती है—(1) संयोजन—एक परम्परा अन्य परम्परा में मिल जाती है । (2) विघटन—परम्परा अपने आधारभूत तत्त्वों का विघटन करती हुई क्रमशः निःशेष हो जाती है । (3) विस्थापन—कोई अन्य परम्परा उसे पदच्युत करके उसका स्थान ग्रहण कर लेती है । (4) विनिमय—नई परम्पराओं से विभिन्न तत्त्वों का आदान-प्रदान करके नए रूप में विकसित हो जाती है । (5) समावयी परिवर्तन—बाह्य तत्त्वों एवं लक्षणों की दृष्टि से जीवित प्रतीत होती हुई भी आन्तरिक चेतना की दृष्टि से निर्जीव हो जाती है अर्थात् केवल रूढ़ि-रूप में आगे बढ़ती रहती है ।

अस्तु, साहित्य-परम्पराओं की प्रेरणाओं, गतिवर्द्धक व अवरोधक तत्त्वों की व्याख्या उनसे सम्बन्धित द्वंद्व की गति एवं स्थिति के आधार पर की जा सकती है ।

—o—

14

साहित्येतिहास के नये सिद्धान्त : निष्कर्ष

अब तक सात अध्यायों में साहित्येतिहास की व्याख्या के लिए अपेक्षित विभिन्न सिद्धान्तों की स्थापना की जा चुकी है, जिनमें साहित्य के विकास के विभिन्न पक्षों की व्याख्या प्रस्तुत की गई है। यहाँ विभिन्न सिद्धान्तों के निष्कर्षों को पुनः संश्लिष्ट एवं संक्षिप्त रूप में प्रस्तुत किया जाता है जिससे तत्सम्बन्धी समस्त विवेचन को सार-रूप में ग्रहण किया जा सके।

सबसे पूर्व 'इतिहास' शब्द का अर्थ स्पष्ट करते हुए हम इस निष्कर्ष पर पहुँचे कि यद्यपि 'इतिहास' का मूल अर्थ 'ऐसा ही था' अर्थात् अतीत की वास्तविक घटना का वर्णन है, फिर भी द्रष्टाओं के दृष्टिकोण-भेद के अनुसार एक ही वस्तु का वर्णन अनेक रूप ग्रहण कर लेता है। इसी सिद्धान्त के अनुसार कलात्मक, उपदेशात्मक एवं वैज्ञानिक दृष्टिकोण से प्रस्तुत अतीत की व्याख्या भी क्रमशः कलात्मक, उपदेशात्मक एवं वैज्ञानिक रूप प्राप्त कर लेती है जिन्हें दूसरे शब्दों में क्रमशः काव्यात्मक, पौराणिक एवं वैज्ञानिक इतिहास भी कहा जा सकता है। वस्तुतः आज के युग में वैज्ञानिक इतिहास को ही वास्तविक इतिहास माना जाता है, शेष रूप गौण हो गए हैं।

वैज्ञानिक इतिहास या इतिहास की वैज्ञानिक व्याख्या में विकासवादी दृष्टि का उपयोग किया जाता है। विकासवाद के भी अलग-अलग क्षेत्रों में अलग-अलग सिद्धान्त हैं; यथा डारविन, स्पेन्सर, मार्क्स, बर्गसाँ, ट्वायनबी आदि ने क्रमशः जीव-विज्ञान, भौतिक-विज्ञान, अर्थ-शास्त्र, मनोविज्ञान, समाज-शास्त्र आदि क्षेत्रों में अपने-अपने सिद्धान्तों की प्रतिष्ठा की है। इन क्षेत्रीय सिद्धान्तों का अध्ययन करने के अनंतर हमने पाँच ऐसे सामान्य सूत्रों की खोज की है जो किसी-न-किसी रूप में इन सभी में मिलते हैं। वे पाँच सूत्र हैं—(1) प्राकृतिक सर्जन-शक्ति, (2) परम्परा, (3) वातावरण, (4) द्वन्द्व या आकर्षण-विकर्षण, (5) सन्तुलन। विकास की प्रत्येक क्रिया के मूल में कोई न कोई प्राकृतिक **सर्जन-शक्ति** निहित रहती है, जो **परम्परागत** तत्त्वों एवं सामयिक **वातावरण** के पारस्परिक **द्वन्द्व** से उद्दीप्त एवं प्रेरित होकर सक्रिय होती है तथा जब तक द्वन्द्व के दोनों पक्षों में **सन्तुलन** स्थापित नहीं हो जाता तब तक वह सक्रिय रहती है। सन्तुलन-स्थापना के अनन्तर विकास की एक आवृत्ति पूरी हो

जाती है तथा सर्जन-शक्ति तब तक के लिए शान्त एवं निष्क्रिय हो जाती है जब तक कि उसे कोई नया द्वन्द्व या किसी नए क्षेत्र का द्वन्द्व पुनः उद्दीप्त एवं सक्रिय नहीं कर देता। इसी प्रकार सर्जन-शक्ति के विकास की क्रिया चलती रहती है।

उपर्युक्त पाँचों सूत्र साहित्य के क्षेत्र पर भी भली-भाँति लागू होते हैं। इससे पूर्व भी अनेक साहित्य-चिन्तकों ने इनमें से एक या दो सूत्रों को लेकर साहित्य के विकास की व्याख्या प्रस्तुत करने का प्रयास किया है किन्तु उनके प्रयास अपूर्ण सामग्री, एकांगी दृष्टिकोण एवं सीमित वस्तु पर आधारित होने के कारण पूर्णतः सफल नहीं हो सके, पर फिर भी वे उपर्युक्त सूत्रों को अप्रत्यक्ष रूप से थोड़ी स्वीकृति अवश्य प्रदान करते हैं। वस्तुतः साहित्य के क्षेत्र में भी प्राकृतिक सर्जन-शक्ति (साहित्यकार की नैसर्गिक प्रतिभा) ही परम्परा (सांस्कृतिक परम्पराएँ) और वातावरण (युगीन चेतना) के द्वन्द्व (क्रिया प्रतिक्रिया) से प्रेरित होकर गतिशील होती है, जिसका चरम लक्ष्य द्वन्द्व के दोनों पक्षों में संतुलन-स्थापना करना होता है। जब हमारी परम्पराएँ अपनी सीमा से आगे बढ़कर युग-धर्म की उपेक्षा करने लगती हैं या युग-धर्म अति उच्छृंखल होकर परम्पराओं का तिरस्कार करने लगता है तो साहित्य-चेतना (साहित्यकार की आन्तरिक शक्ति) उद्वेलित होकर तब तक कार्य करती रहती है जब तक कि दोनों में सामंजस्य या संतुलन स्थापित नहीं हो जाता। एक क्षेत्र का द्वन्द्व शान्त हो जाने पर साहित्य-चेतना अन्य क्षेत्रों के द्वन्द्व की ओर आकर्षित होती है, इस प्रकार वह तब तक सक्रिय रहती है जब तक कि किसी न किसी प्रकार का द्वन्द्व या आकर्षण-विकर्षण उसे प्रेरित एवं उद्वेलित करता रहता है। संक्षेप में यही साहित्य-विकास का मूल सिद्धांत है, जिसे और अधिक स्पष्ट करने के लिए उसके विभिन्न पक्षों की अलग-अलग व्याख्या भी की गई है।

किसी भी साहित्य के विकास की स्थिति एवं गति का अध्ययन करने के लिए उसका तीन दृष्टिकोणों से अवलोकन किया जा सकता है तथा उन्हीं तीन दृष्टिकोणों के आधार पर साहित्य-विकास के तीन पक्ष निर्धारित किये जा सकते हैं जो ये हैं—(1) रूपात्मक पक्ष, (2) प्रवृत्त्यात्मक पक्ष और (3) गुणात्मक पक्ष। इन तीनों पक्षों का विवेचन अलग-अलग अध्यायों में प्रस्तुत करते हुए उसके विभिन्न लक्षणों की विवेचना भौतिक विज्ञान, समाज-शास्त्र एवं मनोविज्ञान के सुदृढ़ आधारों के आधार पर की गई है, जिसका सारांश इस प्रकार है।

(क) साहित्य के विकास की रूपात्मक व्याख्या—जिस प्रकार एक रोगी की रूपाकृति एवं उसके बाह्य लक्षणों को देखकर उसकी आंतरिक स्थिति (स्वस्थता या अस्वस्थता) का अनुमान किया जा सकता है, उसी प्रकार साहित्य के भी रूपात्मक लक्षणों के आधार पर उसके विकास की स्थिति को समझा जा सकता है। उसकी विकासोन्मुखता के सामान्य लक्षण ये निर्धारित किये गए हैं—(1) विषय-वस्तु से

सम्बन्धित विभिन्न तत्त्वों की संघटनात्मकता, सुसम्बद्धता, विविधता एवं केन्द्रीय तत्त्व की सुदृढ़ता। (2) भावात्मक प्रवृत्तियों की सुसम्बद्धता एवं उनका क्षेत्र-विस्तार। (3) साहित्य के रूप-भेदों (नाटक, उपन्यास आदि काव्य-रूपों) का निश्चित, सुस्पष्ट एवं विस्तृत होना। (4) शैली में परिष्कार, प्रौढ़ता एवं व्यंग्यात्मकता। (5) साहित्य के आदर्शों, प्रयोजनों एवं मान दण्डों की सुव्यवस्था। इन लक्षणों के विरोधी रूपों—यथा, विषय-वस्तु के तत्त्वों की क्षीणता, शिथिलता एवं न्यूनता, भावात्मक प्रवृत्तियों का संकोच, रूप-भेदों की अस्पष्टता, शैली में रूढ़ता एवं कृत्रिमता तथा साहित्यिक मानदण्डों की अराजकता आदि को ह्रासोन्मुखता के द्योतक के रूप में स्वीकार किया गया है।

(ख) **साहित्य के विकास की प्रवृत्त्यात्मक व्याख्या**—जिस प्रकार साहित्य के रूपात्मक लक्षणों के आधार पर उसके विकास की बाह्य स्थिति को समझा जा सकता है, उसी प्रकार उसकी अन्तर्निहित चेतना के आधार पर उसकी सूक्ष्म गतियों या सूक्ष्म प्रवृत्तियों के विकास को हृदयंगम किया जा सकता है। जैसा कि सोरोकिन जैसे शोधकर्त्ताओं ने वर्ग-विशेष की सूक्ष्म चेतना के आधार पर उसकी सांस्कृतिक प्रवृत्तियों के विकास को स्पष्ट किया है, वैसे ही उसकी साहित्यिक प्रवृत्तियों के विकास की भी व्याख्या की जा सकती है। इस दृष्टि से हमने अन्तश्चेतना या मानसिक प्रवृत्ति (Mentality) के आधार पर विभिन्न वर्गों के साहित्यकारों एवं उनके साहित्य को तीन मूल प्ररूपों में विभक्त किया है—(1) आदर्शपरक प्ररूप (2) स्वच्छन्दता-परक प्ररूप एवं (3) यथार्थपरक प्ररूप। इन तीनों प्ररूपों में मानसिक दृष्टि से क्रमशः ज्ञान, भावना एवं क्रिया की, दार्शनिक दृष्टि से अध्यात्म, अध्यात्म-भौतिक मिश्रित एवं भौतिकता की, सांस्कृतिक दृष्टि से तत्त्वपरकता, आदर्शोन्मुखता एवं इन्द्रियपरकता की तथा साहित्यिक तत्त्वों की दृष्टि से क्रमशः बौद्धिकता, भावात्मकता एवं कल्पना की प्रधानता रहती है। इसी प्रकार विषय-वस्तु, पात्र, घटनाओं, स्थायी भावों, रसों एवं कला-सम्बन्धी आदर्शों की दृष्टि से भी प्रत्येक प्ररूप में कुछ विशिष्ट प्रवृत्तियाँ रहती हैं जिनका स्पष्टीकरण पीछे तालिका-रूप में किया गया है। वस्तुतः प्रत्येक प्ररूप की अंतश्चेतना के अनुसार ही उसकी विभिन्न सांस्कृतिक, दार्शनिक, तात्त्विक एवं भावात्मक प्रवृत्तियों का विकास होता है, अतः विभिन्न वर्गों की साहित्यिक प्रवृत्तियों का अध्ययन एवं विश्लेषण उपर्युक्त सिद्धान्त के आधार पर सम्यक् रूप में किया जा सकता है।

(ग) **साहित्य के विकास की गुणात्मक व्याख्या**—इसके अन्तर्गत साहित्य के साहित्यिक या उसके कलात्मक गुणों के विकास को स्पष्ट किया गया है। साहित्य का आधारभूत गुण या उसकी मूल शक्ति अथवा भारतीय आचार्यों के शब्दों में उसकी आत्मा क्या है, इस प्रश्न के अनेक उत्तर उपलब्ध हैं, जिनका विश्लेषण परीक्षण एवं संश्लेषण करने पर हम इस निष्कर्ष पर पहुँचते हैं कि आकर्षण-शक्ति या पाठक को आकर्षित करने का गुण ही साहित्य की साहित्यिकता का आधार है। पर

यह आकर्षण भी सर्वत्र एक ही प्रकार एवं स्तर का नहीं होता, उसे मनोवैज्ञानिक दृष्टि से तीन स्तरों में विभाजित किया जा सकता है—बौद्धिक आकर्षण, भावात्मक आकर्षण एवं ऐन्द्रिक आकर्षण। विचार-प्रधान, भाव-प्रधान एवं कल्पना-प्रधान साहित्य में क्रमशः उपर्युक्त तीनों प्रकार के आकर्षण की उद्दीप्ति होती है जिसे परम्परागत शब्दावली में औदात्य (बौद्धिक आकर्षण), माधुर्य (भावात्मक आकर्षण) एवं सौन्दर्य (ऐन्द्रिक आकर्षण) कहा जाता है। इनमें से भी प्रत्येक को तीन-तीन पक्षों में और विभक्त किया जा सकता है—विधेयात्मक, निषेधात्मक एवं उभयात्मक पक्ष। इन्हीं पक्षों के अनुसार एक ही तत्त्व तीन प्रवृत्तियों में विकसित हो जाता है; यथा, भावात्मक आकर्षण की तीन प्रवृत्तियाँ प्रेम (शृंगार), घृणा (वीभत्स) एवं करुणा (करुण) क्रमशः एक ही तत्त्व के तीन पक्षों—विधेयात्मक, निषेधात्मक एवं उभयात्मक को प्रस्तुत करती हैं। इस प्रकार साहित्य की मूल शक्ति—आकर्षण-शक्ति—परिस्थिति-भेद के अनुसार विभिन्न स्तरों एवं प्रवृत्तियों में विभक्त हो जाती है। उसकी इन गुणात्मक प्रवृत्तियों का प्रतिफलन उसके रूपात्मक विकास—विभिन्न रूपों के विकास में भी होता है, इसे तालिका रूप में स्पष्ट किया गया है।

इस प्रकार साहित्य का समस्त आन्तरिक विकास उससे सम्बन्धित सर्जन-शक्ति या साहित्यकारों के वर्ग-विशेष की मूल अंतश्चेतना या मानसिकता (Mentality) पर आधारित है, उसी के अनुसार उसकी विभिन्न भावात्मक, विचारात्मक एवं तात्त्विक प्रवृत्तियों का विकास होता है, उसी के अनुरूप उसकी विषय-वस्तु के क्षेत्र, पात्रों की प्रकृति, घटनाओं की वास्तविकता, रूपों की भिन्नता एवं शैली की सूक्ष्मता का प्रादुर्भाव एवं विकास होता है। अस्तु, साहित्यकार की अंतश्चेतना या उसकी मानसिकता ही विकास की इन समस्त गतिविधियों का मूल केन्द्र या आधारभूत कारण है।

पर साहित्यकार की मानसिकता (Mentality) क्या अपने-आप में कोई स्वतन्त्र वस्तु है? क्या उसका उद्भव एवं विकास निरपेक्ष रूप में होता है? क्या वह सर्वत्र एक ही क्षेत्र और एक स्तर पर कार्य करती है? इन सबका निषेधात्मक उत्तर देते हुए हम पुनः विकासवाद के मूल सूत्रों पर आ जाते हैं। प्रत्येक मानसिकता का आविर्भाव एवं विकास, परम्परा एवं वातावरण, वंशानुक्रम एवं युगीन पोषण, बीज की प्रकृति एवं जलवायु के प्रभाव से होता है तथा उन क्षेत्रों की ओर अग्रसर या पुरस्सर होती है जो उसे आकर्षित-विकर्षित करते हैं, यही आकर्षण-विकर्षण दूसरे शब्दों में 'द्वन्द्व' की संज्ञा से अभिहित किया गया है। सभी साहित्यकारों की मानसिकता किसी एक ही क्षेत्र में अग्रसर नहीं होती। परिस्थिति-भेद से उसका ध्यान मानसिक अन्तर्द्वन्द्व, पारिवारिक अन्तर्द्वंद्व, सामाजिक द्वंद्व, राजनीतिक द्वंद्व, सांस्कृतिक द्वंद्व, राष्ट्रीय एवं अन्तर्राष्ट्रीय द्वंद्व आदि द्वन्द्व के विभिन्न क्षेत्रों, स्तरों एवं रूपों से प्रेरित, उद्दीप्त एवं चालित होकर तद्नुकूल क्षेत्रों में कार्य करता हुआ, द्वंद्व से

सम्बन्धित पक्षों में सामंजस्य (संतुलन) स्थापित करने का प्रयास करता है। विश्व में व्याप्त शक्ति के सभी रूपों की चाहे वे रूप भौतिक स्तर के हों या सूक्ष्म मानसिक स्तर के या उनका रूप स्थूल हो या सूक्ष्म—एक मात्र लक्ष्य अपने-अपने क्षेत्र में इस सामंजस्य एवं संतुलन की स्थापना करना ही है और यही सामंजस्य और संतुलन प्रत्येक क्षेत्र के चरम विकास का द्योतक है; अतः साहित्य की साधना भी इस लक्ष्य से अनुप्राणित हो तो स्वाभाविक ही है।

—o—

15

साहित्येतिहास विषयक शोध का आधारभूत सिद्धान्त

विषय-क्षेत्र की दृष्टि से शोध —विशेषत: साहित्य सम्बन्धी शोध के तीन प्रकार माने जा सकते हैं—(1) सैद्धान्तिक (2) ऐतिहासिक और (3) व्यावहारिक। सैद्धान्तिक शोध में जहाँ परम्परागत एवं नूतन तत्त्वों, मूल्यों, सिद्धान्तों एवं नियमों की व्याख्या, आलोचना एवं स्थापना की जाती है वहाँ व्यावहारिक शोध में स्थापित मूल्यों के आधार पर रचनाओं का विवेचन-विश्लेषण करते हुए उनके मूल्यांकन का प्रयास किया जाता है, इस प्रकार इन दोनों में क्रमश: मूल्यों की खोज और उनके उपयोग या व्यवहार की प्रक्रिया ही प्रमुख रहती है। एक दृष्टि से यह सारा कार्य आलोचना के क्षेत्र में भी सम्पन्न होता है किन्तु उसमें वैयक्तिक दृष्टि, निजी पूर्वाग्रहों, आत्मानुभूति, कल्पनात्मक अवधारणाओं, अलंकारपूर्ण शैली एवं अत्युक्तिपूर्ण स्थापनाओं की प्रमुखता रहती है जबकि अनुसंधान या शोध में वैज्ञानिक पद्धति का अनुगमन करते हुए उसमें क्रमश: वस्तुपरक दृष्टि, तटस्थ एवं सन्तुलित दृष्टिकोण, तथ्यों और प्रमाणों पर आधारित तर्कसंगत निष्कर्षों को शुद्ध अभिधात्मक शैली में प्रस्तुत किया जाता है। वस्तुत: आलोचना और अनुसंधान में मूल अन्तर विषय-वस्तु का न होकर दृष्टि एवं पद्धति का ही रहता है —एक की पद्धति साहित्यिक या कलात्मक होती है तो अन्य की वैज्ञानिक। यही कारण है कि साहित्यानुसन्धान को हम कला के स्थान पर विज्ञान की कोटि में स्थान देते हैं, यह दूसरी बात है कि बहुत से अनुसंधानता और उनके निर्देशक इस अन्तर को हृदयंगम न कर पा सकने के कारण आज भी शोध-प्रबन्धों में अलंकारपूर्ण ललित शैली का प्रयोग करते हुए अपनी सहृदयता एवं कलात्मक रुचि का प्रमाण देने का प्रयास करते हैं, जोकि उन्हें अनुसंधान के शुद्ध लक्ष्य, सत्य की खोज से दूर ले जाने में सहायक सिद्ध होता है।

अब रही शोध के तीसरे प्रकार—ऐतिहासिक या इतिहास-विषयक शोध की बात। दुर्भाग्य से हिन्दी में ही नहीं पश्चिम की विकसित भाषाओं के साहित्यालोचन एवं साहित्यानुसंधान के क्षेत्र में भी यह पक्ष अभी तक अविकसित एवं अव्यवस्थित है। जहाँ तक मेरी जानकारी है—अंग्रेजी-समीक्षा का सबसे कमजोर पहलू उसका ऐतिहासिक पक्ष है। इतिहास-लेखन के क्षेत्र में आंग्ल-समीक्षक अभी तक किसी निश्चित एवं स्पष्ट निर्णय तक नहीं पहुँच पाये हैं। वे अभी तक इस बात को नहीं समझ पाये कि इतिहास का मूल लक्ष्य, अर्थ एवं प्रयोजन क्या है? विभिन्न आलोचकों एवं इतिहासकारों ने विभिन्न प्रयास किए हैं, किन्तु वे प्राय: एकांगिता एवं अतिवादिता

के दोषों से ग्रस्त हैं। एक इतिहासकार साहित्य को सामाजिक परिस्थितियों एवं गतिविधियों के परिप्रेक्ष्य में देखने का प्रयास करता है तो वह उसमें इस तरह उलझ जाता है कि उसे सारी साहित्यिकता सामाजिक प्रवृत्तियों के ही ताने-बाने के रूप में दिखाई देने लगती है। दूसरा इतिहासकार अलग-अलग कृतियों के समीक्षा-वृत्तों के काल-क्रमानुसार प्रस्तुतीकरण को ही इतिहास मान बैठने की भूल कर बैठता है तो तीसरा किसी अतीतकालीन साहित्यकार या साहित्य रचना के प्रभाव की व्याख्या को ही इतिहासकार का मुख्य कार्य समझ बैठता है। तेन जैसे इतिहासकार जाति, वातावरण और क्षण-विशेष के सन्दर्भ में इतिहास की व्याख्या का प्रयास करते हैं जो अपेक्षाकृत अधिक व्यापक एवं सन्तुलित दृष्टि के परिचायक हैं, किन्तु उन्हें भी सम्यक् रूप में समझ पाने की क्षमता अंग्रेजी के औसत समीक्षक में दिखाई नहीं पड़ती। इस प्रकार अंग्रेजी साहित्येतिहास-लेखन की परम्परा अपने-आप में असफल प्रयासों की शृंखलाबद्ध कहानी है, जिसे ध्यान में रखते हुए रेनेवेलेक एव आस्टिन वारेन ने ठीक ही लिखा है—"साहित्य के अधिकांश प्रसिद्ध इतिहास या तो सभ्यताओं के इतिहास हैं या (आलोचनात्मक) लेखों के संग्रह। इनमें से एक प्रकार के इतिहास तो हैं पर कला के इतिहास नहीं हैं, दूसरे प्रकार के इतिहासों को भी इतिहास नहीं कहा जा सकता। इस असफलता का यह स्वाभाविक परिणाम था कि धीरे-धीरे यह भी कहा जाने लगा कि साहित्य का इतिहास नहीं लिखा जा सकता, क्योंकि साहित्य कभी पुराना नहीं पड़ता। कुछ लोगों ने यह भी तर्क दिया कि इतिहास साहित्य का नहीं साहित्यकारों का होता है। यदि इसी तर्क को आधार बनाया जाय तो फिर साहित्य ही क्यों दर्शन, मनोविज्ञान आदि का भी इतिहास नहीं हो सकता, क्योंकि इनके पीछे भी क्रमशः दार्शनिकों, मनोवैज्ञानिकों आदि का कृतित्व रहता है। वस्तुतः अपनी असफलताओं के उदात्तीकरण के लिए मानव-मस्तिष्क इस प्रकार के तर्कों की खोज प्रायः कर लिया करता है—ये प्रयास इसी प्रवृत्ति के परिचायक हैं।"

किन्तु अब धीरे-धीरे यह अनुभव किया जाने लगा है कि साहित्य के इतिहास का मूल तथ्य साहित्य की आलोचना या मूल्यांकन करना नहीं अपितु उनके अन्तर्निहित तत्त्वों के आधार पर उसके विकास की प्रक्रिया को स्पष्ट करना है। दूसरे शब्दों में जिस प्रकार राष्ट्र विशेष या जाति-विशेष के सांस्कृतिक इतिहास में उसके सांस्कृतिक विकास की प्रक्रिया का विश्लेषण उसके आन्तरिक एवं बाह्य स्रोतों, साधनों एवं प्रमाणों के आधार पर किया जाता है उसी प्रकार साहित्य के इतिहास में भी उसके विकास की प्रक्रिया का विश्लेषण अपेक्षित है। वस्तुतः ज्ञान-विज्ञान के नये संदर्भों में 'इतिहास शब्द का अर्थ ही 'विकास' हो गया है। अब यह प्रमाणित हो गया है कि भौतिक, जैविक, सांस्कृतिक या मनोवैज्ञानिक क्षेत्र में कभी कोई घटना एकाएक घटित नहीं होती अपितु वह स्थिति-विशेष की क्रमशः विकसित परिणति होती है, जिसे हम इस समय घटित होते देख रहे हैं, उसके पीछे न जाने कितने ज्ञात-अज्ञात कारणों की दीर्घ परम्परा होती है, जो क्रमशः उस घटना के घटित होने

में योग देती रहती है। यह वैसी ही बात है जैसे नगर-पालिका के कार्यालय में नवजात शिशु की जन्म-तिथि उसी दिन की घटना के रूप में अंकित की जाती है, किन्तु जीव-विज्ञान का थोड़ा-सा भी ज्ञान रखने वाला व्यक्ति जानता है कि इस घटना के पीछे भ्रूण के विकास की एक दीर्घ शृंखला रहती है तथा यह घटना भी उससे अलग नहीं है—उसी शृंखला की एक कड़ी है। जिसे हम घटना कहते हैं वह वस्तुतः स्थिति-परिवर्तन या नयी स्थिति या अवस्था के विकास की पर्याय मात्र होती है। यह तो एक स्थूल उदाहरण हुआ किन्तु मनोविज्ञान और मनोविश्लेषण से यह प्रमाणित हो गया है कि जीवन में हम जो छोटी-छोटी भूलें करते हैं ओर जो आगे चलकर भयंकर घटना या दुर्घटना का रूप धारण कर लेती हैं, उनके पीछे भी चेतन या अचेतन मन की किसी वृत्ति-विशेष के विकास की शृंखला रहती है।

अस्तु, अनुसंधान का अर्थ यदि वैज्ञानिक दृष्टि एवं पद्धति से किया गया अध्ययन है तो इतिहास एवं साहित्येतिहास के अनुसंधान में भी 'इतिहास' का अर्थ 'विकास' ग्रहण करते हुए उसकी विकास-प्रक्रिया का विवेचन-विश्लेषण करना आवश्यक है।

यहाँ यह उल्लेखनीय है कि विभिन्न क्षेत्रों में विकास के विभिन्न सिद्धान्त प्रचलित हैं। डारविन, स्पेन्सर, कार्लमार्क्स, हेनरी बर्गसाँ, आर्नल्ड टॉयनबी प्रभृति चिन्तकों ने क्रमशः जीव-विज्ञान, भौतिक-विज्ञान, अर्थशास्त्र, मनोविज्ञान, संस्कृति आदि की दृष्टि से विकास-प्रक्रिया की व्याख्या अपने-अपने ढंग से की है। इन सिद्धांतों के तुलनात्मक एवं समन्वयात्मक अध्ययन के आधार पर विकास का एक ऐसा सामान्य सिद्धांत भी स्थापित किया गया है जिसे सभी क्षेत्रों पर लागू किया जा सकता है। इस सिद्धान्त के अनुसार सृष्टि की विकास-प्रक्रिया के मूल में इन पाँच तत्त्वों की सक्रियता रहती है—(1) सर्जन-शक्ति, (2) परम्परा, (3) वातावरण, (4) द्वन्द्व और (5) संतुलन। इन तत्त्वों को समन्वित करते हुए कहा जा सकता है कि विकास की प्रत्येक क्रिया के मूल में कोई न कोई सर्जन-शक्ति (रचना-शक्ति/उत्पादन-शक्ति/नवनिर्माण-शक्ति) रहती है जो परम्परागत तत्त्वों एवं सामयिक वातावरण के पारस्परिक द्वन्द्व से उद्दीप्त एवं प्रेरित होकर सक्रिय होती है तथा जब तक द्वन्द्व के दोनों पक्षों में संतुलन स्थापित नहीं हो जाता, तब तक वह सक्रिय रहती हुई विकास में योग देती रहती है। संतुलन-स्थापना के अनन्तर क्रमशः विघटन एवं अवसान की प्रक्रियाओं द्वारा ह्रास की आवृत्ति होती है।

साहित्य की भी विभिन्न धाराओं एवं प्रवृत्तियों के उद्भव एवं विकास को स्पष्ट करने के लिए उपर्युक्त सूत्रों को आधार बनाया जा सकता है[1]। साहित्य के सन्दर्भ में 'सर्जन-शक्ति' के अन्तर्गत साहित्यकार की रचना-शक्ति (प्रतिभा), रुचि,

1. हिन्दी साहित्य का वैज्ञानिक इतिहास, पृ० 37-45।

प्रवृत्ति, योग्यता आदि को लिया जा सकता है। परम्परा के अन्तर्गत वे सभी जातीय, सांस्कृतिक व साहित्यिक तत्त्व आ जाते हैं, जो परम्परा के द्वारा साहित्यकार को प्राप्त होते हैं तथा जिनसे वह प्रभावित होता है। वातावरण के अन्तर्गत उन स्थितियों, परिस्थितियों, युगीन प्रेरणाओं व युग-प्रवृत्तियों को लिया जा सकता है, जिनसे विवेच्य साहित्यकार प्रभावित होता है। द्वन्द्व के अन्तर्गत राजनीतिक, धार्मिक, सामाजिक, आर्थिक, मानसिक आदि क्षेत्रों से सम्बन्धित उन परस्पर विरोधी स्थितियों को लिया जा सकता है, जिनके द्वन्द्व से साहित्यकार की सर्जन-शक्ति उद्दीप्त, उद्वेलित एवं प्रेरित होती है। यहाँ यह उल्लेखनीय है कि सभी साहित्यकार एक जैसी ही स्थितियों से प्रेरित नहीं होते। कुछ साहित्यकार राष्ट्रीय, धार्मिक या सामाजिक अन्तर्विरोधों से प्रेरित होकर साहित्य-सर्जन करते हैं तो कुछ वैयक्तिक या मानसिक द्वन्द्व से प्रेरित होते हैं। अतः यह साहित्य-विशेष के सन्दर्भ में देखना होगा कि वह किस क्षेत्र के द्वन्द्व से परिचालित है। जब एक क्षेत्र का द्वन्द्व शान्त या समाप्त हो जाता है तो तत्सम्बन्धी साहित्यिक धारा परम्परा या प्रवृत्ति का भी अवसान होना सम्भव है। संतुलन इसी स्थिति का द्योतक है। अस्तु, हमारे विचार से साहित्य की विकास-प्रक्रिया के सम्यक् विश्लेषण के लिए इन पाँचों तत्त्वों या सूत्रों को आधारभूत सिद्धांत के रूप में ग्रहण किया जा सकता है।

इस सिद्धांत के व्यावहारिक रूप की परीक्षा के लिए हिन्दी साहित्य के इतिहास ग्रन्थों के सन्दर्भ में भी इस पर विचार किया जा सकता है। आचार्य रामचन्द्र शुक्ल ने अपने इतिहास के आरम्भ में ही अपना दृष्टिकोण स्पष्ट करते हुए लिखा था—"प्रत्येक देश का साहित्य वहाँ की जनता की चित्तवृत्ति का संचित प्रतिबिम्ब होता है।" अतः उन्होंने साहित्य के इतिहास का आधार युग-विशेष की चित्तवृत्तियों या परिस्थितियों को ही माना है। दूसरे शब्दों में कहें तो उन्होंने उपर्युक्त पाँच तत्त्वों में से वातावरण या युगीन प्रवृत्तियों को ही अधिक महत्व दिया, शेष तत्त्वों को उन्होंने गौण कर दिया। इसीलिए उन्होंने भक्ति आन्दोलन के प्रवर्त्तन या सन्त काव्य के विकास या कबीर के खण्डन-मण्डन या प्रेमाख्यानों के प्रेम तत्त्व—इन सबका कारण तद्युगीन मुस्लिम प्रभाव में ही खोजने की चेष्टा की। भक्ति आन्दोलन के मूल में पूर्ववर्ती परम्पराओं के योगदान को या सन्तों के साहित्य के विकास में योग देने वाली सिद्धों की परम्परा को उन्होंने उपेक्षित कर दिया। इसीलिए आचार्य शुक्ल द्वारा हमारे मध्ययुगीन साहित्य के विकास की जो व्याख्या प्रस्तुत हुई, वह केवल वातावरणपरक या युग प्रवृत्ति-मूलक होने के कारण एकांगी है। यही कारण है कि आगे चलकर आचार्य हजारी प्रसाद द्विवेदी ने सन्तों और भक्तों की पूर्व परम्पराओं का उद्घाटन करके आचार्य शुक्ल के अनेक निष्कर्षों को असंगत एवं भ्रान्त सिद्ध कर दिया। वस्तुतः आचार्य शुक्ल के वातावरणवादी प्रयास की पूर्ति आचार्य द्विवेदी के परम्परावादी प्रयास के द्वारा हुई। किन्तु वैज्ञानिक दृष्टिकोण से देखा जाय तो विकास की सम्यक् व्याख्या के लिए न केवल वातावरण और परम्परा को, अपितु

कवियों की वैयक्तिक प्रवृत्तियों, प्रेरक द्वन्द्व, संतुलन आदि उन पाँचों पक्षों पर विचार किया जाना चाहिए जिनकी चर्चा हम पीछे कर चुके हैं। जिस प्रकार वृक्ष के विकास में परम्परा रूपी बीज के साथ भूमि, जलवायु, प्रकाश, खाद आदि विभिन्न प्रेरक, उद्दीपक एवं पोषक तत्त्वों का योग रहता है, उसी प्रकार, साहित्य के विकास में भी परम्परा, वातावरण आदि पाँचों तत्त्वों का न्यूनाधिक योग रहता है - यह दूसरी बात है कि कहीं एक का योग कम और दूसरे का अधिक रहे। अतः साहित्येतिहास सम्बन्धी अनुसंधान में भी—चाहे उसका लक्ष्य विभिन्न परम्पराओं एवं धाराओं के विकास की व्याख्या करना हो या विभिन्न साहित्यिक आन्दोलनों व प्रवृत्तियों के इतिहास पर विचार करना हो—उपर्युक्त सूत्रों को ध्यान में रखा जाना आवश्यक है, अन्यथा हमारे निष्कर्ष असंगत एवं एकांगी सिद्ध हो सकते हैं।

साहित्य की विकास-प्रक्रिया का अध्ययन उपर्युक्त सामान्य सूत्रों के अतिरिक्त रूपात्मक व्याख्या के आधार पर भी किया जा सकता है। जिस प्रकार व्यक्ति की रूपाकृति एवं उसके विभिन्न लक्षणों के आधार पर उसके आन्तरिक स्वास्थ्य का अनुमान किया जा सकता है, उसी प्रकार साहित्य के भी रूपात्मक लक्षणों के आधार पर उसके विकास की स्थिति को समझा जा सकता है। उसकी विकासोन्मुखता के सामान्यतः ये लक्षण निर्धारित किये जा सकते हैं—(1) विषयवस्तु से सम्बन्धित विभिन्न तत्त्वों की सुगठितता, सुसम्बद्धता, विविधता एवं केन्द्रीय तत्त्व की सुदृढ़ता। (2) भावात्मक प्रवृत्तियों की सुसम्बद्धता एवं व्यापकता। (3) विधाओं या रूप-भेदों (नाटक), उपन्यास, कहानी आदि का निश्चित सुस्पष्ट एवं विस्तृत होना। (4) शैली में परिष्कार, प्रौढ़ता एवं व्यंग्यात्मकता। (5) साहित्य के आदर्शों, प्रयोजनों एवं मानदण्डों की सुव्यवस्था। इन लक्षणों के विरोधी रूपों—यथा विषयगत तत्त्वों की क्षीणता, शिथिलता एवं न्यूनता, भावात्मक प्रवृत्तियों के संकोच, रूपों भेदों की अस्पष्टता, शैली में रूढ़िवादिता एवं कृत्रिमता तथा साहित्यिक मूल्यों की अराजकता आदि को ह्रासोन्मुखता के लक्षणों के रूप में स्वीकार किया जाता है[1]।

साहित्य को आन्तरिक प्रवृत्तियों के आधार पर उसके विकास की प्रवृत्त्यात्मक व्याख्या की जा सकती है। इसमें साहित्य की अन्तश्चेतना या आधारभूत मानसिक प्रवृत्ति के आधार पर उसे तीन प्ररूपों में विभक्त किया जाता है—(1) आदर्शमूलक, (2) स्वच्छन्दतामूलक एवं (3) यथार्थपरक,[2] इनमें क्रमशः आदर्शमूलक, स्वच्छन्दता-मूलक एवं यथार्थमूलक चेतना एवं तत्सम्बन्धी प्रवृत्तियों की प्रमुखता रहती है। उदाहरण के लिए आदर्शपरक प्ररूप में धार्मिक, दार्शनिक, आध्यात्मिक एवं नैतिक तत्त्वों की प्रमुखता रहती है, उसके पात्र दिव्य एवं आदर्श कोटि के होते हैं तथा उसमें अलौकिक, आसाधारण एवं महान् कार्यों का निरूपण किया जाता है। सामान्यतः इसमें कला और साहित्य का लक्ष्य लोक-हित या लोक-मंगल रहता है। इसी प्रकार

1. हिन्दी साहित्य का वैज्ञानिक इतिहास, पृ० 48-50।
2. हिन्दी साहित्य का वैज्ञानिक इतिहास, पृ० 56-57।

स्वच्छन्दतापरक प्ररूप में साहसिक एवं शृंगारिक विषयों, स्वच्छन्द प्रेमी नायकों युद्धों एवं विवाहों से सम्बन्धित क्रिया-कलापों की प्रमुखता रहती है। इसमें कला और साहित्य का लक्ष्य सामान्यतः आत्मानुभूतियों की व्यंजना के द्वारा सौन्दर्य-सृष्टि का रहता है इसके विपरीत यथार्थपरक प्ररूप में ऐन्द्रिय तत्त्वों की प्रमुखता रहती है जिसके कारण इसमें अर्थ एवं काम सम्बन्धी विषयों, कामुक एवं निम्नस्तरीय पात्रों, दैनिक जीवन के सामान्य क्रिया-कलापों तथा रसिकतापूर्ण प्रसंगों का चित्रण किया जाता है। इसमें साहित्यकार का लक्ष्य भी उच्चवर्ग का मनोरंजन करते हुए आर्थिक या भौतिक लाभ प्राप्त करना रहता है। इस प्रकार साहित्य एवं साहित्यकारों की भिन्न-भिन्न प्रवृत्तियों के आधार पर उनकी मूलभूत चेतना का उद्घाटन किया जा सकता है। प्रायः यह देखा जाता है कि साहित्य के इतिहास में भी इन प्ररूपों की आवृत्ति एक-दूसरे की प्रतिक्रियास्वरूप होती रहती है। जब आदर्शवाद चरम-सीमा पर पहुँचने लगता है तो उसकी प्रतिक्रियास्वरूप स्वच्छन्दतावाद की तथा स्वच्छन्दतावाद के चरमसीमा पर पहुँच जाने पर यथार्थवाद की प्रवृत्तियों का उन्मोलन होने लगता है। आधुनिक हिन्दी साहित्य में द्विवेदीयुगीन काव्य, छायावादी काव्य एवं प्रगतिवादी काव्य में क्रमशः आदर्शमूलक, स्वच्छन्दतामूलक एवं यथार्थ-मूलक प्रवृत्तियों की क्रिया-प्रतिक्रिया को देखा जा सकता है। पूर्व मध्यकाल एवं उत्तर मध्यकाल के साहित्य में भी यह क्रम दृष्टिगोचर होता है। अस्तु, उपर्युक्त प्ररूपों के आधार पर साहित्यिक आन्दोलनों, वादों एवं प्रवृत्तियों के विकास की प्रक्रिया का विश्लेषण किया जा सकता है।

वस्तुतः साहित्य के इतिहास की सुसंगत एवं वैज्ञानिक व्याख्या के लिए विकास-सिद्धांतों के सम्यक्‌बोध पर आधारित व्यापक दृष्टिकोण अपेक्षित है। उसके आधार पर साहित्य की विभिन्न धाराओं, परम्पराओं, प्रवृत्तियों एवं विधाओं से सम्बन्धित विभिन्न तत्त्वों का विश्लेषण करते हुए उसके विकास एवं ह्रास की प्रक्रियाओं तथा उसकी आन्तरिक प्रेरणाओं, बाह्य गतिविधियों व प्रगति की दिशाओं का उद्घाटन स्पष्ट रूप में किया जा सकता है।

—o—